団体受験テスト対応

TOEFL ITP® テスト スピードマスター 完全模試

高橋良子
Takahashi Ryoko

キャラ・フィリップス
Cara Phillips

TOEFL ITP is a registered trademark of Educational Testing Service (ETS).
This publication is not endorsed or approved by ETS.

Jリサーチ出版

はじめに

📝 TOEFL ITP®を受けるために

　TOEFL®（Test of English as a Foreign Language）は、米国の非営利テスト開発団体ETS（Educational Testing Service）によって作成されている、アカデミック・イングリッシュ（学術的な英語）のテストです。現在、日本ではTOEFL® iBTとTOEFL ITP®の2種類のTOEFL®が受験可能です。ペーパー版テストであるTOEFL ITP®は、団体受験の場合のみ受けることができます。主に大学などの教育機関におけるクラス分け、留学希望者の選抜、国内の一部の大学や大学院の入学資格、将来のTOEFL® iBT受験の準備などの目的で利用されています。TOEFL ITP®は、日本人が苦手とするスピーキングとライティングがないなど、TOEFL® iBTに比べればスコアが取りやすいテストではあります。しかし、TOEFL®はもともと英語圏の大学や大学院で学ぶ際に必要となる英語力があるかどうかを測定するテストですので、全体的に難易度が高く、狙っているスコアを取得するためには十分な準備が必要です。

📝 学習の手順

　本書は、TOEFL ITP®についてある程度の知識がある方が、実際のテストに即した問題を多く解くことで現在の実力を測定し、本番でより高いスコアを取得するための準備ができるように作成されました。

本書には模擬テスト3回分が収録されています。まずは、模擬テスト1回分を、なるべく本試験に近い環境で——時間を計りながら、マークシートを使って、メモをとらずに——解いてみてください。その後は答え合わせをし、正解できなかった問題や、正解できたもののあやふやだった問題の日本語訳や解説をじっくりと確認することで、今の自分のレベルがどれくらいなのか、より高いスコアを取るためにはどのような準備をすべきなのかを自己分析してください。その分析に基づいてできるかぎりの準備をし、本番が近づいてきたら残り2回の模擬テストに挑戦し、最終確認をしましょう。3回分の模擬テストをやっておけば、本番では緊張することなく、その時点でのベストの力を発揮することができるでしょう。

✎ 本書を利用するみなさんへ

　TOEFL ITP® の受験を考えておられる皆さんは、よりレベルの高いクラスに入りたい、希望している大学に留学したい、などの大きな夢を持っておられることと思います。TOEFL ITP® の勉強をすることでアカデミック・イングリッシュを身につけ、それぞれの夢を叶えるために、本書を利用し尽くしていただけることを心から願っています。

筆者

CONTENTS

はじめに ……………………………………………………… 2

本書の利用法 ………………………………………………… 5

TOEFL® について …………………………………………… 6

TEST 1　解答・解説 ………………………………………… 11

TEST 2　解答・解説 ………………………………………… 95

TEST 3　解答・解説 ………………………………………… 175

（別冊）模擬試験 TEST 1 ／ TEST 2 ／ TEST 3
〈マークシート・スコア換算表付き〉

本書の利用法

　本書は、TOEFL ITP®テストを受験する学習者のみなさんのために、使いやすさを第一に考え作られた1冊です。本冊に解答・解説、別冊に模擬試験3回分が収録されています。

● 解答・解説（本冊）

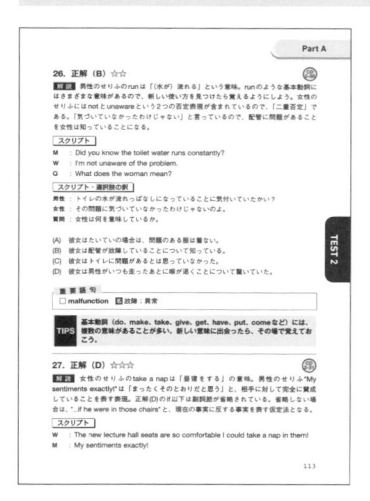

CDのDisc番号とトラック番号。CD2-30の場合、Disc 2の30トラック目ということ

☆ 難易度
☆…易　☆☆…普通　☆☆☆…難

重要語句
問題を解くのに必要な語彙を紹介

TIPS　問題を解くのに必要な知識やテクニックなどを紹介

● 模擬試験（別冊）

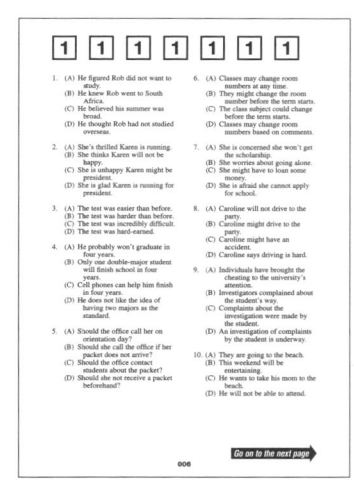

別冊は、本冊から取り外してお使いください。マークシートも別冊（p99〜103）にありますので、切り取ってご利用ください。

CDについて

模擬試験のリスニング問題はCDに収録されています。Disc 1はTEST 1、Disc 2はTEST 2、Disc 3はTEST 3にそれぞれ対応しています。

TOEFL® について

　TOEFL®（Test of English as a Foreign Language）は、米国の非営利教育団体ETS（Educational Testing Service）が作成しています。本来は、米国をはじめとする英語圏の大学・大学院へ入学を希望する、英語を母国語としない学生の英語力を測るためのテストです。

　現在、日本では2種類のTOEFL®テストが実施されています。

TOEFL ITP® (Institutional Testing Program)		TOEFL® iBT (Internet-Based Test)
過去のペーパー版TOEFL®テスト（TOEFL® PBT）の問題をそのまま利用。団体受験のみ。個人受験不可。	特長	TOEFL®の公式テスト。海外の大学や大学院への入学許可を得るためにはこのスコアが必要。個人で申込み可能。
マークシート	形式	コンピューター
リスニング ストラクチャー（文法） リーディング	構成	リーディング リスニング スピーキング ライティング
約115分	時間	約4時間
140問	問題数	78〜129問
310〜677	スコア	0〜120

TOEFL ITP®テストとは

　TOEFL ITP®テストには、大学、語学学校、企業など全国の500以上の団体、約17万人の利用者がいます。主に、大学のクラス分け、英語力の測定、単位認定や成績評価、留学・海外研修の選考試験、英語教員や社員の研修などに使われています。

TOEFL ITP®テストの構成

	Section1 Listening Comprehension （聴解）	Section2 Structure and Written Expression （文法）	Section3 Reading Comprehension （読解）	Total
解答時間	約35分	25分	55分	約115分
問題数	50問	40問	50問	140問
最低点				310点
最高点				677点
構成	**Part A** Short Conversations **Part B** Longer Conversations **Part C** Talks	**Structure** **Written Expression**	5つのパッセージ	

　詳しくは、TOEFL®テストの日本事務局である国際教育交換協議会（CIEE）日本代表部のウェブサイトを参照してください。http://www.cieej.or.jp/

ディレクションについて

試験の前にあらかじめ各セクションのディレクション（指示文）の内容を把握しておきましょう。

Section 1

冒頭

In this section of the test, you will have an opportunity to demonstrate your ability to understand conversations and talks in English. There are three parts to this section with special directions for each part. Answer all the questions on the basis of what is stated or implied by the speakers in this test. Do not take notes or write in your test book at any time. Do not turn the pages until you are told to do so.

訳 このセクションでは、英語による会話とトークを理解する能力を測定します。3つのパートがあり、各パートにそれぞれの指示があります。話し手が述べたり示唆したりする内容に基づいて、すべての質問に回答しなさい。メモをとったりテスト用紙に書き込んだりすることは常に禁止されています。指示があるまでページをめくらないでください。

Part A

Directions: In Part A, you will hear short conversations between two people. After each conversation, you will hear a question about the conversation. The conversations and questions will not be repeated. After you hear a question, read the four possible answers in your test book and choose the best answer. Then, on your answer sheet, find the number of the question and fill in the space that corresponds to the letter of the answer you have chosen.

訳 パートAでは、2人の人物による短い会話を聞きます。会話の後に、それに関する質問が放送されます。会話と質問は1度しか放送されません。質問を聞いた後、テスト用紙の4つの選択肢を読み最も適切なものを選びなさい。そして解答用紙の該当する番号を参照し、選択した答えにマークしなさい。

※ 本試験では、この後に例題と解答例が示されます。

Part B

Directions: In this part of the test, you will hear longer conversations. After each conversation, you will hear several questions. The conversations and questions will not be repeated.

After you hear a question, read the four possible answers in your test book and choose the best answer. Then, on your answer sheet, find the number of the question and fill in the space that corresponds to the letter of the answer you have chosen. Remember, you are not allowed to take notes or write in your test book.

訳 このパートでは、長めの会話を聞きます。会話の後に、いくつか質問が放送されます。会話と質問は1度しか放送されません。質問を聞いた後、テスト用紙の4つの選択肢を読み最も適切なものを選びなさい。そして解答用紙の該当する番号を参照し、選択した答えをマークしなさい。メモをとったりテスト用紙に書き込んだりすることは禁止されています。

Part C

Directions: In this part of the test, you will hear several talks. After each talk, you will hear some questions. The talks and the questions will not be repeated. After you hear a question, read the four possible answers in your test book and choose the best answer. Then, on your answer sheet, find the number of the question and fill in the space that corresponds to the letter of the answer you have chosen. Remember, you are not allowed to take notes or write in your test book.

訳 このパートでは、いくつかのトークを聞きます。トークの後に、いくつか質問が放送されます。トークと質問は1度しか放送されません。質問を聞いた後、テスト用紙の4つの選択肢を読み最も適切なものを選びなさい。そして解答用紙の該当する番号を参照し、選択した答えにマークしなさい。メモをとったりテスト用紙に書き込んだりすることは禁止されています。　　　※ 本試験では、この後に例題と解答例が示されます。

Section 2

冒頭

This section is designed to measure your ability to recognize language that is appropriate for standard written English. There are two types of questions in this section, with special directions for each type.

訳 このセクションでは、標準的な英語文を理解する能力を測定します。このセクションには2種類の質問があり、それぞれの指示があります。

Structure

Directions: Questions 1-15 are incomplete sentences. Beneath each sentence you will see four words or phrases, marked (A), (B), (C), and (D). Choose the one word or phrase that best completes the sentence. Then, on your answer sheet, find the number of the question and fill in the space that corresponds to the letter of the answer you have chosen.

訳 問題1〜15は不完全な文になっています。各文の下には4つの語句やフレーズがあり、(A)、(B)、(C)、(D) とマークされています。文を完成するために最も適切なものを選びなさい。そして解答用紙の該当する番号を参照し、選択した答えにマークしなさい。　　　　　※ 本試験では、この後に例題と解答例が示されます。

Written Expression

Directions: In questions 16-40, each sentence has four underlined words or phrases. The four underlined parts of the sentence are marked (A), (B), (C), and (D). Identify the one underlined word or phrase that must be changed in order for the sentence to be correct. Then, on your answer sheet, find the number of the question and fill in the space that corresponds to the letter of the answer you have chosen.

訳 問題16〜40では各文に下線がひかれた4つの語句やフレーズがあります。4つの下線部には (A)、(B)、(C)、(D) とマークされています。正しい文にするために変更されなければならない語句やフレーズを見つけなさい。そして解答用紙の該当する番号を参照し、選択した答えにマークしなさい。 ※ 本試験では、この後に例題と解答例が示されます。

Section 3

Directions: In this section you will read several passages. Each one is followed by a number of questions about it. For questions 1-50, you are to choose the one best answer, (A), (B), (C), or (D), to each question and fill in the space that corresponds to the letter of the answer you have chosen.
Answer all questions about the information in a passage on the basis of what is stated or implied in that passage.

訳 このセクションではいくつかのパッセージを読みます。各パッセージにはいくつかの質問が付属しています。問題1〜50に対し、最も適切な答えを (A)、(B)、(C)、(D) から選び、マークしなさい。パッセージで言及・示唆されている内容に基づいて、すべての質問に回答しなさい。　　　　　※ 本試験では、この後に例題と解答例が示されます。

> それでは、準備ができたら別冊子を本書から取り外し、
> 模擬試験に挑戦してみてください。マークシートは別冊p99ページにあります。

TEST 1
解答・解説

Section 1　…　13

Section 2　…　50

Section 3　…　67

解 答 一 覧

Section 1

1	D	11	C	21	B	31	D	41	C
2	D	12	C	22	B	32	C	42	D
3	C	13	B	23	A	33	A	43	D
4	A	14	A	24	D	34	B	44	A
5	B	15	D	25	B	35	B	45	C
6	B	16	A	26	B	36	A	46	B
7	A	17	B	27	C	37	D	47	C
8	B	18	A	28	C	38	A	48	A
9	A	19	B	29	D	39	B	49	A
10	D	20	C	30	D	40	C	50	B

Section 2

1	A	9	C	17	B	25	D	33	C
2	C	10	A	18	C	26	D	34	B
3	D	11	C	19	A	27	C	35	B
4	A	12	A	20	B	28	B	36	C
5	B	13	C	21	D	29	C	37	A
6	C	14	D	22	A	30	D	38	B
7	A	15	B	23	C	31	B	39	A
8	B	16	C	24	D	32	C	40	B

Section 3

1	C	11	C	21	C	31	B	41	D
2	B	12	D	22	D	32	C	42	C
3	D	13	B	23	D	33	B	43	A
4	B	14	C	24	A	34	D	44	C
5	D	15	A	25	B	35	B	45	B
6	A	16	B	26	C	36	C	46	C
7	B	17	C	27	D	37	B	47	B
8	B	18	C	28	A	38	C	48	D
9	A	19	D	29	A	39	D	49	D
10	C	20	D	30	C	40	A	50	B

Section 1

Part A

1. 正解（D）☆

解説 男性のせりふでDIDが強調されているのは、Robが南アフリカに行ったことについて男性が驚いていることを表す。つまり、男性はRobが外国に勉強に行っていないと思っていたことになる。

スクリプト

W : Did you hear Rob went to South Africa this summer?
M : So he DID join the study abroad program!
Q : What had the man assumed?

スクリプト・選択肢の訳

女性：この夏、Robが南アフリカに行ったって聞いた？
男性：じゃあ、彼は短期留学プログラムに参加したんだね！
質問：男性はどのように推測していたか。

(A) 彼はRobが勉強したくないと推測していた。
(B) 彼はRobが南アメリカに行ったと知っていた。
(C) 彼は彼の夏が長いと信じていた。
(D) 彼はRobが外国で勉強していないと推測していた。

重要語句

☐ **assume** 他 〜であると仮定する

TIPS 動詞を強調したい場合、その動詞の原形の前に助動詞doをつけ、強く発音する。

---

2. 正解（D）☆☆

解説 男性のせりふのrun for... は「〜に立候補する」の意味。女性の "I'm not unhappy about it." というせりふには、notとun (happy) という2つの否定表現が含まれている。いわゆる二重否定で、せりふ全体では、「嬉しくないわけじゃない」という意味になる。正解(D)は、女性の台詞のnot unhappyがgladで置き換えられている。女性はKarenの立候補についてthrilled（わくわくする）とまでは言っていないので(A)は不可。女性は、Karenがどう思っているかについては言及していないので(B)も不適当。(C)は、女性が言っていることと反対の内容。

Section 1

スクリプト

M : Are you excited Karen is running for class president?
W : I'm not unhappy about it.
Q : What does the woman mean?

スクリプト・選択肢の訳

男性：Karen が学級委員長に立候補したことについてわくわくしているかい？
女性：嬉しくないわけじゃないわね。
質問：女性は何を意味しているか。

(A) 彼女は Karen の立候補についてわくわくしている。
(B) 彼女は Karen が嬉しく思わないだろうと考えている。
(C) 彼女は Karen が委員長になるかもしれないことについて不満である。
(D) 彼女は Karen が委員長に立候補したことについて喜んでいる。

重要語句

☐ **run for** 〜に立候補する　　☐ **thrilled** 形 わくわくして

TIPS 否定表現＋否定表現 ＝ 肯定

---

3. 正解（C）★★★

解説　男性のせりふの "It couldn't have been harder!" は直訳すると「あれ以上難しくはなりえなかった」ということで、男性が試験を大変難しいと感じたことがわかるので (C) が正解。(D) の hard-earned は「苦労する」という意味で、選択肢全体の訳としては、「試験を受けること（自体）に苦労した」という意味になり不可。

スクリプト

W : Hi, Mark. How was the chemistry exam this morning?
M : I tell you what: It couldn't have been harder!
Q : What does the man mean?

スクリプト・選択肢の訳

女性：こんにちは、Mark。今朝の化学の試験はどうだった？
男性：聞いてくれよ。あれ以上に難しい試験はないだろうね！
質問：男性は何を意味しているか。

(A) 試験は以前より簡単だった。
(B) 試験は以前より難しかった。

(C) 試験は信じられないほど難しかった。
(D) 試験を受けることは難しかった。

> **重要語句**
> □ **hard-earned** 形 苦労して手に入れた

TIPS 否定形と比較級の組み合わせでは、慌てずじっくりと意味を考える。

4. 正解（A）☆☆☆

解説 女性の台詞にある double major とは、大学で2科目を専攻することを意味する。男性の台詞にある seldom は、almost never（めったにない）と同じ意味。副詞 seldom があると、否定表現が含まれていなくても、「2科目を専攻している学生が、標準的期間の4年間で修了することはめったにないことだよ」と、文全体は否定の意味をもつ。正解は、これを言い換えた(A)。なお、男性のせりふで "Seldom does a student with two majors finish..." と、主語と動詞の倒置が行われているのは、否定表現 seldom が主語と動詞より前にあるからである。

> **スクリプト**
> W : If you double major, will you still graduate on time?
> M : It is unlikely. Seldom does a student with two majors finish in the standard four-year period.
> Q : What does the man mean?

> **スクリプト・選択肢の訳**
> 女性：もし2科目を専攻したら、それでも予定どおりに卒業できるの？
> 男性：難しそうだね。2科目を専攻している学生が、標準的期間の4年間で修了することはめったにないことだよ。
> 質問：男性は何を意味しているか。

(A) 彼は多分、4年以内に卒業できないだろう。
(B) 2科目を専攻している学生で4年以内に卒業するのはたったひとりだけである。
(C) 携帯電話が、彼が4年以内で修了できるように助けることができる。
(D) 彼は、2科目を専攻することが標準的であるという考え方が好きではない。

> **重要語句**
> □ **unlikely** 形 ありそうもない　　□ **double major** 自 2分野を専攻する
> □ **seldom** 副 めったに〜ない

Section 1

> **TIPS** 「めったに～ない」という意味の副詞（seldom、hardly、rarelyなど）が主語＋動詞より前にくると、倒置が起きる。

5. 正解（B） ☆

解説 "Should I contact you if I have not received it before then?"のyouは男性（または男性が代表していると思われる大学および大学事務所）を、itはan information packetを、そしてthenはthe orientation dayを意味している。つまり、女性が聞きたいことは「もしオリエンテーションの日までに大学から郵送されてくるべき資料が到着しない場合は、彼女自身が大学に連絡をとるべきか」である。

スクリプト

M : Every student should receive an information packet in the mail well in advance of the orientation day.
W : Should I contact you if I have not received it before then?
Q : What does the woman want to know?

スクリプト・選択肢の訳

男性 ： すべての学生は、オリエンテーションの日より余裕をもって郵送で資料を受け取るでしょう。
女性 ： それより前にそれが到着しなければ、連絡するべきでしょうか。
質問 ： 女性は何を知りたいのか。

(A) 事務所はオリエンテーションの日に彼女に電話をかけるべきか。
(B) もし資料が到着しなければ事務所に電話をかけるべきか。
(C) 事務所は学生たちに資料のことについて連絡するべきか。
(D) 彼女は前もって資料を受け取るべきではないのか。

重要語句

□ **in the mail** 郵送で　　□ **in advance of** ～より前に

> **TIPS** 代名詞が何を指しているかを、必ず確認する。

6. 正解（B） ☆

解説 course catalogとは、学期の始めに学生に配られる、学期中に行われるすべての授業の担当講師や教室番号、授業内容などが掲載されている冊子のこと。正解(B)では、semester（学期）がterm（学期）と言い換えられている。教室番号が変わる可能性があるのは学期が始まる前のみであり、いつでもではないので(A)は不可。(C)のclass

Part A

subjectは「授業科目」のこと。教室番号は変わる可能性があるが、授業科目については言及されていない。be subject to...は「～の対象となる」という意味で「科目」という意味ではないので注意。

スクリプト

- **M** : Excuse me. The room number in the course catalog appears to be different from the actual room number of this class.
- **W** : Yes, all of the room numbers in the course catalog are subject to change any time before the semester commences.
- **Q** : What does the woman mean?

スクリプト・選択肢の訳

- **男性** : すみません。コースカタログにあるこのクラスの教室番号が、実際の教室番号と違っているようなのですが。
- **女性** : ええ、コースカタログにある教室番号のすべては、学期が始まる前に変更される可能性があります。
- **質問** : 女性は何を意味しているか。

(A) 教室番号はいつでも変わる可能性がある。
(B) 学期が始まる前には教室番号が変わる可能性がある。
(C) 学期が始まる前には授業科目が変わる可能性がある。
(D) 評価によって教室番号が変わる可能性がある。

重要語句

- ☐ **appear to** ［～の］ようだ
- ☐ **subject to change** 変更される可能性がある
- ☐ **semester** 名 学期
- ☐ **commence** 他 ～を始める

TIPS subjectのように同じ単語で複数の意味や品詞をもつ単語は要チェック

---

7. 正解（A）★★★

解説 女性のせりふの"I wish!"は、"I wish I had already received response about my scholarship application."を短くしたものであり、会話ではこのような短縮形がよく使われる。つまり、女性は現実に反する希望を表していることから、本当は奨学金がもらえないのではないかと心配していることがわかるので正解は(A)。(B)は、女性のloan [lóun] と音が似た alone [əlóun] が含まれているが混乱しないこと。動詞 loan は「金を貸し付ける」の意味で、「金を借りる」の意味ではないので(C)は不可。女性が apply（申し込む）したのは奨学金であり、学校ではないので(D)も不適当。

Section 1

スクリプト

M : Have you received response about your scholarship application yet?
W : I wish! The deadline for payment is coming up, and I'm worried I'll have to apply for a loan.
Q : What does the woman mean?

スクリプト・選択肢の訳

男性：君の奨学金の申し込みに対する返事はもうもらったのかい？
女性：そうだったらよかったんだけど！ 支払期限が迫っているから、ローンを申し込まなければいけないのではないかと心配しているの。
質問：女性は何を意味しているか。

(A) 彼女は奨学金がもらえないのではないかと心配している。
(B) 彼女はひとりで行くことを心配している。
(C) 彼女はいくばくかのお金を貸さなければならないかもしれない。
(D) 彼女は学校に出願できないのではないかと心配している。

重要語句

☐ **application** 名 申込；申請 ☐ **apply for** […を] 申し込む
☐ **loan** 名 ローン；融資 他 [人に物・金を] 貸す
　 反 **borrow** 他 [物・金を] 借りる

TIPS 反対の意味を表す語彙（loanとborrowなど）は対にして覚えておく。

8. 正解（B） ★★

解説 女性の質問に対して男性は "It's hard to say."（わからないな）と言っていることから、男性はCarolineがパーティに運転して行く可能性も行かない可能性もあると思っていることがわかるので正解は(B)。男性はCarolineが運転して行かないとはっきり答えてはいないので(A)は不可。Carolineが事故を起こしたのは過去のことであるので(C)も不適当。男性のhardという表現に惑わされないこと。男性は「はっきりと答えるのは難しい」という意味でhardを使っており、Carolineが運転することについて難しいと言っているわけではないので(D)も不可。

スクリプト

W : Will Caroline be able to drive to the party?
M : It's hard to say. She hasn't felt all that comfortable driving since the accident.

Part A

Q : What does the man mean?

スクリプト・選択肢の訳

女性 : Caroline はパーティに運転していけるかしら？
男性 : わからないな。彼女はあの事故以来、運転することについてあまり自信がないみたいだ。
質問 : 男性は何を意味しているか。

(A) Caroline はパーティには運転して行かない。
(B) Caroline はパーティに運転して行くかもしれない。
(C) Caroline は事故を起こすかもしれない。
(D) Caroline が運転することは難しいと言っている。

9.　正解（A）★★

解説　男性はある学生のカンニングについて、ほかの何人かの学生から不満が出たため、大学側がその真偽について調査しているところだと述べている。underway は「（物事が）進行中の」の意味。(D)は、学生による不満そのものが調査されているという意味になる。会話の中で、大学側はカンニングを行ったとされる学生を調査していると言っているため不可。

スクリプト

W : Did you hear that that student was caught cheating?
M : Several complaints have been made, and an investigation is underway.
Q : What does the man mean?

スクリプト・選択肢の訳

女性 : あの学生がカンニングで捕まったって聞いた？
男性 : 不満が出たから、調査が行われているところだ。
質問 : 男性は何を意味しているか。

(A) 学生たちはカンニングについて大学の注意を向けさせた。
(B) 調査員がその学生のやり方について不満を述べた。
(C) 調査に対する不満がその学生から述べられた。
(D) 学生からの不満についての調査が行われているところだ。

重要語句

- □ **cheating** 名 カンニング
- □ **investigation** 名 調査
- □ **individual** 名 個人
- □ **complaint** 名 不満
- □ **underway** 形 進行中の

Section 1

> **TIPS** カンニングは英語では cheating。和製英語に要注意。

10. 正解（D）☆

解説 女性の誘いに対して、男性は母親が来ているので世話をしなければならず、海へは行けないと答えているので正解は(D)。

スクリプト

W : Are you going to the beach with us this weekend?
M : Unfortunately, my mom is in town, so I have to entertain her.
Q : What does the man mean?

スクリプト・選択肢の訳

女性 ： 今週末、私たちと一緒に海に行く？
男性 ： 残念だけど母がこの町に来ているから、母をもてなさなければいけないんだ。
質問 ： 男性は何を意味しているか。

(A) 彼らは海へ行く。
(B) この週末は楽しいものになるだろう。
(C) 彼は母親を海に連れて行きたい。
(D) 彼は参加することができない。

重要語句

□ **unfortunately** 副 残念ながら　　□ **entertain** 他 [人を] もてなす
□ **attend** 他 〜に出席する；〜に参加する

11. 正解（C）☆☆☆

解説 男性のせりふでは、接続詞ifが省略されたことによる倒置が起こっている。省略しなければ、"If we had made a reservation..." となる。これは、現実とは反対の内容を表す仮定法。彼らは実際には予約しなかったので長く待たなければならない。男性はそのことについて不満に思っているため正解は(C)。

スクリプト

W : There will be at least a 20-minute wait, according to the hostess.
M : Had we made a reservation, there wouldn't be.
Q : What does the man mean?

スクリプト・選択肢の訳

Part A

女性　：支配人によると、少なくとも20分は待たなければいけないんですって。
男性　：予約をしていれば、待つことはなかったのに。
質問　：男性は何を意味しているか。

(A) 待ち時間はあまり長くならないだろう。
(B) 彼らは予約をしたが、その記録がなくなってしまった。
(C) 事前に電話をしていれば、より早く入ることができた。
(D) 彼はそこで食事をするために予約した。

> **TIPS** 現実とは反対の意味を表す仮定法に注意。また、接続詞ifが省略されると主語と動詞の倒置が起きる。

12. 正解（C）★★

解説　男性のせりふにあるblind dateは、友達の紹介などによって、知らない人とデートすること。日本の「合コン」や「お見合いパーティ」に近い。女性のせりふにあるchill outは「落ち着く」、"Be yourself!"は「自分らしくある」の意味。また、"Why don't you..."は「～すればいいのに」という提案であり、「なぜ～しないのか」と問い詰めているわけではないので注意。正解(C)では"chill out"がrelaxed（くつろいだ気分でいる）で、"Be yourself!"がgenuine（正直な）で言い換えられている。(D)のblindsidedは「不意打ちを食らう」、dateは「デートの相手」または「恋人」の意味。

スクリプト

M　：I'm really nervous about my blind date on Saturday.
W　：Why don't you just chill out? Be yourself!
Q　：What does the woman mean?

スクリプト・選択肢の訳

男性　：土曜日の合コンのことですごく緊張しているんだ。
女性　：落ち着いて、自分らしくいるべきよ。
質問　：女性は何を意味しているか。

(A) 彼は子どもっぽくふるまったり、自分らしくあるべきではない。
(B) 彼は偽名を名乗るべきではない。
(C) 彼はくつろいだ気分で、自分らしくあるべきだ。
(D) 彼はデート相手によって不意打ちを食らうべきではない。

重要語句

□ **genuine**　形　正直な；誠実な

Section 1

13. 正解（B） ★★

解説 女性のせりふにある "I used to," は、"I used to wait tables at a café off campus." の省略。used to ＋動詞の原形で、過去の習慣を表すことから、彼女は授業が忙しくて今学期は働いていないことがわかる。(C)、(D) は、女性のせりふに含まれている数字 sixteen が入っているが混乱しないこと。

スクリプト

M : Hey, Brianna. Don't you wait tables at a café off campus?
W : I used to, but I have sixteen credit hours this term, so there's not enough time for anything else really.
Q : What does the woman mean?

スクリプト・選択肢の訳

男性：やあ、Brianna。キャンパス外のカフェで給仕として働いてなかったっけ？
女性：以前はしていたけど、今学期は16単位も履修しているから勉強以外の時間はほとんどないの。
質問：女性は何を意味しているか。

(A) 彼女は時間を有効に使って、一週間に数時間働いている。
(B) 彼女は厳しいスケジュールのために働くことをやめなければならなかった。
(C) 彼女は、彼女と男性が16歳から働くことができると思っていた。
(D) 彼女は、今学期16台のテーブルを給仕するには時間がたくさん取られると思った。

重要語句

☐ **off campus** 形 キャンパス外の

TIPS used to ＋ 動詞の原形 ＝ 過去の習慣

14. 正解（A） ★★

解説 女性のせりふ "You can say that again!" は、相手に賛成していることを表す慣用表現。男性が小説を読み終わっていないことに対して彼女も賛成しているので、彼女自身もまだ読み終わっていないことがわかる。

スクリプト

M : I feel like I'll never finish that novel! I'm only on page fifty.
W : You can say that again!
Q : What does the woman mean?

Part A

> スクリプト・選択肢の訳

男性 ： あの小説は一生終わらない気がするよ。まだ50ページを読んでるんだ。
女性 ： 本当にそのとおりね！
質問 ： 女性は何を意味しているか。

(A) 彼女もまったくそれを読み終えていない。
(B) 彼女は男性が何と言ったか聞こえなかった。
(C) 彼女は男性がそれを読み直すべきだと考えている。
(D) 彼女は男性に反対している。

> **TIPS** "You can say that again!"（まったくそのとおり！）は、相手に賛成していることを表す慣用表現。

---

15. 正解（D） ★★

> 解説　男性のせりふにある have one's head in the clouds は「ぼーっとしている」の意味。

> スクリプト

W ： I tried talking to Melinda about the assignment that's due Friday, but she did not seem to know what I was talking about.
M ： Yeah, she has her head in the clouds.
Q ： What does the man mean?

> スクリプト・選択肢の訳

女性 ： 金曜日に提出しなければいけないあの課題について Melinda と話そうとしたんだけど、彼女は私が何を言っているかわからなかったみたい。
男性 ： ああ、彼女はぼーっとしているからね。
質問 ： 男性は何を意味しているか。

(A) Melinda はとても背の高い人だ。
(B) Melinda はプラチナブロンドでやわらかい髪をしている。
(C) Melinda は勉強するよりも飛行機を操縦するほうが好きだ。
(D) Melinda はしばしば、注意力に欠ける。

> 重要語句
> □ **assignment** 名 宿題；課題　　□ **due** 形 期限がきて

Section 1

16. 正解（A）☆

解説 男性のせりふにある make up は「埋め合わせをする」の意味。(B)の put on make-up は「化粧をする」の意味である。

スクリプト

W : I'm really sick, but I can't miss class because I've already been absent the maximum number of times allowed.
M : Can't you make it up somehow?
Q : What does the man ask?

スクリプト・選択肢の訳

女性 : とても体調が悪いけど、もう許されている回数分欠席してしまったから、授業を休めないわ。
男性 : 何とかしてその埋め合わせはできないのかい？
質問 : 男性は何と尋ねているか。

(A) 彼女がほかの方法で出席点をとることができるのかどうか。
(B) 彼女が欠席を秘密にできないのかどうか。
(C) 彼女が何とかして化粧をできないのかどうか。
(D) 病気だとしても彼女が授業に行けるのかどうか。

重要語句

□ make up　埋め合わせをする

17. 正解（B）☆☆

解説 男性のせりふの go all the way は、この文脈ではスポーツの競技会で最後まで進む、つまり決勝に進むという意味。「今年は男子チームが決勝に進むと思っていたよ」と言っているので、女子チームが決勝に進んだことについて男性が驚いていることがわかる。(A)の go away は「立ち去る」の意味。(C)の "Way to go!" は「よくやった！」という意味。

スクリプト

W : I can't believe our girls' volleyball team is in the finals!
M : Yeah, and everyone thought the men's team would go all the way this year.
Q : What does the man mean?

スクリプト・選択肢の訳

女性 : 私たちの女子バレーボールチームが決勝戦に進むなんて信じられないわ！

男性 ：そうだね、皆、今年は男子チームが最後まで進むと思っていたよ。
質問 ：男性は何を意味しているか。

(A) 男子チームが立ち去ると予測されていたが、女子チームが代わりに立ち去った。
(B) 女子チームは男子チームに比べて意外にもよい成績を出した。
(C) 彼は、機会があれば男子チームに「よくやった！」と言うつもりだった。
(D) 男子チームではなく、女子チームのみが期待どおりの結果を出した。

18. 正解（A）⭐

解説 RA は resident assistant（寮のアシスタント）のこと。女性は "... it was going to be here at our dorm..."（それは私たちのこの寮で行われる）と言っていることから、女性と男性は、学生寮で会話していることがわかる。

スクリプト

M ： Did you ask our RA about the party in Rowley Hall next weekend?
W ： My roommate did, and she said it was going to be here at our dorm in the second floor lounge.
Q ： Where does the conversation take place?

スクリプト・選択肢の訳

男性 ：僕たちの寮のアシスタントに来週末 Rowley Hall で行われるパーティについて聞いてみた？
女性 ：私のルームメイトが聞いたら、それは私たちのこの寮の2階ラウンジで行われるんですって。
質問 ：この会話はどこで行われているか。

(A) 学生寮。
(B) プールサイドの寝椅子。
(C) キャンパス内のカフェ。
(D) モルモン教の教会。

重要語句

☐ **dorm** 名 寮 [dormitory の略] 類 residence hall
☐ **take place** 行われる

19. 正解（B）⭐⭐

解説 女性のせりふの balance はこの文脈では「残高」、make the deposit は「預金

する」という意味。男性のせりふの ATM は automated teller machine の頭文字で「現金自動預け払い機」のこと。(A)の issue はこの文脈では「出版物」の意味になる。(C)の on top of everything else は「ほかのものより一番重要で；ほかのものの一番上に」の意味。(D)の balance on one's feet は「両足でバランスを取る」の意味。

> スクリプト

W : How do I know my new balance after making the deposit?
M : Doesn't the ATM issue a receipt with that information on it?
Q : What does the man mean?

> スクリプト・選択肢の訳

女性 : 預金した後の新しい残高について、どうしたら知ることができるの？
男性 : その情報が書いてある受領書が ATM から出てくるだろう？
質問 : 男性は何を意味しているか。

(A) 女性はその雑誌を18冊倉庫から受け取ったはずだ。
(B) 女性は残高を示した銀行からの明細を受け取ったはずだ。
(C) 女性は彼女がしているすべてのことに加えて、その情報を暗唱するよう言われた。
(D) 女性は独演会の間、両足でバランスを取るべきだった。

> 重要語句

- **balance** 名 残高；差引額
- **make a deposit** 預金する
- **issue** 他 〜を発行する 名 発行物
- **slip** 名 伝票

TIPS be supposed to は、「〜するはずである」という意味。

20. 正解（C）★★

解説 女性のせりふにある party は「浮かれ騒ぐ」の意味。男性のせりふの hit the books は「一生懸命勉強する」の意味。

> スクリプト

W : I've been partying too much lately, and I have three exams next week that I'm not prepared for.
M : I guess it's time to hit the books then.
Q : What does the man mean?

> スクリプト・選択肢の訳

女性 : 最近遊び過ぎて、来週試験が3つもあるのに準備してないの。

Part A

男性 ： じゃあ、そろそろ一生懸命勉強するべきだね。
質問 ： 男性は何を意味しているか。

(A) 彼女はより攻撃的でなければならない。
(B) 彼女にはレポートを隠す時間がある。
(C) 彼女はすぐに勉強を始めるべきだ。
(D) 彼女は小説を殴るべきだ。

21. 正解（B）★★

解説 女性と男性のせりふにあるAは、日本の「優良可」の「優」に当たる。男性のせりふは現実とは反対の意味を表す仮定法なので、彼はAを取ることが不可能だと思っており、あと1時間勉強を続ける気もない。"I would" の後には、study one hour more が省略されている。

スクリプト

W ： Let's study one hour more to make sure we both get As on the test!
M ： If I thought it possible to get an A, I would.
Q ： What does the man mean?

スクリプト・選択肢の訳

女性 ： 私たちふたりともが試験でAを取れるように、あと1時間勉強しましょうよ。
男性 ： Aを取るのが可能だと思っていれば、そうするけどね。
質問 ： 男性は何を意味しているか。

(A) 彼は、自分が頑張ればAを取れると思っている。
(B) 彼は、自分がAを取ることは不可能だと思っている。
(C) 彼は、Aについて考えることが可能だと思っている。
(D) 彼は、あと1時間勉強することは不可能だと思っている。

重要語句

□ **make sure [that]** ～を確実にする ※ that は省略可

22. 正解（B）★

解説 男性は完成させた実験報告を女性に提出しており、女性は男性に実験室を片付けるように指示しているので、講師であることがわかる。

スクリプト

Section 1

M : Here is my finished lab report.
W : Thank you. Now, please clean your beakers and make sure the Bunsen burner is off before putting the cap back on.
Q : Who is the woman most likely to be?

|スクリプト・選択肢の訳|

男性 ： これが、完成した僕の実験報告書です。
女性 ： ありがとう。では、ビーカーを洗って、キャップを元通りにする前にブンゼンバーナーが消えていることを確認してください。
質問 ： 女性は誰だと思われるか。

(A) クラスメイト。
(B) 講師。
(C) 司書。
(D) コーチ。

23. 正解（A）★★

解説 男性のせりふのone or the otherを理解することがポイント。ラグビーでは選手は攻撃も守備も両方するが、アメリカンフットボールの選手にははっきりした役割分担があり、攻撃担当の選手は攻撃のみを行い、守備担当の選手は守備のみを行う、と言っている。

|スクリプト|

W : So, how is rugby different from American football?
M : Basically, the same players play both offense and defense in rugby, but American football players only do one or the other.
Q : What does the man mean?

|スクリプト・選択肢の訳|

女性 ： それで、ラグビーとアメリカンフットボールはどう違うの？
男性 ： 簡単に言えば、ラグビーでは同じ選手が攻撃も守備も両方するのに対し、アメリカンフットボールの選手はどちらかしかしないんだ。
質問 ： 男性は何を意味しているか。

(A) ラグビーでは守備担当の選手と攻撃担当の選手が区別されていない。
(B) アメリカンフットボールでは守備担当の選手と攻撃担当の選手が区別されていない。
(C) どちらのスポーツでも、守備と攻撃に大きな違いはない。

(D) どちらのスポーツでも、守備担当の選手と攻撃担当の選手は区別されない。

> **重要語句**
> □ **one or the other**　どちらか一方　　□ **distinguish**　他 ～を見分ける

24. 正解（D）★★

解説 男性のせりふにある take up は「（新しい仕事や趣味などを）始める」の意味の句動詞。予定していたインターンシップができなくなり時間ができたので、釣りを始めたいと言っている。

スクリプト

W : So what are you going to do now that your summer internship fell through?
M : I was thinking since I have all this free time I would take up fishing.
Q : What does the man mean?

スクリプト・選択肢の訳

女性：夏のインターンシップが駄目になった今、どうするつもり？
男性：せっかくこれだけの自由な時間ができたんだから、釣りを始めようと思っていたんだ。
質問：男性は何を意味しているか。

(A) 彼はいつものように時間をとって釣りに行くだろう。
(B) 彼は女性と釣りに行きたいと思っているようだ。
(C) 彼は魚を無料で持ち帰ることができると常に思っている。
(D) 彼は今年の夏、釣りを学びたいと思っている。

> **重要語句**
> □ **fall through**　失敗に終わる；中止になる　　□ **take up**　～を始める

25. 正解（B）★★

解説 男性のせりふの cannot wait to... は、「～するのが待ち遠しい」の意味である。

スクリプト

W : Are you excited about moving out of the dorms this fall?
M : Definitely! I cannot wait to have my own place and cook in my own kitchen.
Q : What does the man imply?

Section 1

スクリプト・選択肢の訳

女性 ： 秋に寮を出ることについてわくわくしてる？
男性 ： もちろん！ 自分の家の自分の台所で料理するのが待ち遠しいよ。
質問 ： 男性は何を暗示しているか。

(A) 彼は寮でひとりで住み、料理をすることができた。
(B) 彼はアパートでより多くの自由をもつことができるようになるだろう。
(C) 彼は結局、キャンパス内に住むことがまったく好きではなかった。
(D) 彼は家を変わるのに長い間待つ必要がなかった。

重要語句

- move out 引っ越す
- definitely 間投 もちろん；当然
- imply 他 〜を暗示する

---

26. 正解（B）☆

解説 女性のせりふにはdon'tとdis(like)という２つの否定表現があり、いわゆる二重否定になっているので、彼女が言いたいことは「バスケットボールは嫌いじゃない」である。しかし、来週が締切のレポートがいくつかあるために、試合を見に行くことはできないと言っている。なお、男性のせりふにあるthe March Madness gamesとは、全米大学競技協会のバスケットボールトーナメントを指す。毎年３月に行われ、選手もファンも非常に熱心であることから「三月の熱狂」と呼ばれているが、このことを知らなくてもgamesという単語や、女性のせりふの"I don't dislike basketball…"（バスケットボールは嫌いじゃないけど…）から、男性が何を尋ねているかは十分理解できる。

スクリプト

M ： Are you going to go watch the March Madness games next week?
W ： I don't dislike basketball, but unfortunately I have a few essays that are due that week.
Q ： What does the woman mean?

スクリプト・選択肢の訳

男性 ： 来週、全米大学競技協会のバスケットボール・トーナメントを見に行くかい？
女性 ： バスケットボールは嫌いじゃないけど、来週提出しなければいけないレポートがいくつかあるの。
質問 ： 女性は何を意味しているか。

(A) 彼女はレポートを書くほどスポーツが好きではない。

(B) 彼女はレポートをいくつか書かなければならないので、試合を見に行くことができない。
(C) 彼女はMarch Madnessが何かを知らない。
(D) 彼女はバスケットボールが好きなので、来週男性と一緒に行く。

> **重要語句**
> □ **essay** 名 小論文；エッセー

> **TIPS** 知らない固有名詞が出てきても焦らず前後の情報を聞き取る。固有名詞は知らなくても問題は解ける。

27. 正解（C）☆

解説 男性のせりふは "Me, too." と同じで、相手の発言に賛成していることを表すが、この会話の女性のように相手が否定表現を使っている場合、"Me, neither." となる。

スクリプト

W : I don't think it's warm enough to go swimming today.
M : Me, neither.
Q : What does the man mean?

スクリプト・選択肢の訳

女性：今日は水泳に行けるほど暖かくはないわね。
男性：僕もそう思うよ。
質問：男性は何を意味しているか。

(A) 彼は寒いとは思っていない。
(B) 彼は泳ぐのが好きではない。
(C) 彼は女性に賛成している。
(D) 彼は女性に反対している。

> **TIPS** 同意の表現は "Me, too" や "Me, neither" 以外にも、"So do(am) I"（肯定）、"Neither do(am) I"（否定）などがある。

28. 正解（C）☆

解説 男性のせりふにあるI wish＋過去形は、現実に反する希望を表すので、男性は授業料の支払いが簡単ではないと考えていることがわかる。現実に反する希望を表す際、動詞がbe動詞の場合は主語が何であるかに関わらず、wasではなくwereを使うことを確認しておく。(B)の女性のせりふにあるtuition（授業料）とmissions（任務）を混

Section 1

乱しないように。(D)の女性のせりふにある scholarship（奨学金）[skάlərʃip] と似た音の schooner ship（スクーナー船）[skúːnərʃip] が含まれているので間違えないようにする。

スクリプト

W : Why don't you just get a scholarship to help pay your tuition?
M : I wish it were that simple.
Q : What does the man think?

スクリプト・選択肢の訳

女性 : 授業料の支払いの助けになるように、奨学金をもらったら？
男性 : そんなに簡単だったらいいけどね。
質問 : 男性は何と考えているか。

(A) 彼は授業料よりも簡単な選択肢があると感じている。
(B) 彼はかつてかなえやすい望みと2つの任務を持っていた。
(C) 彼は学校への支払いが困難であると考えている。
(D) 彼はスクーナー船に乗るのが簡単だったらよかったのにと思っている。

重要語句

- □ scholarship 名 奨学金
- □ tuition 名 学費
- □ simple 形 易しい；質素な

TIPS I wish ＋ 過去形 ＝ 現実に反する希望

---

29. 正解（D）★★

解説 男性のせりふの neither A nor B は「AでもなければBでもない」の意味の否定表現。話題となっている料理（ファヒータ）がものすごく辛くも甘くもないと言っているので、ちょうどよい辛さだという意味になる。

スクリプト

W : The chicken fajitas look tasty, but are they really spicy?
M : They're neither too spicy nor too mild.
Q : What does the man mean?

スクリプト・選択肢の訳

女性 : 鶏肉のファヒータはおいしそうだけど、本当に辛いの？
男性 : ものすごく辛いわけでも甘いわけでもないよ。

Part A

質問 : 男性は何を意味しているか。

(A) 彼はほかの料理を勧めている。
(B) 鶏肉は彼の好物ではない。
(C) ファヒータはものすごくおいしいわけではない。
(D) ちょうどよい辛さである。

重要語句

- □ **tasty** 形 食欲をそそる；おいしい
- □ **mild** 形 辛みが穏やかな；甘口の
- □ **spicy** 形 辛い
- □ **just right** ちょうどよい；頃合いの

TIPS neither A nor B は、「AでもなければBでもない」の意味。

30. 正解（D）★★

解説 女性のせりふにある study partner は、一緒に勉強する友人のこと。また、seldom は「めったに～ない」を意味する副詞。読む勉強と書く勉強はひとりでしているが、話す練習はパートナーと行うことがほとんどだ、と言っている。

スクリプト

M : Do you usually practice German with a study partner?
W : I seldom practice conversing in German without a partner, but for reading and writing I study on my own.
Q : What does the woman mean?

スクリプト・選択肢の訳

男性 : 君は普段、勉強のパートナーと一緒にドイツ語を練習しているの？
女性 : パートナーなしにドイツ語の会話をすることはほとんどないけど、読むのと書くのは自分で勉強しているわ。
質問 : 女性は何を意味しているか。

(A) 彼女にはドイツ語を一緒に勉強するパートナーはいない。
(B) 彼女は常にひとりでドイツ語を勉強するのが好きである。
(C) 彼女はドイツ人の恋人とふたりきりでいることが好きである。
(D) 彼女はドイツ語の会話を誰かと練習している。

重要語句

- □ **converse** 自 談話する
- □ **prefer** 他 ～を好む

TEST 1

Section 1

Part B

▶▶ **Questions 31-34**

31. 正解（D） ★

解説 女性が "The reason for this conference is to look at each student's grade, performance and areas in which they can improve upon."（このミーティングの目的は、それぞれの学生の成績や授業態度について確認して、どの分野を改善できるかについて話し合うことです）と言っていることから、授業を担当している教授とその授業を履修している学生とが話していることがわかる。

32. 正解（C） ★★

解説 女性は "Your performance in class has been excellent so far, as has your diligence with the homework. However, your quiz and mid-term test scores were average…"（あなたの授業中の態度は宿題に対する勤勉さと同様、すばらしいですね。しかし、クイズと中間試験の成績は平均点ですね…）と言っていることから、男性の授業中の態度が、成績に反映されていないのではないかと心配していることがわかる。合格点が何点であるかについては言及してはいないので(B)は不可。

33. 正解（A） ★★

解説 女性にクイズや試験の成績が平均点でしかないことについての理由を尋ねられ、男性は "I'm just not good at taking tests."（試験を受けるのが苦手なだけなのです）と説明している。

34. 正解（B） ★★

解説 女性がカウンセリングセンターについて説明したとき、男性は "That sounds great…Where are they located?"（すばらしいですね…それはどこにあるのですか）と尋ねていることから、カウンセリングセンターを訪ねようとしていることがわかるので正解は(B)。"I will check it out." の check out には「調べる；（図書館などから）借り出す」などの意味がある。ここでの話題はカウンセリングセンターであることから、カウンセリングセンターについて調べようとしていることがわかる。本を借り出すことについては言及してはいないので(C)は不可。

スクリプト

Questions 31 through 34. Listen to a conversation about a man's grade.

Part B

W : Hello, Josh. Thanks for coming in today. Have a seat.
M : Thank you.
W : (Q31) The reason for this conference is to look at each student's grade, performance and areas in which they can improve upon. You will also have a chance to ask questions or discuss any problems you might be having in the class.
M : Okay. Thank you.
W : Your mid-term grade is currently at 78%. That number reflects your total to date for class participation, attendance, quiz and homework points, and the mid-term test grade. (Q32) Your performance in class has been excellent so far, as has your diligence with the homework. However, your quiz and mid-term test scores were average, if not below average. Why do you think that is?
M : Yeah, I study really hard. (Q33) I'm just not good at taking tests. I get really nervous and cannot focus when the time comes.
W : I see. It seems like classic test-taking anxiety. Would you consider visiting the counseling center on campus? They have tutors and many resources available to help teach students strategies for test taking and lowering anxiety. And it's free for students.
M : (Q34) That sounds great. I will check it out. Where are they located?

スクリプトの訳

男性の成績についての会話を聞きなさい。

女性：こんにちは、Josh。今日は来てくれてありがとう。座ってください。
男性：ありがとうございます。
女性：このミーティングの目的は、それぞれの学生の成績や授業態度について確認して、どの分野を改善できるかについて話し合うことです。質問をしたり、授業に関する問題点について話し合う機会でもあります。
男性：わかりました。ありがとうございます。
女性：学期が半分終わった時点でのあなたの成績は78％です。この数字は、現在までのあなたの授業への参加態度、出席率、クイズと宿題の点数、そして中間試験の成績を反映したものです。これまでのところ、あなたの授業中の態度は宿題に対する勤勉さと同様、すばらしいですね。しかし、クイズと中間試験の成績は平均点ですね、平均点以下というわけではないにしても。これはどうしてだと思いますか。
男性：はい、僕は本当に一生懸命勉強しているのです。試験を受けるのが苦手なだけな

Section 1

のです。試験になるとすごく緊張して集中できません。

女性：なるほど。典型的な試験恐怖症のようですね。キャンパスにあるカウンセリングセンターを訪ねてみてはどうですか。そこには、学生に試験の受け方や不安を軽減する方法を教えてくれるチューターがいたり、教材があります。学生なら無料で利用できますよ。

男性：すばらしいですね。調べてみます。それはどこにあるのですか。

質問・選択肢の訳

31. Who is probably talking?
誰が話していると思われるか。
- (A) 友人どうし。
- (B) クラスメイトどうし。
- (C) 母親と息子。
- (D) 教授と学生。

32. Why is the woman concerned about the man's grade?
なぜ、女性は男性の成績について懸念しているのか。
- (A) 彼の成績が彼女の成績よりもいいのでうらやましく思っている。
- (B) 80％が合格点であるため、彼が落第するのではないかと心配している。
- (C) 彼のすばらしい授業態度が、彼の成績に反映されていないと考えている。
- (D) 彼があまり心配していないことが、クイズと試験における彼の低い点数の原因となっていると信じている。

33. What reason does the man give to explain his grade?
男性は自分の成績について説明するのに、どのような理由を挙げているか。
- (A) クイズや試験を受けるときに不安になる。
- (B) 一生懸命勉強しており、毎回集中できる。
- (C) カウンセリングセンターがどこにあるか知らない。
- (D) 緊張しているときのほうが、試験で良い成績がとれる。

34. What will the man most likely do next?
男性は次に何をすると思われるか。
- (A) 授業の受講を途中でやめる。
- (B) カウンセラーに会う。
- (C) 本を借りる。
- (D) 授業料を払う。

Part B

重要語句

- **participation** 名 参加　□ **anxiety** 名 不安；心配　□ **strategy** 名 対策
- **check out** 調べる；(図書館から) 借り出す
- **be concerned about** 〜について心配する

TIPS mid-term grade, quiz, counseling centerなど、大学でよく使われる表現についても慣れておくと、リスニングが楽になる。

▶▶ Questions 35-38

35. 正解（B）⭐

解説 話し手たちは土曜日のパーティに行くかどうかについて主に話している。(A)、(B)、(C)の内容は女性がパーティに行けない理由として言及されているだけである。

36. 正解（A）⭐

解説 女性は、"So Keesha doesn't want to go, and she would not be too excited if I go either."（Keeshaは行きたくないみたいだし、私が行くことについてもあまりいい顔をしないわ）と言っており、この内容で言い換えられている(A)が正解。男性は会話に出てくる人の昔の彼ではないので(B)は不可。アルコールを飲むことに関しては、女性は "Yeah, sounds fun…"（楽しそうね…）と言っているので(C)は不適当。Meganともめたのは女性のルームメイトであるKeeshaで、男性ではないので(D)は不正解。

37. 正解（D）⭐

解説 女性は "My roommate, Keesha, kind of had a falling out with Megan…"（ルームメイトのKeeshaがMeganとちょっともめているの…）と言っている。

38. 正解（A）⭐⭐

解説 会話の最後に男性がタコスの店に行こうと女性を誘うと、女性は "That's cool."（いいわね）と答えていることから(A)が正解。二日酔いになりそうなのはパーティに行く予定の男性のみなので(B)は不適当。男性は "I probably won't even be awake until noon."（昼まで起きることもないと思うよ）と言っているので(C)は内容には合わない。

スクリプト

Questions 35 through 38. Listen to a conversation between two friends.

Section 1

W : Hey. What's up?
M : Not much. (Q35) **Did you hear about the party at Megan's on Saturday?** I hear they're getting a keg. Should be a good time.
W : Yeah, sounds fun, but I don't know if I can make it. (Q37) **My roommate, Keesha,** kind of had a falling out with Megan because she started dating Keesha's ex-boyfriend. (Q36) **So Keesha doesn't want to go, and she would not be too excited if I go either.**
M : That sucks. Well, maybe we can meet up after. It might be pretty late though.
W : Sure, whenever. Or we can just plan on getting a bite to eat Sunday at Charlie's...if you're not too hung-over, that is.
M : Yeah, I imagine I won't be feeling too well after a night of drinking. I probably won't even be awake until noon.
W : Well, let's just play it by ear.
M : Okay. (Q38) **I have wanted to go to that cheap taco place, though, if you are free Sunday night.** I'll give you a call in the afternoon.
W : (Q38) **That's cool.** Okay, later then.
M : Yep, bye!

スクリプトの訳

友人どうしの会話を聞きなさい。

女性 : 最近どう？
男性 : 特に変わりないよ。土曜日にMeganのところで行われるパーティについて聞いたかい？ 楽しそうだよ。ビール樽が用意されるらしい。
女性 : ええ、楽しそうね、でも行くことができるかどうかわからないわ。ルームメイトのKeeshaがMeganとちょっともめているの。彼女がKeeshaの昔の彼とつきあい始めたから。だからKeeshaは行きたくないみたいだし、私が行くことについてもあまりいい顔をしないわ。
男性 : ついてないな。じゃあ、パーティの後で会おうよ。でも、かなり遅くなるかもしれないな。
女性 : そうね、いつでもいいわよ。それとも、日曜日にCharlie'sで軽めの昼食でもしましょうか…もしもあなたがひどい二日酔いでなければの話だけど。
男性 : そうだな、一晩飲んだ後はあまり気分が良くないだろうな。昼まで起きることもないと思うよ。
女性 : そうね、じゃあ状況に合わせて、ということにしましょう。
男性 : そうだね。でも、あの値段が安いタコスの店に行きたいと思ってたんだ、もし君

　　　　　が日曜日の夜に時間があるなら。午後に電話するよ。
女性：いいわね。じゃあ後でね。
男性：じゃあな！

> 質問・選択肢の訳

35. What is the main topic of this conversation?
　　　この会話の主題は何か。
(A) 昔の彼。
(B) パーティ。
(C) けんか。
(D) ルームメイト。

36. Why is the woman not planning on attending the party?
　　　なぜ女性はパーティに出席しないつもりなのか。
(A) 彼女が出席するとKeeshaが腹を立てるから。
(B) 女性にはすでにほかの予定があるから。
(C) そこでアルコールを飲むことになるだろうから。
(D) Meganが男性ともめたから。

37. According to the passage, who is Keesha?
　　　パッセージによると、Keeshaとは誰か。
(A) 話し手のひとりの昔の恋人。
(B) 話し手のひとりのいとこ。
(C) 話し手のひとりの恋人。
(D) 話し手のひとりのルームメイト。

38. What will most likely happen on Sunday?
　　　日曜日に何が起こると思われるか。
(A) 話し手たちはタコスを食べに出かける。
(B) 話し手たちは二日酔いになる。
(C) 話し手たちは昼まで起きている。
(D) 話し手たちは音楽を演奏する。

> 重 要 語 句

☐ **make it** 都合がつく　　☐ **fall out** 仲たがいする
☐ **get a bite** 軽い食事をとる

Section 1

TIPS 友人どうしの会話もよく出題される。"Hey. What's up?"のようなカジュアルな表現にも慣れておく。

Part C

▶▶ **Questions 39-42**

39. 正解（B）★★

解説 アメリカで糖尿病が蔓延している理由が2つ（肥満と発見の難しさ）述べられているので、正解は(B)。肥満は糖尿病が蔓延している理由の1つではあるが、講義全体の主題とは考えられないので(A)は不可。

40. 正解（C）★★

解説 消去法で解いていく。(B)と(D)は糖尿病が流行している理由の1つ目として、また(A)は理由の2つ目として述べられている。講義の最初に2型糖尿病についての言及はあるが、1型と2型の糖尿病があることが、糖尿病が蔓延している理由であるとは述べられていないので、(C)が正解となる。

41. 正解（C）★★★

解説 糖尿病の症状として "frequent thirst, tiredness, and irritability"（頻繁なのどの渇き、疲労感、興奮性）が最初に挙げられている。形容詞 frequent は後に続く3つの名詞すべてにかかっている。正解の(C)では frequent（頻繁な）が often（しばしば）、irritability（興奮性）が feeling angry or annoyed（怒ったりいらついたりすること）と言い換えられている。症状は「頻繁なのどの渇き」なので、(B)の occasionally（ときどき）が不可。症状は「頻繁な疲労感」なので(D)の sometimes（ときどき）が不可。ほかの症状として "One might also gain and lose weight without trying."（理由がないのに体重が増えたり減ったりすることもあります）が述べられているが、ダイエットによって体重が減るのは理由があることなので(A)は不可。

42. 正解（D）★

解説 糖尿病が主題なので正解は(D)。大学で行われる授業の科目名について確認しておくようにする。(A)の behavioral は「行動の」の意味。(B)の advanced は「高度な；進歩した」の意味。ほかに TOEFL® でよく出てくる科目名には、zoology（動物学）、geology（地質学）、American history（米国史）、anthropology（人類学）、archaeology（考古学）、meteorology（気象学）などがある。

Part C

スクリプト

Questions 39 through 42. Listen to a talk given by a university instructor.

(Q39) Diabetes today is considered an epidemic in America. Type 2 diabetes, in particular, can appear in adults who were previously healthy. (Q39) One reason for the increase in diabetes is obesity, a growing problem in America. Recent studies show that (Q40) around two-thirds of all Americans are overweight, and around half of those overweight Americans could be classified as obese. Furthermore, there is (Q40) a clear link between obesity and adult onset diabetes.

(Q39) The other reason diabetes is increasingly problematic is because (Q40) many sufferers continue to go untreated. Why? Diabetes symptoms can often be hard to detect or even unnoticeable. These include (Q41) frequent thirst, tiredness, and irritability. One might also gain and lose weight without trying. There are also other symptoms that are seemingly everyday bodily changes and are not thought to be serious.

スクリプトの訳

大学の講師による講義を聞きなさい。

　今日、アメリカでは糖尿病は流行病だと考えられています。特に、2型糖尿病は、これまで健康だった成人が発症します。糖尿病が増加している理由のひとつは、アメリカで大きな問題となってきている肥満です。最近の研究によると、全アメリカ人の約3分の2は過体重で、過体重のアメリカ人のうち約半数は肥満体と分類できます。そして、肥満と成人発症型糖尿病は明らかに関連しているのです。

　糖尿病がますます問題になっている別の理由は、患者の多くが治療を受けないままになっていることです。なぜでしょうか。糖尿病の症状はしばしば、発見が難しく、気づくことさえ難しいのです。糖尿病の症状には、頻繁なのどの渇き、疲労感、興奮性などがあります。また、理由がないのに体重が増えたり減ったりすることもあります。これら以外の症状も、ありふれた身体変化のように思われるため、深刻に捉えられないのです。

質問・選択肢の訳

39. What is the main topic of the talk?
　　講義の主題は何か。
(A)　糖尿病と肥満の関連性。
(B)　糖尿病が蔓延している理由。

Section 1

(C) 過体重のアメリカ人のさまざまな症状。
(D) アメリカにおける糖尿病による死亡。

40. Which is NOT given as a reason for the diabetes epidemic?
糖尿病が流行している理由として述べられていないのはどれか。
(A) 糖尿病の症状は常に明らかであるとはかぎらない。
(B) より多くのアメリカ人が過体重になっている。
(C) 糖尿病には、1型と2型の2つの種類がある。
(D) 糖尿病と肥満は関係している。

41. What is mentioned as a sign one might have diabetes?
糖尿病の徴候の1つとして述べられているものは何か。
(A) ダイエットによって体重が減ること。
(B) ときどき喉が渇くこと。
(C) しばしば怒ったりいらついたりすること。
(D) ときどき疲れを感じること。

42. In which course would this lecture most probably be given?
この講義はどの授業で行われると考えられるか。
(A) 行動心理学。
(B) 高等数学。
(C) 電気工学。
(D) 保健科学。

重要語句

- **diabetes** 名 糖尿病
- **obesity** 名 肥満
- **symptom** 名 症状
- **epidemic** 名 流行病 形 流行している
- **[be] classified as** 〜に分類される

TIPS 正解の選択肢では、frequently=oftenなどのようにリスニングで出てきた表現が言い換えられていることが多い。普段から英英辞典などを引いて英語で単語の説明ができるようにするとよい。

▶▶ Questions 43-46

43. 正解（D）★★

解説 最初に "Before you begin your oil painting, it is important to be familiar with the paints you will use and how you should use them."（油絵を描き始める前に、これから使う絵の具と、どのようにそれらを使うべきかについて知っておくことが大切です）と言っていることから、講義の主題は油絵を描くときの絵の具の使い方であることがわかる。

44. 正解（A）★★

解説 講師は、"You may wonder how you will create a painting with such a limited number of colors, and the key is knowing how to mix these fundamental hues to produce every color of the rainbow."（このように限られた数の色で、どうやって絵を描くのかと不思議に思うかもしれませんが、大切なのはどのようにこれらの基本色を混ぜてたくさんの色を作るかについて知ることなのです）と言っている。"every color of the rainbow" は「さまざまな色」という意味の慣用句。

45. 正解（C）★

解説 thinning solvent は「希釈溶剤」の意味。希釈溶剤が何かを知らなくても、講義の中で、"...make sure to dip your brush in the thinning solvent..."（絵筆を…希釈溶剤に浸すことを忘れないようにしましょう）と言っていることから正解の(C)が導き出せる。

46. 正解（B）★★★

解説 最後の部分で "...the primary colors can be mixed accordingly to create secondary colors: blue plus red produces purple, blue plus yellow produces green and red plus yellow produces orange."（…これまで学んできたように、原色を次のように混ぜると二次色を作ることができます。青足す赤は紫、青足す黄は緑、そして、赤足す黄は橙となります）と言っていることから、二次色は紫、緑、橙であることがわかるので正解は(B)。(A)の白と黒については、"White can be added to make colors lighter. Black...can be added to make colors darker."（白を加えると色が薄くなります…黒を加えると、色が濃くなります）と説明されており、二次色ではない。(C)の赤、青、黄は primary colors（原色）である。"Black, which is a combination of ultramarine blue and burnt umber..."（ウルトラマリンブルーとバーントアンバーの組み合わせである黒…）と言っているので、これらの色は組み合わされると黒になる色であることがわかるので(D)は不可。

スクリプト

Questions 43 through 46. Listen to a lecture given in a visual arts class.

Section 1

(Q43) Before you begin your oil painting, it is important to be familiar with the paints you will use and how you should use them. You will notice that there are only five colors of paint on your palette: titanium white, alizarin crimson, cadmium yellow, ultramarine blue and burnt umber. (Q44) You may wonder how you will create a painting with such a limited number of colors, and the key is knowing how to mix these fundamental hues to produce every color of the rainbow.

However, (Q45) before blending the colors, make sure to dip your brush in the thinning solvent of two parts turpentine and one part linseed oil. Otherwise, the paints are too thick and will not blend well.

When mixing colors, only use a minimal amount of paint so that you may add to it later to achieve your desired hues. As you have learned, (Q46) the primary colors can be mixed accordingly to create secondary colors: blue plus red produces purple, blue plus yellow produces green and red plus yellow produces orange. White can be added to make colors lighter. Black, which is a combination of ultramarine blue and burnt umber, can be added to make colors darker. Add opposite colors on the color wheel to create duller hues.

スクリプトの訳

　ビジュアルアーツの授業における講義を聞きなさい。
　油絵を描き始める前に、これから使う絵の具と、どのようにそれらを使うべきかについて知っておくことが大切です。あなたのパレットには、たった5色の絵の具しかないことに気づくでしょう。チタンホワイト、アリザリンクリムソン、カドミウムイエロー、ウルトラマリンブルー、そしてバーントアンバーです。このように限られた数の色で、どうやって絵を描くのかと不思議に思うかもしれませんが、大切なのはどのようにこれらの基本色を混ぜてたくさんの色を作るかについて知ることなのです。
　けれども、色を混ぜる前に、絵筆をテレピン油とアマニ油を2対1の割合で混ぜた希釈溶剤に浸すことを忘れないようにしましょう。そうしないと絵の具は濃すぎてよく混ざらないのです。
　色を混ぜるときは、後で量を増やすことによって欲しいと思っている色を達成できるように、まずは最少の量の絵の具だけを使いましょう。これまで学んできたように、原色を次のように混ぜると二次色を作ることができます。青足す赤は紫、青足す黄は緑、そして、赤足す黄は橙となります。白を加えると色が薄くなります。ウルトラマリンブルーとバーントアンバーの組み合わせである黒を加えると、色が濃くなります。鈍い色を作るには、色相環における反対色を足しましょう。

Part C

質問・選択肢の訳

43. What is the topic of the lecture?
この講義の主題は何か。
(A) 色彩理論。
(B) 美しい絵を描く方法。
(C) 油絵の具を買うためのコツ。
(D) 油絵の具の使い方。

44. What does the instructor say is the reason for using only a few colors of paint?
数色の絵の具しか使わない理由について、講師は何と言っているか。
(A) それらの色を混ぜると、すべての色を作ることができる。
(B) たくさんの色を買うと費用がかかる。
(C) これらの色は虹を描くのにちょうどよい。
(D) 一枚の絵に使用する色は限られていたほうがよい。

45. What is the meaning of "thinning solvent"?
「希釈溶剤」の意味は何か。
(A) それは、肥満の問題を解決する。
(B) それは、一部が油でできた絵筆である。
(C) それは、芸術家が油絵の具と混ぜる液体である。
(D) それは、異なる色を作るための技術を見せる。

46. According to the lecture, which colors are secondary colors?
講義によると、どの色が二次色か。
(A) 白と黒。
(B) 紫、橙、緑。
(C) 赤、青、黄。
(D) ウルトラマリンブルーとバーントアンバー。

重要語句

- **visual arts** 視覚芸術
- **hue** 名 色；色合い
- **fundamental** 形 基本となる
- **accordingly** 副 それに応じて

TIPS トークが始まる前の場面説明には、重要な情報が含まれていることがある。聞き逃さないようにしよう。

Section 1

▶▶ **Questions 47-50**

47. 正解（C）☆

解説 話し手は米国議事堂を観光客に案内していることから、ツアーガイドであると理解できる。

48. 正解（A）☆☆☆

解説 話し手は "Our founding fathers created a system of 'checks and balances' so that no one section of the government could have more power or influence over lawmaking than any other section."（アメリカ建国の父たちは、政府の一部分がほかの部分より立法に関して大きな権力や影響力を持つことがないように、「抑制と均衡」と呼ばれる制度を作ったのです）と言っていることから、「抑制と均衡」とは公平性と説明責任を保証するための制度であると推測できる。

49. 正解（A）☆☆☆

解説 話し手は "The Senate is smaller, with 100 representatives...However, the House is drastically larger, with over 400 representatives..."（上院のほうが小さく、議員数は100人で…これに対し、衆議院は議員数が400人以上と、上院よりかなり大きく…）と言っていることから、議員数の違いが上院と下院を区別する方法であることがわかる。

50. 正解（B）☆

解説 「次に何をすると思われるか」という質問の答えは、たいていの場合、トークの最後にある。話し手は最後に "Let us continue to the Senate Chamber visitor viewing area to see where our laws are created."（それでは、上院本会議場の観光客エリアへと進み、わたしたちの法律が作られる場所を見てみましょう）と言っている。(D)の where our laws are created（わたしたちの法律が作られる場所）は上院本会議場で通常何が行われているかの説明であり、これからツアーの参加者と法律をつくるとは言っていないので注意。

スクリプト

Questions 47 through 50. Listen to a talk in the U.S. Capitol Building.

(Q47) And now we are entering the rotunda. To the left, you will see the wing for the House Chamber and to the right is the wing for the Senate Chamber.

Part C

Does anyone know why we have both a Senate and a Congress in the legislative branch? (Q48) **Our founding fathers created a system of "checks and balances" so that no one section of the government could have more power or influence over lawmaking than any other section.** That is why we have the executive, judicial, and legislative branches of the federal government, and the legislature is even further divided into two sections as an extension to the checks and balances system. Those sections would be the House of Representatives, also known as Congress, and the Senate.

The House of Representatives and the Senate, although both part of the legislature, are organized slightly differently. (Q49) **The Senate is smaller, with 100 representatives,** 2 seats for each state. (Q49) **However, the House is drastically larger, with over 400 representatives,** and the distribution is determined by the population of each state, so some states have more representatives than others.

(Q50) **Let us continue to the Senate Chamber visitor viewing area** to see where our laws are created.

スクリプトの訳

米国議事堂におけるトークを聞きなさい。

さて、ここが大広間です。左は下院本会議場で、右は上院本会議場です。

なぜ議会に上院と下院があるか、誰かご存知ですか。アメリカ建国の父たちは、政府の一部分がほかの部分より立法に関して大きな権力や影響力を持つことがないように、「抑制と均衡」と呼ばれる制度を作ったのです。これが、連邦政府内に行政機関、司法機関、そして立法機関がある理由であり、抑制と均衡の制度の延長として、立法機関はさらに2つに分けられているのです。これら2つの部分が、下院としても知られている衆議院と上院なのです。

衆議院と上院は共に立法府に属してはいるのですが、少し異なるように組織されています。上院のほうが小さく、議員数は100人で、1つの州に2人の議員がいます。これに対し、衆議院は議員数が400人以上と、上院よりかなり大きく、州ごとの議員数はそれぞれの州の人口によって決定されるので、一部の州にはほかの州より多くの議員がいることになります。

それでは、上院本会議場の観光客エリアへと進み、わたしたちの法律が作られる場所を見てみましょう。

質問・選択肢の訳

47. Who is the speaker most likely to be?

Section 1

話し手は誰であると思われるか。
- (A) 教授。
- (B) 連邦議会議員。
- (C) ツアーガイド。
- (D) 家主。

48. What does "checks and balances" probably mean?
「抑制と均衡」とは何を意味していると考えられるか。
- (A) 公平性と説明責任の保証。
- (B) 重量についての数学的方程式。
- (C) 重役と批判された公職の制度。
- (D) 権力と影響力を持った政府。

49. What is one way to differentiate between the House and Senate?
下院と上院を区別する1つの方法は何か。
- (A) 議員の数。
- (B) 州との関係。
- (C) アメリカ合衆国の人口。
- (D) 政府の機関。

50. What will the speaker likely do next?
話し手は次に何をすると思われるか。
- (A) 議会についてより詳細に説明する。
- (B) 上院についてより詳細に説明する。
- (C) 衆議院内の事務所を見せる。
- (D) ツアーに参加している人たちと法律をつくる。

重要語句

- □ **U.S Capitol Building** 名 米国の国会議事堂
- □ **rotunda** 名 大広間
- □ **wing** 名 [建物の] そで；ウィング
- □ **House Chamber** 名 下院本会議場
- □ **Senate Chamber** 名 上院本会議場
- □ **Congress** 名 国会
- □ **legislative branch** 名 立法府
- □ **checks and balances** 抑制と均衡
- □ **executive [branch]** 名 行政府
- □ **judicial [branch]** 名 司法府
- □ **federal** 形 連邦の
- □ **drastically** 副 大幅に
- □ **distribution** 名 分配；流通
- □ **differentiate** 他 [⋯と] 〜を区別する

Part C

TIPS 「次に何をすると思われるか」という問いの答えは、たいていの場合トークの最後にある。

TEST 1

Section 2

Structure

1. 正解（A）⭐

解説 「June Mathis という名前の女性」という意味にするために、(A)の形容詞 named（〜という名の）を選択する。(B)の関係代名詞 who を使う場合は、"who was named" というように be 動詞が必要。

完成文と訳

The screenwriter for the high grossing 1921 silent film *The Four Horsemen of the Apocalypse* was a woman named June Mathis.

1921年に高い興行収益をあげた無声映画『The Four Horsemen of the Apocalypse』の脚本家は、June Mathis という名前の女性だった。

重要語句

- **screenwriter** 名 脚本家
- **high grossing** 高い興行収益を上げている

2. 正解（C）⭐⭐

解説 that 以下は、a fragrant herb を形容する関係代名詞節。「すでに証明されている」という意味なので、現在完了形である(C)を選ぶ。(A) は関係代名詞節内で、主語と動詞が一致しない。(B)、(D) は動詞にならない。また、動詞 prove は連結動詞なので、直後に形容詞 effective がくることも確認しておく。

完成文と訳

Rosemary is a fragrant herb that also has proven effective as a natural digestive aid, anti-inflammatory and antidepressant.

ローズマリーは香りの良いハーブだが、自然の消化剤、抗炎症剤、そして抗鬱剤としても効果的であることが証明されている。

重要語句

- **fragrant** 名 良い香りの；芳香性の
- **digestive** 形 消化の
- **effective** 形 効果的な
- **aid** 名 補助；救済

3. 正解（D）⭐

解説 選択肢のうち、(A)、(C)、(D) は等位接続詞 and で始まっているが、等位接続詞の

あとには主語と動詞が必要なので、(D) が正解。(B) を選択すると、文の前半と後半に節はできるが、2つの節をつなぐ接続詞がない。

> **完成文と訳**

Pterosaurs, often referred to incorrectly as "pterodactyls", lived during the Triassic and Cretaceous periods, and they were the first vertebrates to master flight.

しばしば間違って pterodactyl と呼ばれる pterosaur（翼竜）は、三畳紀と白亜紀に生存していた、飛ぶことを習得した最初の脊椎動物である。

> **重要語句**
> - refer to ~ as　～を…と呼ぶ
> - vertebrate　名 脊椎動物

4. 正解（A）★★

解説 After は前置詞にも副詞節を導く接続詞にもなり得るが、副詞節を導く接続詞だと解釈すると、下線部には主語と動詞が必要になる。選択肢の中に主語と動詞を両方含むものが存在しないので、After は前置詞と捉え、(A) を選択する。

> **完成文と訳**

After twelve weeks, a human fetus will have developed reflexes and will move in response to external stimuli.

12週間たつと、ヒトの胎児は反射神経を持つようになり、外的刺激に反応して動くようになる。

> **重要語句**
> - fetus　名 胎児
> - in response to　～に応えて
> - reflex　名 [通常複数形で] 反射神経
> - stimulus　名 刺激 [複数形：stimuli]

TIPS after のように、異なる品詞を持つ単語は数多い。問題文の中で、どの品詞として機能しているのか考えよう。

5. 正解（B）★

解説 下線部には主語 Oscar Pistorius に対する動詞が必要。過去に起こったことを述べている文なので、過去形である (B) を選択する。

> **完成文と訳**

In the 2012 Summer Olympic Games in London, South African Oscar Pistorius

Section 2

competed in the 400-meter sprint with two artificial limbs in place of legs.

2012年にロンドンで開催された夏季オリンピックで、南アフリカのOscar Pistoriusは足の代わりにつけられた2本の義肢で400メートル短距離走を戦った。

重要語句
- □ artificial 形 人工の
- □ in place of ～の代わりに

---

6. 正解（C） ⭐

解説 「～していることを報告する」という意味にする場合、動詞reportの後には動名詞が必要。

完成文と訳

According to the U. S. Census of 2000, about a quarter of both female and male same-sex couples reported having children living at home.

2000年のアメリカ国勢調査によると、女性どうしのカップルの4分の1、また男性どうしのカップルの4分の1が、一緒に暮らしている子どもがいると報告している。

重要語句
- □ census 名 国勢調査
- □ a quarter of ～の4分の1

---

7. 正解（A） ⭐

解説 Afterから始まる副詞節において、主語はa tsunamiであり、下線部には動詞が必要。津波は地震によって引き起こされるので、受動態の(A)を選択する。

完成文と訳

After a tsunami is triggered by an earthquake underneath the ocean floor, the tsunami waves continue to increase in size and velocity as they approach land.

津波は海底の下で地震によって引き起こされた後、陸に近づきながらその大きさと速度を増し続ける。

重要語句
- □ trigger 他 ～を引き起こす
- □ velocity 名 速度

---

8. 正解（B） ⭐

Structure

解説 カンマの前と後に節があるので、下線部には2つの節をつなぐ等位接続詞を入れる。

完成文と訳

Antonio Vivaldi is best known for his violin concertos called *"The Four Seasons"*, **but** this Italian Baroque composer also wrote numerous choral ensembles and more than forty operas.

Antonio Vivaldiは、「四季」と呼ばれる彼のバイオリン協奏曲によってもっともよく知られているが、このイタリア人のバロック音楽作曲家は数え切れないほどの合唱曲と、40以上のオペラをも作曲したのである。

重要語句
- **Baroque** 形 バロック様式の　名 バロック様式
- **numerous** 形 多数の
- **composer** 名 作曲家
- **ensemble** 名 合唱曲

9. 正解（C） ☆

解説 In addition to という前置詞の後なので、下線部には名詞として扱うことができる動名詞が入る。

完成文と訳

In addition to **being** the title character in *The Adventures of Tom Sawyer*, Thomas Sawyer can also be found in several other Mark Twain novels including *Adventures of Huckleberry Finn*, *Tom Sawyer Abroad, Tom Sawyer*, *Detective*, and a few unfinished works.

「トム・ソーヤーの冒険」のタイトルになっている登場人物のThomas Sawyerはこれに加えて、「ハックルベリー・フィンの冒険」、「トム・ソーヤー外遊記」、「トム・ソーヤーの探偵」、そしていくつかの未完作品など、Mark Twainのほかのいくつかの小説にも登場する。

重要語句
- **detective** 名 探偵

10. 正解（A） ☆☆

解説 President William Harrison 以下が主節である。選択肢の中には接続詞がなく、従属節を作ることはできないので、(A) を選択して分詞構文を作る。

Section 2

> 完成文と訳

<u>Having</u> only served one month in office, President William Harrison succumbed to pneumonia in April of 1841, and thus became the first president to die in office.

1ヶ月公務を行っただけで、1841年4月に大統領William Harrisonは肺炎に倒れ、これによって任期中に死亡した最初の大統領となった。

> 重要語句
> □ **succumb** 自屈服する；死ぬ　　□ **pneumonia** 名肺炎

---

11. 正解（C） ★★★

> 解説　倒置が起こっているのは、接続詞ifが省略されているからである。ifが省略されなければ、If the ice caps in the Arctic Circle were to stop melting at their current rate, ... という文章になる。be動詞＋不定詞で「〜することになっている」という意味。この文では、現実に反する事実を述べる仮定法になるので、筆者は氷床が溶けるのが止まることはなく、ホッキョクグマが生存できる可能性が高くなることもないと考えている。

> 完成文と訳

Were the ice caps in the Arctic Circle <u>to stop</u> melting at their current rate, polar bears would have a higher chance of survival.

北極圏の氷床が今の速さで溶けるのが止まれば、ホッキョクグマが生存できる可能性が高くなるのだが。

> 重要語句
> □ **Arctic Circle** 名北極圏

---

12. 正解（A） ★★

> 解説　空欄の前にbelieveという他動詞があるので、空欄には目的語となる名詞または名詞節が必要。ここでは名詞節を導く接続詞thatから始まる(A)を選択し、「多くの人々はThomas Edisonが電気を発明したと信じているが…」という意味にする。(D)のwhatも名詞節を導く接続詞だが、これを選ぶと意味が通らない。また、(C)のwhoは関係代名詞なので、これを選ぶと、「多くの人々は電気を発明したThomas Edisonを信頼しているが…」という意味になってしまうので不可。

> 完成文と訳

Most people believe that Thomas Edison invented electricity, but electricity exists in nature, and Edison simply discovered ways to utilize electricity for various purposes.

多くの人々はThomas Edisonが電気を発明したと信じているが、電気は自然の中に存在しており、Edisonはさまざまな目的のために電気を利用する方法を発見しただけなのである。

重要語句
- utilize 他 〜を利用する

13. 正解（C）★★

解説 カンマの後が主節。カンマの前には副詞節が必要。すでにareという動詞があるので、空欄には副詞節を導く接続詞と副詞節の主語を入れる。

完成文と訳

Since they are born only after three to six months of gestation in their mother's uterus, all baby pandas are premature and weigh approximately 100 grams.

パンダの赤ん坊はすべて、たった3ヶ月から6ヶ月の妊娠期間の後、母親の子宮から生まれるので、体重が約100グラムの未熟児である。

重要語句
- gestation 名 妊娠期間
- premature 形 早産の
- uterus 名 子宮　類 womb
- approximately 副 おおよそ；約

14. 正解（D）★★

解説 カンマの前は副詞節で、後が主節となっているが、この主節の中にbecauseから始まる副詞節がもう1つ含まれている。空欄には主節の主語が必要だが、意味を考えると、主節の主語はWhileから始まる副詞節の主語と同じであるので、the hyperbolaを受けることができる(D)の代名詞itを選択する。専門的な内容で意味が完全にとれない場合でも、主節の動詞がtouchesと三人称単数形となっていることから正解を導き出すことができる。

完成文と訳

While the hyperbola comes close to its asymptotes, it never touches or crosses these lines because the asymptotes are the boundaries of the hyperbola.

Section 2

双曲線はその漸近線に接近するものの、漸近線は双曲線の境界であるので、これらの線に決して接触したり交差することはない。

重要語句
- □ **boundary** 名 境界

TIPS 問題文の内容が専門的すぎる場合でもあきらめず、文法にフォーカスして正解を見つけよう。

15. 正解（B）⭐

解説 空欄以降の内容は the natural balance（between supply and demand）を修飾しているので、関係代名詞を入れる。the natural balance は完成した関係代名詞節の主語でもある。

完成文と訳

Market equilibrium is a theory of the natural balance between supply and demand which is impossible to achieve given the many contributing factors that upset this balance in the real world.

市場の均衡とは、需要と供給のバランスが自然にとれるとする説であるが、このバランスは、それを乱すさまざまな要因があることを考えると、現実に実現されることは不可能である。

重要語句
- □ **equilibrium** 名 均衡
- □ **contribute** 他 〜に貢献する

Written Expression

16. 正解（C）or → nor ⭐

解説 neither A nor B で「AもBも〜ない」の意味。問題文にneitherが含まれている場合、norが同時に含まれていることを確認する。ほかに、both A and B、either A or B、not only A but also B といった表現にも注意。

正しい文と訳

The city council had neither held a meeting nor took a poll before the final decision was made yesterday.

市議会は、昨日の最終決定を下す前に、会議を開くことも世論調査を行うこともしなか

った。

> **重要語句**
> □ council 名 地方議会　　□ poll 名 世論調査；投票

17. 正解（B）courageousest → courageous ⭐

解説 最上級を表すmostがあるので、(B)のcourageousは原形のまま。(C)は、walk onで「歩き続ける」の意味。(D)のamidstは「～の真っ只中」の意味の前置詞。

正しい文と訳

The reporter commended Charles De Gaulle for being the most courageous of men, walking on gallantly amidst the gunfire.

記者は、銃撃の飛び交う中を歩き続けたCharles De Gaulleを、もっとも勇気のある男性であると称賛した。

> **重要語句**
> □ commend 他 ～を褒める　　□ courageous 形 勇気のある
> □ gallantly 副 勇敢に　　□ amidst / amid 前 ～に囲まれて；～の真っただ中に

18. 正解（C）much → many ⭐

解説 「多くの」という形容詞が形容しているのはracesという可算名詞であるので、muchをmanyに修正する。muchは不可算名詞とともに使われる。

正しい文と訳

Onetime Olympic hopeful, Steve Prefontaine, held national records in many long distance races.

かつてオリンピック候補選手であったSteve Prefontaineは、多くの長距離レースの国内記録を保持していた。

> **重要語句**
> □ hopeful 名 有望な候補者

19. 正解（A）make → made ⭐

解説 動詞have（この場合はhas）の直後にほかの動詞が続く場合は、完了形をつくるために、2番目の動詞を過去分詞形にする必要がある。ここでは、makeをmadeにす

Section 2

る。

> 正しい文と訳

NASA has made six successful landings on the moon with Apollo missions 11, 12, 14, 15, 16 and 17.

NASAはApollo 11号、12号、14号、15号、16号、そして17号の6回のミッションにおいて、月への上陸を成功させた。

> 重要語句
>
> □ **landing** 名 着陸

---

20. 正解（B）have → has ★

> 解説 asから始まる副詞節の主語はpercentageと単数であるので、これと一致させるため動詞をhasに修正する。

> 正しい文と訳

Not everyone is able to smell, as a small percentage of the population has anosmia, a condition in which a person lacks a functioning olfactory sense.

一握りの人々は、臭覚が正常に機能しなくなる、無臭覚症という病気を持っているので、すべての人が匂いを嗅げるわけではない。

> 重要語句
>
> □ **functioning** 形 機能している　□ **olfactory sense** 名 嗅覚

---

21. 正解（D）develop → developed ★★

> 解説 「成熟した成虫」という意味にするためには、(D)のdevelopはadult insects（成虫）を修飾する形容詞でなければならない。動詞の過去分詞形は形容詞として使用することができる。

> 正しい文と訳

By the time butterflies have emerged from their cocoons, they are fully developed adult insects.

蝶は繭から姿を現すときには、完全に成熟した成虫である。

> 重要語句
>
> □ **emerge** 自 現れる；表面に出てくる　□ **cocoon** 名 繭

Written Expression

22. 正解 (A) best → better ★★

解説 the + 比較級, the + 比較級で、「〜が〜であればあるほど、〜が〜である」という意味を表す構文。(A)のbestは最上級であるので比較級のbetterに修正する。

正しい文と訳

Studies show that the **better** the nutrition of the birthing feline, the higher the likelihood of the survival of its young.

研究によると、出産する母猫の栄養状態が良ければ良いほど、子猫が生存する可能性が高い。

重要語句

- □ **nutrition** 名 栄養
- □ **feline** 名 ネコ科の動物

TIPS the + 比較級, the + 比較級は、「〜が〜であればあるほど、〜が〜である」という意味。

23. 正解 (C) had → have ★

解説 since the 1960s（1960年代以降〈現在まで〉）という表現があるので、(C)をhaveに修正し、**現在完了形を作る。**カンマ以前の部分では 主語とbe動詞 が省略され、分詞構文となっている。省略がなければ、"Unless Americans are granted special permission by the Department of Treasury..." となる。

正しい文と訳

Unless granted special permission by the Department of Treasury, Americans **have** been restricted travel to Cuba since the 1960s.

財務省から特別な許可が与えられない限り、アメリカ国民は1960年代以降キューバへの旅行を制限されている。

重要語句

- □ **grant** 他 〜を許可する
- □ **restrict** 他 〜を制限する
- □ **Department of Treasury** 財務省

TIPS since...（〜以来は）は、現在完了形と相性がいい。

24. 正解 (D) rides → ride ★

Section 2

解説 助動詞shouldの後にくる動詞なので、原形となる。

正しい文と訳

All states require by law that a child under the age of three rides in a child's car seat, and most laws state that a child should ride in a booster seat until he or she reaches a certain size.

すべての州は、3歳以下の子供はチャイルドシートに乗せることを法律により義務づけており、大部分の法律は、子供がある身長になるまでは補助椅子に乗せることを定めている。

25. 正解（D）designed → designing ★★

解説「しっかりした事業計画を立てること」という意味にするために、動名詞designingに修正する。

正しい文と訳

The first and most important step in entrepreneurship is designing a solid business plan.

最初の、そしてもっとも重要な企業家精神とは、しっかりした事業計画を立てることである。

重要語句

□ **entrepreneurship** 名 起業家；企業家精神

26. 正解（D）are → is ★

解説 areの主語はCriminal lawであるので、主語と動詞の一致のためには単数形のisでなければならない。(C)のmanyは形容詞ではなく「多くの人」を意味する代名詞。

正しい文と訳

Criminal law is a subject matter that fascinates many but is difficult to master.

刑法は多くの人を魅了する科目であるが、修得するのは難しい。

27. 正解（C）they → it ★★

解説 代名詞に下線が引かれている場合は、必ずそれが何を意味しているかを確認するようにしよう。(C)のtheyは *The Addams Family* を受けているので、単数のitでなければならない。

Written Expression

> **正しい文と訳**

The Addams Family was a popular TV sitcom in the 1960s, decades before it became the motion picture everyone knows today.

人々が今日映画として知っている *The Addams Family* は、数十年も前、1960 年代にテレビのコメディ番組として人気があった。

---

28. 正解（B）a → the ★

> **解説** 形容詞 same の前には定冠詞 the が必要。the Continental soldiers は独立戦争時に創設されたアメリカの軍隊 the Continental Army の兵士のことである。

> **正しい文と訳**

As the war waned, the Continental soldiers fought with the same vigor as they had at the start of the revolution.

戦いは終わりに近づいていたが、大陸軍の兵士は、独立戦争が始まったころに彼らが持っていたのと同じ気力を持って戦った。

> **重要語句**
> ☐ **wane** 自 終わりに近づく；衰える　☐ **vigor** 名 活力；気力

> **TIPS** same の前には定冠詞 the が必要。

---

29. 正解（C）if → 不要 ★★★

> **解説** January 1, 1863, の後、主語と動詞の倒置が起こっているため、(C) の if は省略されるべきであることがわかる。もし、倒置が起こっていなければ、"...if the Battle of Antietam, the bloodiest day in American history, had not occurred." となる。

> **正しい文と訳**

The Emancipation Proclamation most likely would not have been issued on January 1, 1863, had the Battle of Antietam, the bloodiest day in American history, not occurred.

アメリカ史上、もっとも多くの血が流れたアンティータムの戦いが起こらなければ、奴隷解放宣言が 1863 年 1 月 1 日に出されることはなかったであろう。

---

30. 正解（D）do → did ★★

> **解説** 文中で使用されているすべての動詞 condone、believe、do が過去形になって

Section 2

いるので、(D) も did と過去形に修正する。

正しい文と訳

The German philosopher, Frederick Nietzche, condoned Christianity in theory but not in practice, with the claim that Christians believed in Jesus, but did not act as Jesus did.

ドイツ人の哲学者、Frederick Nietzche はキリスト教を理論上は認めていたが、キリスト教徒がイエスを信じているにも関わらず、イエスのように行動しなかったと主張し、実際には認めなかった。

重要語句

- philosopher 名 哲学者
- in theory 理論上は
- condone 他 〜を許す；〜を容赦する
- in practice 実際には

31. 正解（B）cannot → could not ★★

解説 過去から見た未来を表す助動詞 would や、be 動詞の過去形の was があるので、この文は過去に起こったことについて書かれていることがわかる。時制を一致させるために cannot は could not でなければならない。

正しい文と訳

Even the commander-in-chief himself could not imagine the devastation the nuclear weapons would cause until it was too late.

最高司令官自身でさえ、手遅れになるまで、核兵器がもたらすであろう惨状について想像することができなかった。

重要語句

- devastation 名 惨状

32. 正解（C）has → have ★

解説 that 以下の名詞節の主語は tombs と複数形であるので、(C) の動詞はこれに一致して have となる。

正しい文と訳

Egyptologists insist that many tombs of ancient Egyptian royalty have yet to be discovered.

エジプト学者は、多くの古代エジプト王家の墓はまだ発見されていないと主張してい

重要語句
- **tomb** 名 墓
- **ancient** 形 古代の

33. 正解（C）paints → painted ☆

解説 which以下の関係代名詞節で過去形が使われていることに注目。関係代名詞節以前の内容はそれより前に起こったことなので、これも過去に起こったことであると理解できる。(C)の現在形paintsをpaintedと過去形に修正する。

正しい文と訳

When hospitalized with mental illness, Van Gogh painted his "The Starry Night", which later became one of his most recognized masterpieces.

精神病により入院したとき、Van Goghは後に彼の最高傑作のひとつとなった「星月夜」を描いた。

重要語句
- **mental illness** 精神病
- **masterpiece** 名 名作

34. 正解（B）had → have ☆

解説 (B)がhadのままでは過去完了形になるが、過去完了形を使うべき理由がない。文意から考えて現在完了形に修正する。

正しい文と訳

Because the pesticides have been tested and deemed safe for use by local farmers, consumers should have no reason to be alarmed.

この農薬は地元の農業従事者たちによって試験され、安全と判断されたので、消費者が注意を喚起される理由はない。

重要語句
- **pesticide** 名 農薬
- **deem** 他 〜と考える
- **consumer** 名 消費者

TIPS 過去完了形は、過去のある時点よりさらに過去に起こったことを表現するのに使われる。

Section 2

35. 正解（B） symptom → symptoms ☆

解説 形容詞manyがあるので、(B)のsymptomを複数形にする必要がある。

正しい文と訳

There are many inconsistent symptoms of Lyme Disease, often making it extremely difficult to diagnose.

ライム病には多くの矛盾した症状があり、これがしばしば診断を非常に困難にする。

重要語句

- **inconsistent** 形 矛盾した；一貫性のない
- **diagnose** 自 診断する

---

36. 正解（C） collecting → collect ☆

解説 接続詞andの前と後は同じ構造である必要がある。前にto formulate a hypothesisと不定詞が使われているので、andの後は動名詞collectingではなくcollectでなくてはならない。

正しい文と訳

The usual procedure is to formulate a hypothesis first and collect data second.

通常の方法では、まず仮説を立て、それからデータを収集する。

重要語句

- **procedure** 名 手順
- **formulate** 他 〜を系統だてて説明する；〜を公式化する
- **hypothesis** 名 仮説［複数形：hypotheses］

---

37. 正解（A） criterion → criteria ☆

解説 形容詞Severalがあるので、その後の(A)の名詞criterionは複数形でなければならない。criterionの複数形はcriteriaである。

正しい文と訳

Several criteria must be met to be a Kabuki actor, such as being male, undergoing rigorous training, having an aptitude for dance, and often being born into a Kabuki family.

歌舞伎役者になるためには、男性である、厳しい訓練を受ける、舞踊の才能がある、そしてしばしば、歌舞伎の家に生まれるといった、いくつかの基準を満たさなくてはならない。

Written Expression

> **重要語句**
> □ criterion 名 基準［複数形：criteria］　□ rigorous 形 厳しい
> □ aptitude 名 才能

38. 正解（B） crown → crowned ☆

解説 (B)のcrownは「王冠」という意味の名詞にすぎない。「王冠を頂いた」という意味にするため、crownedと形容詞に修正する。

正しい文と訳

Prince William can only be **crowned** king when his grandmother, Queen Elizabeth, passes away and his father, Prince Charles, either passes away or abdicates his throne.

ウィリアム王子は祖母であるエリザベス女王が亡くなり、父であるチャールズ王子が亡くなるか、王座を放棄した場合のみ、国王になることができる。

> **重要語句**
> □ abdicate 自 退く；退位する　□ throne 名 王位；王座

39. 正解（A） much → many ☆

解説 Americansは可算名詞の複数形なので、(A)のmuchをmanyに修正する。

正しい文と訳

Even though **many** of Americans are self-reportedly monolingual, the exact number is unclear because the census only asks citizens which languages are spoken at home.

多くのアメリカ人が自分ではモノリンガルだと報告しているが、国勢調査は国民にどの言語が家庭で話されているかしか尋ねないので、実際の数字は明らかでない。

> **重要語句**
> □ monolingual 形 一言語だけ話す

40. 正解（B） him → he ☆

解説 等位接続詞butの後には主語＋動詞の節が必要である。(B)のhimは目的格代名詞であるので、主格のheに修正する。

Section 2

正しい文と訳

Abraham Lincoln may have been abolished slavery, but he did not believe African Americans should be integrated into white society.

Abraham Lincolnは奴隷制度を廃止したかもしれないが、彼はアフリカ系アメリカ人が白人社会に統合されるべきだとは思っていなかった。

重要語句

- **abolish** 他 〜を廃止する
- **slavery** 名 奴隷制
- **integrate** 他 〜を統合する

Reading

Section 3

▶▶ **Questions 1-10**

1. 正解（C） ★★

解説 第1パラグラフではアファーマティブ・アクションの歴史、第2パラグラフではアファーマティブ・アクションに対する反対意見、そして第3パラグラフでは賛成意見が述べられている。John F. Kennedyはアファーマティブ・アクションが促進されるきっかけとなった大統領命令に署名したとして名前が挙げられているだけであるため(A)は不可。アファーマティブ・アクションは公民権運動が行われていたころに始まったと述べられているのみなので(B)も不適当。(D)のアファーマティブ・アクションを廃止すべきかどうかについては言及されていない。

> **TIPS** パッセージの「題名」は、パッセージ全体の内容を表していなければならない。

2. 正解（B） ★★

解説 8行目に "Not only employers, but also many educational institutions in the United States today take affirmative action into consideration in admission of students."（今日、アメリカ合衆国では雇用者のみならず多くの教育機関でも入学者選考においてアファーマティブ・アクションを考慮している）とあることから、アファーマティブ・アクションが採用されるのは教育機関における入学者選考と雇用の際であることがわかる。

3. 正解（D） ★★

解説 10行目に "Opponents of affirmative action believe that the effects of the policy will lead to reverse discrimination..."（アファーマティブ・アクションに反対する者は、この政策の効果は…逆差別へとつながるだろうと信じている）とある。アファーマティブ・アクションに反対してはいても、このように考えているとは述べられていないので(B)は不可。アファーマティブ・アクションに反対する者は、このような考え方に疑問を呈していると述べられているため(C)も不可。

4. 正解（B） ★★★

解説 パッセージで述べられていないことを見つけるためには、消去法で問題を解く必要がある。17行目に "In order to stop discrimination, supporters believe members of minority groups should be given a fair and equal chance to succeed in education and business."（支持者は、差別を終わらせるには、マイノリティの人々が教育やビジネスにおいて成功するために公平で均等な機会を与えられるべきだと信じているのである）とあり、ここに賛成派の意見のすべてが含まれている。

> **TIPS** NOTが入っている問題は、消去法で解くと正確に解ける。

5. 正解（D） ⭐

解説 A take precedence over Bで「AがBに優先する」という意味の表現。(D)のA come before Bには「AがBより前にくる」という基本的な意味から、「AがBに優先する」という意味を導き出すことができる。(A)も重要表現なので確認しておくこと。

> **TIPS** 語彙の意味を尋ねる問題は、語彙そのものを知らなくても、前後の文脈にヒントがある。

6. 正解（A） ⭐⭐⭐

解説 1行目に"Affirmative action has been an equal opportunity policy in the United States since the Civil Rights era. John F. Kennedy first signed an executive order in 1961..."（アファーマティブ・アクションは、アメリカ合衆国において公民権運動が行われていた時代以来実施されている機会均等政策である。John F. Kennedyが…最初に大統領命令に署名したのは1961年のことである）とあることから、アファーマティブ・アクションが始まったのは公民権運動が行われていた時代と同時期であることがわかり、このアファーマティブ・アクションへとつながる最初の大統領命令に署名がなされたのが1961年であることから、公民権運動は1960年代かそれ以前に始まっていたことが推測される。

> **TIPS** 暗示している内容を尋ねる問題では、パッセージの中ではっきりと述べられていることではなく、述べられていることを前提として、当然の帰結であると思われる選択肢を選ぶ。

7. 正解（B） ⭐⭐

解説 3行目に"Four years later, President Lyndon B. Johnson further reinforced 'affirmative action' by signing another executive order making it illegal for companies to hire employees based on race, color, ethnicity, or religion."（4年後、大統領Lyndon B. Johnsonは、企業が人種、皮膚の色、民族的出自、または宗教に基づいて従業員を雇用することを違法であるとした、別の大統領命令に署名することによって「アファーマティブ・アクション」をさらに促進した）とあり、これが最初のアフ

ァーマティブ・アクションの内容である。6行目に "In 1967, the policy was amended to include 'sex', and presently 'sexual orientation' is also included in the list of factors by which employers are not allowed to discriminate."(雇用者がそれを理由に差別をしてはならない要因のリストに「性別」が含まれるよう1967年に、この政策は修正され、現在ではさらに「性的指向」もそこに含まれている)とあるが、これは最初のアファーマティブ・アクションではなく、その後修正されたアファーマティブ・アクションの内容であるので注意。

8. 正解（B）★

解説 第3パラグラフでは、アファーマティブ・アクションへの賛成意見について述べられている。アファーマティブ・アクションに賛成している者はその理由として2つを挙げており、質問の "they" は、このふたつ目の理由を述べている文の主語である。

> **TIPS** 代名詞が何を指しているかは、その代名詞の前後の文脈に必ずヒントがある。

9. 正解（A）★★

解説 第1パラグラフではアファーマティブ・アクションの歴史、第2パラグラフではアファーマティブ・アクションに対する反対意見、そして第3パラグラフでは賛成意見が述べられていることから、筆者はアファーマティブ・アクションという政策の概観を示そうとしていることがわかる。筆者自身はアファーマティブ・アクションについて賛成とも反対とも述べていないので、(B)、(C)、(D)は不可。

10. 正解（C）★

解説 パッセージの主題であるアファーマティブ・アクションはアメリカ合衆国における政策の1つであることから、政治学のクラスで勉強する内容であることがわかる。

> **TIPS** 代表的な科目名（Sociology、Astronomy、Geographyなど）を英語でどう言うかを復習しておこう。

パッセージの訳

(1) (Q6) アファーマティブ・アクションは、アメリカ合衆国において公民権運動が行われていた時代以来実施されている機会均等政策である。John F. Kennedyが、すべてのアメリカ人に平等な権利を与え、差別を終わらせるために最初に大統領命令に署名したのは1961年のことである。4年後、大統領Lyndon B. Johnsonは、(Q7)企業が人種、皮膚の色、民族的出自、または宗教に基づいて従業員を雇用すること

Section 3

を違法であるとした、もう1つの大統領命令に署名することによって「アファーマティブ・アクション」をさらに促進した。1967年に、雇用者がそれを理由に差別をしてはならない要因のリストに「性別」が含まれるようこの政策は修正され、現在ではさらに「性的指向」もそこに含まれている。(Q2) 今日、アメリカ合衆国では雇用者のみならず多くの教育機関でも入学者選考においてアファーマティブ・アクションを考慮している。

(2) しかし今日まで、アファーマティブ・アクションに異論がなかったわけではない。(Q3) アファーマティブ・アクションに反対する者は、この政策は結果としてマジョリティよりもマイノリティを有利にし、逆差別を生むだろうと信じている。この政策に反対する者の一部は、応募者の能力よりもさまざまな人種、宗教、性別などをもつ従業員や学生を受け入れるというノルマを果たすことを優先すると、従業員と学生の総合的な技術レベルと仕事の質が下がると憂慮する。

(3) 反対に、アファーマティブ・アクションに賛成する者は、これがなければ差別は続くだろうと主張している。(Q4) 支持者は、差別を終わらせるにはマイノリティの人々が教育やビジネスにおいて成功するために公平で均等な機会を与えられるべきだと信じているのである。彼らはまた、アファーマティブ・アクションはアメリカ合衆国のこれまでの歴史上起こった人種差別や性別差別、そしてそのほかの差別による悲劇を償う唯一の方法だとも述べている。

質問・選択肢の訳

1. このパッセージにもっとも適した題名は何か。
(A) 「『アファーマティブ・アクション』の創始者、John F. Kennedy」
(B) 「アファーマティブ・アクションはいかにして公民権運動を変えたか」
(C) 「アファーマティブ・アクションの歴史とそれをめぐる議論」
(D) 「なぜアファーマティブ・アクションは廃止されなければならないか」

2. パッセージによると、アファーマティブ・アクションが採用される状況は
(A) 仕事を辞めるとき。
(B) 大学に出願するとき。
(C) 高校から卒業するとき。
(D) ボランティアに参加するとき。

3. パッセージによると、アファーマティブ・アクションに反対する者の意見は
(A) これは、マイノリティの人々にとっての最高の機会である。
(B) 従業員の人種、宗教、性別を考慮することは重要である。

(C) ノルマを満たすことは質よりも優先されるべきである。
(D) これ自体が、別の種類の差別である。

4. アファーマティブ・アクションに対する賛成意見として述べられていないものは以下のどれか。
(A) 差別は撤廃されるべきである。
(B) アメリカ合衆国は自国の歴史を誇りに思うべきである。
(C) すべての人が職場で均等機会を与えられるべきである。
(D) 人種や性別によって教育を受ける権利を否定される人がいるべきではない。

5. 15行目にある "takes precedence over" という表現の意味にもっとも近いのは
(A) 考慮に入れる。
(B) 最初からやり直す。
(C) 完全に消去する。
(D) 優先する。

6. 筆者はアメリカ合衆国で公民権運動が行われていた時代について何を暗示しているか。
(A) それは1960年代かそれ以前に始まった。
(B) それのほかの呼び名は「アファーマティブ・アクション時代」である。
(C) この頃はアファーマティブ・アクションは違法であった。
(D) この時代には議論がなかった。

7. 筆者が、最初のアファーマティブ・アクションに含まれていた要因のリストについて述べている箇所はどこか。
(A) 2行目から3行目
(B) 3行目から6行目
(C) 6行目から8行目
(D) 12行目から15行目

8. 19行目の "they" は以下の何を指しているか。
(A) アファーマティブ・アクションに反対している者たち
(B) アファーマティブ・アクションに賛成している者たち
(C) マイノリティの人々
(D) 教育とビジネス

9. 筆者がこのパッセージを書いた主たる目的の説明としてもっとも適当なのはどれ

Section 3

か。
(A) アファーマティブ・アクションについての概観を示す
(B) 企業に雇用方針について考え直してもらう
(C) アファーマティブ・アクションは良くないと読者を説得する
(D) アファーマティブ・アクションは良いと読者を説得する

10. このパッセージがリーディング課題となっていると思われるクラスは
(A) 天体物理学。
(B) 市民戦争の歴史。
(C) 政治学。
(D) 社会心理学。

重要語句

- **affirmative action** 差別是正措置
- **discrimination** 名 差別
- **illegal** 形 違法の
- **race** 名 人種
- **religion** 名 宗教
- **sexual orientation** 性的指向
- **diminish** 自 減少する；減退する
- **precedence** 名 優先権；優位
- **executive order** 大統領命令
- **discriminate** 自 差別する
- **ethnicity** 名 民族
- **amend** 他 〜を改正する
- **controversy** 名 論争
- **quota** 名 取り分
- **proponent** 名 提案者；支持者

▶▶ Questions 11-20

11. 正解（C）★★

解説 J.K. Rowlingのシンデレラストーリーについて述べているので、(C)が正解。彼女の才能については特に言及されていないので(A)は不可。彼女は成功をおさめるまでに時間がかかっているので(B)も不可。20行目に、"…both the books and the movies have been hugely popular…"（小説と映画は子どもと大人から大変な人気を集めた）とあり、映画も小説も同じように人気があったことがわかるため(D)も不適当。

12. 正解（D）★★

解説 4〜5行目に "…this woman…was just a single mother…"（…この女性は…シングルマザーにすぎなかったのだ）とあることから(D)が正解。(A)の彼女の純資産については、2行目に "Her net worth is currently valued at one billion US dollars…"（彼女は現在、10億アメリカドルの純資産を持っていると見積もられており…）とある。"one billion" は「10億」。(A)の "US$1,000,000" は "one million US dollars"（100万アメリカ

ドル）と読む。小説のシリーズのなかでどのタイトルがもっともよく売れたかについては言及されていないため(B)は誤り。1行目に "J. K. Rowling...has led a life best described as a rags-to-riches success story." とある。また4行目にも、"...this woman ...was just a single mother struggling to make ends meet."（…この女性は、家計のやりくりに苦労するシングルマザーにすぎなかったのだ）とあるので(C)は不可。

13. 正解（B）★★★

解説 6行目に "She thought of the concept of her first book, *Harry Potter and the Philosopher's Stone*, on a train..."（彼女は最初の本である *Harry Potter and the Philosopher's Stone* のアイデアを電車の中で思いついたのだが…）とはあるが、電車に1回乗っている間に書き上げたとは述べられていないので、(A)は不可、(B)が正解。(C)は、8行目に "Harry's wizard school"（Harryの魔術学校）という表現があることから、この小説が魔術学校について書かれたものであることがわかるので不適当。(D)は、12行目に "...it took her five years to write *The Philosopher's Stone* from start to finish..."（…*The Philosopher's Stone* を最初から最後まで書き上げるのに5年もかかってしまったが…）とあるため不可。

14. 正解（C）★★★

解説 12行目に "...it took her five years to write *The Philosopher's Stone* from start to finish, and Rowling finally found a U.K. publisher two years later in 1997."（…*The Philosopher's Stone* を最初から最後まで書き上げるのに5年もかかってしまったが、彼女はついにその2年後の1997年、イギリスの出版社を見つけたのである）とある。書き上げるまでに5年かかり、その2年後の1997年に出版社を見つけたということなので、書き始めたのは1997年より7年前の1990年であることが示唆されている。

15. 正解（A）★

解説 第2パラグラフには、"The following few years were riddled with bad luck for the novelist..."（それからの数年間、小説家は次々と不運に見舞われた…）とある。その後、母親が亡くなったことや、離婚したこと、鬱病にかかったこと、生活保護を受けたことなどが説明されていることから、成功前にRowlingが直面した困難について説明することがこのパラグラフの目的であることがわかる。大金を稼いだことについては言及されているが、筆者がそれを賞賛しているわけではないので(B)は不可。シングルマザーであることは述べられているが、家族に関する詳細は不明なので(C)も誤り。(D)の内容は、第2パラグラフではなく、第3パラグラフの目的である。

Section 3

> **TIPS** 特定のパラグラフの目的を尋ねる問題を解くときは、そのパラグラフだけに集中しよう。

16. 正解（B）★★

解説 "make ends meet" は「収入の範囲内でやりくりする」の意味の慣用句。これにもっとも近いのは(B)のsurvive（生き延びる；生存する）である。パッセージでは、成功する前のRowlingが貧しかったことについて述べられているので、そこから推測することも可能。

> **TIPS** 慣用句は、リーディングでも出題される。知らない慣用句が出題されたときは、前後の文脈にヒントを見つけよう。

17. 正解（C）★

解説 16行目の "The final book, *Harry Potter and the Deathly Hallows*, sold 11 million copies on the first day it hit the shelf."（シリーズ最後となるHarry Potter and the Deathly Hallowsは、書店に並んだその日に1100万部売れた）が答え。

18. 正解（C）★

解説 17行目の "Also around the time she finished the second book, Rowling had already signed a release with Warner Brother's Pictures to make the *Harry Potter* book series into a *Harry Potter* movie series."（また、シリーズ2冊目を書き終わったころには、RowlingはすでにWarner Brother's PicturesにHarry Potterシリーズの映画化を許可する契約書に署名していた）が答え。

19. 正解（D）★

解説 subsequentは「それに続く」の意味の形容詞。これにもっとも近いのは(D)のfollowing（次に来る）である。Harry Potterはシリーズ化されたということが述べられているので、そこから推測することも可能。

20. 正解（D）★★

解説 第1パラグラフはパッセージ全体の要約、第2パラグラフはRowlingが成功するまでの苦労、第3パラグラフはRowlingが成功を収めたころについて述べているので、次のパラグラフで時間軸を遡り(A)や(B)が論じられるとは考えられない。(C)については、すでに第2パラグラフで論じられている。このことから、次のパラグラフでは成功を収めたRowlingの現在の生活が論じられると考えられる。

Reading

> **TIPS** パッセージの次にくるパラグラフの内容について尋ねる問題では、各パラグラフの主題を確認し、パッセージの「流れ」に注目しよう。

パッセージの訳

(1) J.K. Rowlingは、子ども向けの本である*Harry Potter*シリーズの作者として大変有名であるが、彼女は、シンデレラストーリーという表現がぴったりの人生を送ってきた。彼女は現在、10億アメリカドルの純資産を持っていると見積もられており、彼女の本はベストセラーかつロングセラーとなっている。しかし、たった20年前、そのころは (Q12) Joanne Rowlingとして知られていたこの女性は、家計のやりくりに苦労するシングルマザーにすぎなかったのだ。

(2) (Q13) 彼女は最初の本である*Harry Potter and the Philosopher's Stone*のアイデアを電車の中で思いついたのだが、家に帰り着くころにはすでに基本的な物語の筋を練り上げ、多くの登場人物に名前をつけ、Harryの魔術学校についていくつかの細かい点まで決めていた。(Q15) それからの数年間、小説家は次々と不運に見舞われた。まず、1990年に母親が亡くなり、その後、離婚をし、鬱病にかかった。1994年にはJoanneは生活保護を受けながらシングルマザーとして働き、暮らしていた。これらの障害のため、(Q14) *The Philosopher's Stone*を最初から最後まで書き上げるのに5年もかかってしまったが、彼女はついにその2年後の1997年、イギリスの出版社を見つけたのである。

(3) 最初の本の成功によるところが大きいのだが、J. K. Rowlingはかなり多くの財産を手に入れ、*Harry Potter*の続編をずっと早いペースで書いたので、2007年7月にはシリーズである7本の小説を完成させた。シリーズ最後となる*Harry Potter and the Deathly Hallows*は、書店に並んだその日に1100万部売れた。また、シリーズ2冊目を書き終わったころには、RowlingはすでにWarner Brother's Picturesに*Harry Potter*シリーズの映画化を許可する契約書に署名していた。世に出た小説と映画は、子どもと大人から大変な人気を集めた。

質問・選択肢の訳

11. J.K. Rowlingについて筆者が主に言いたいことは何か。
(A) 彼女は大変な才能をもった驚くべき作家である。
(B) 彼女は作家として短期間で簡単に成功をおさめた。
(C) 自分の小説によって、彼女はどん底の生活から抜け出し、富と名声をおさめた。
(D) *Harry Potter*の映画シリーズは、彼女の小説より人気が出た。

Section 3

12. パッセージによると、Rowlingについて真実なのは以下のどれか。
(A) 彼女の純資産は約100万アメリカドルである。
(B) 彼女の最初の本である*The Philosopher's Stone*は、もっともよく売れた。
(C) 彼女は常に豊かであった。
(D) 彼女には子どもがいる。

13. *Harry Potter*シリーズの最初の小説について述べられていないのは以下のどれか。
(A) この小説の題名は*Harry Potter and The Philosopher's Stone*である。
(B) J.K. Rowlingは電車に1回乗っている間に、この小説を書き上げた。
(C) これは、魔術学校についての小説である。
(D) Rowlingがこの本を完成させ、出版するまで長い時間がかかった。

14. 筆者は、J.K. Rowlingが*The Philosopher's Stone*を書き始めたのはいつであると示唆しているか。
(A) 1997年
(B) 1995年
(C) 1990年
(D) 1987年

15. 第2パラグラフの目的は何か。
(A) 成功前にRowlingが直面した困難について説明すること
(B) Rowlingが大金を稼いだことについて賞賛すること
(C) Rowlingの家族について説明し、家族が彼女をどのように助けたかについて述べること
(D) Rowlingの小説と映画がどれほど人気かについて説明すること

16. 5行目の "make ends meet" という表現の意味は
(A) 創造する。
(B) 生き延びる。
(C) 終了する。
(D) 執筆する。

17. 筆者が*Harry Potter*シリーズの最後の小説について述べているのはパッセージのどこか。
(A) 6〜9行目
(B) 11〜13行目
(C) 16〜17行目

(D) 17〜20行目

18. 筆者がHarry Potterの映画に関する契約について書いているのはパッセージのどこか。
(A) 1〜2行目
(B) 11〜13行目
(C) 16〜17行目
(D) 20〜21行目

19. 15行目の"subsequent"にもっとも意味が近いのは
(A) より弱い。
(B) 成功した。
(C) 同じ。
(D) 次に来る。

20. このパッセージの次に来るパラグラフが論じると思われるのは
(A) Rowlingの子ども時代。
(B) Rowlingの10代。
(C) Rowlingの最初の本。
(D) Rowlingの現在の生活。

重要語句

- **renowned** 形 名高い　□ **rags-to-riches** 形 無一文から大金持ちになった
- **make ends meet**　収入の中でやりくりする
- **plot** 名 [物語などの] 筋；構想　□ **riddle** 他 〜を惑わす
- **depression** 名 うつ病　□ **on welfare**　生活保護をうけて
- **obstacle** 名 障害；妨害　□ **considerably** 副 かなり；相当に
- **subsequent** 形 次の；後続の

▶▶ Questions 21-30

21. 正解（C）★★

解説 パッセージ中のすべてのパラグラフで水源の減少について述べられている。地球温暖化は水源の減少の理由として4行目で挙げられていることから、筆者は地球温暖化を否定していないため(A)は不可。3行目に"In fact, desertification has become a problem worldwide..."（実際、砂漠化は…世界的な問題となっている）と述べられてい

るため、筆者は砂漠化がより深刻になっていると認識しているため(B)も不適当。(D)の水路の破壊については第2パラグラフで触れられているが、パッセージの主題ではない。

> **TIPS** パッセージの「主題」や「主旨」とは、特定のパラグラフや箇所ではなく、パッセージ全体で述べられている内容のこと。

22. 正解（D）★

解説 1行目に "One extreme example of the decrease in the Earth's water sources is the desertification of Lake Chad... In the past forty years, Lake Chad has shrunk to twenty percent of its original size."（地球上の水源が減少していることを示す極端な例のひとつは…Chad湖の砂漠化である。過去40年間で、Chad湖はもとの大きさの20パーセントまで小さくなってしまったのだ）とあることから、(D)が正解であることがわかる。地球温暖化はChad湖が砂漠化した原因であり、Chad湖が温暖化の原因ではないので(C)は不可。

23. 正解（D）★

解説 3行目に "In fact, desertification has become a problem worldwide due to global warming and increased human demand for water."（実際、砂漠化は、地球温暖化と人間の水に対する需要の増加が原因で、世界的な問題となっている）とあることから、(B)と(C)は共に正しい。(A)は、6行目に "...some areas are facing droughts more than ever before."（…一部の地域はこれまでの歴史のなかでもっとも多くの干ばつに直面しているのである）とあるので正しい。

24. 正解（A）★★★

解説 議論されていない内容を見つけるには、消去法が有効である。(B)は、10行目に "...when the Spaniards aimed to reconstruct the city to look like Madrid, they began draining many of the canals, thus depleting a large proportion of its water sources."（…スペイン人がこの都市をMadridのように再構築しようとしたとき、彼らは多くの水路を枯渇させ、都市の水源を激減させたのだ）とある。(C)は、8行目に "the elevation of Mexico City is sinking..."（…Mexico Cityの高度は…下がっている）とある。(D)は9行目に "This city, previously called 'Tenochtitlan' under the Aztec empire..."（この都市はかつてAztec帝国支配下で「Tenochtitlan」と呼ばれており…）とある。(A)のスペイン人が到着する前のことについては言及されていない。

25. 正解（B）★

解説 sinkは「沈む；徐々に下がる」という意味の動詞であり、これを言い換えると(B)になる。

26. 正解（C）⭐

解説 14行目の "When in search for new water sources, cities often have to settle on rivers or lakes that have become contaminated. Most developing countries do not have the money or resources to construct water sanitation systems. Therefore, drinking water and water used in the irrigation of crops remain unfit for human consumption."（新たな水源を求め、人はしばしば汚染された川や湖のそばに都市をつくらなければならなくなる。多くの発展途上国は、下水設備を建設する資金や手段をもっていない。つまり、飲み水や作物を育てるために使われる水は人間が消費するのに適さない状態のままになってしまうのである）で、筆者はきれいな水が不足しているという根拠を示しており、これは第3パラグラフ内である。

27. 正解（D）⭐⭐⭐

解説 第3パラグラフの最初に "As water sources are depleted, there is not only a lack of water but also an increase in illness and fatalities across the globe. When in search for new water sources, cities often have to settle on rivers or lakes that have become contaminated. Most developing countries do not have the money or resources to construct water sanitation systems. Therefore, drinking water and water used in the irrigation of crops remain unfit for human consumption."（水源が激減すると、世界中で水不足が起こるだけでなく病気や死者の数が増える。新たな水源を求め、人はしばしば汚染された川や湖のそばに都市をつくらなければならなくなる。多くの発展途上国は、下水設備を建設する資金や手段をもっていない。つまり、飲み水や作物を育てるために使われる水は人間が消費するのに適さない状態のままになってしまうのである）とあり、汚染された水を飲んで死亡した人の数は発展途上国で多いということが暗示されている。

28. 正解（A）⭐

解説 問題となっている表現の直前は、"Therefore, drinking water and water used in the irrigation of crops remain unfit for human consumption."（つまり、飲み水や作物を育てるために使われる水は人間が消費するのに適さない状態のままになってしまうのである）となっているので、人々はその水を飲むことができない、ということがわかる。

29. 正解（A）⭐⭐

Section 3

> **解説** パッセージの前のパラグラフにどのような情報が含まれていたかを考えるには、パッセージの最初を見るのが効果的。パッセージは "One extreme example of the decrease in the Earth's water sources is..."（地球上の水源が減少していることを示す極端な例のひとつは…）と始まっていることから、この前には地球上の水源が減少しているという説明があったと考えられる。その後、第1パラグラフでは地球温暖化や干ばつの話題が出てきているので、筆者が水と気候変動を関連づけて論じようとしていることがわかる。

30. 正解（C）★★

> **解説** パッセージの最後の部分で筆者は "Affecting one out of every six people on the planet, contaminated water is considered the greatest cause for disease and death—more than AIDS, cancer or war."（汚染された水は、地球上の6人に1人に影響を与え、疫病や死亡のもっとも大きな原因と考えられている。これは、エイズ、がん、戦争よりも深刻な問題である）と書いており、筆者がこの問題を深刻であると捉えていることがわかる。(A)、(B)はパッセージ全体を通しても、筆者による皮肉や機知に富んだ冗談は一切見受けられない。また、(D)の筆者がこの問題について楽観的な態度を持っていると思われる表現もない。

パッセージの訳

(1) 地球上の水源が減少していることを示す極端な例のひとつは、中央アフリカ北部のChad湖の砂漠化である。(Q22) 過去40年間で、Chad湖はもとの大きさの20パーセントまで小さくなってしまったのだ。(Q23) 実際、砂漠化は、地球温暖化と人間の水に対する需要の増加が原因で、世界的な問題となっている。現在、雨などによって自然が補給できる速さの15倍の速さで水がくみ上げられており、(Q23) 一部の地域はこれまでの歴史のなかでもっとも多くの干ばつに直面しているのである。

(2) 地下水が十分な速さで補給されない場合、湖や川床は干上がり、巨大な陥没ができることがある。たとえば、Mexico Cityの高度は毎年約3インチの速さで下がっている。この都市はかつてAztec帝国支配下で「Tenochtitlan」と呼ばれており、人々は水路を使って移動していた。しかし、16世紀にスペイン人がこの都市をMadridのように再構築しようとしたとき、彼らは多くの水路を枯渇させ、都市の水源を激減させたのだ。

(3) 水源が激減すると、世界中で水不足が起こるだけでなく病気や死者の数が増える。(Q26) 新たな水源を求め、人はしばしば汚染された川や湖のそばに都市をつくらなければならなくなる。(Q27) (Q28) 多くの発展途上国は、下水設備を建設する資金や手段をもっていない。つまり、飲み水や作物を育てるために使われる水は人間が消費

するのに適さない状態のままになってしまうのである。汚染された水は、地球上の6人に1人に影響を与え、疫病や死亡のもっとも大きな原因と考えられている。これは、エイズ、がん、戦争よりも深刻な問題である。

> 質問・選択肢の訳

21. このパッセージの主題は
(A) 地球温暖化の否定。
(B) 砂漠化の減少。
(C) 水源の減少。
(D) 水路の破壊。

22. 筆者はChad湖が
(A) わずかに小さくなったと指摘している。
(B) 十分な水源として残っていると指摘している。
(C) 地球温暖化の原因となっていると指摘している。
(D) 急激に小さくなったと指摘している。

23. Chad湖が干上がる原因となったのは何であると考えられるか。
(A) 干ばつ
(B) 水の使用量の増大
(C) 地球温暖化
(D) 上記のすべて

24. Mexico Cityについてこのパッセージで議論されていないのは以下の何か。
(A) そこはスペイン人が到着する前は、より住みやすい場所であった。
(B) そこに住む人々は利用できる水の不足に苦しめられた。
(C) 水路が少なくなったことで、その高度が影響された。
(D) そこはかつてAztec帝国の都市Tenochtitlanであった。

25. 8行目の単語sinkingの意味は何か。
(A) 上がること
(B) 下がること
(C) 詳細に調べること
(D) 周回すること

26. 筆者はパッセージのどこで、きれいな水が不足していることについての根拠を示しているか。

Section 3

- (A) 第1パラグラフ
- (B) 第2パラグラフ
- (C) 第3パラグラフ
- (D) どのパラグラフでも示されていない

27. パッセージで暗示されているのは
- (A) Mexico Cityの人々は、メキシコのほかの地域の人々よりも水を入手しにくかった。
- (B) 汚染された水にさらされることは最終的にエイズとがんの原因となる。
- (C) Chad湖には多くの水をくみ上げる機械がある。
- (D) 汚い水を飲むことによって引き起こされた死亡例の多くは、発展途上国で起こっている。

28. 17～18行目の「人間が消費するのに適さない状態」という表現の意味は、人々が
- (A) 安全にそれを飲むことができない。
- (B) それを食べ物を洗うのに使用するべきである。
- (C) それを彼らの灌漑用の水路で見つけることができない。
- (D) それを食べることはできるかもしれないが、飲むことはできない。

29. このパッセージの前のパラグラフに含まれていると考えられるのは以下のどれか。
- (A) 水に影響を与える気候変動の紹介
- (B) 水を飲むことがどのようにわたしたちの健康によいかを示す統計
- (C) アフリカとメキシコ地域にある発展途上国の歴史
- (D) エイズ、がん、戦争が与える影響についての説明

30. このパッセージの論調はどのようなものか。
- (A) 皮肉な論調
- (B) 機知に富んだ論調
- (C) 深刻な論調
- (D) 楽観的な論調

重要語句

- **desertification** 名 砂漠化
- **global warming** 地球温暖化
- **replenish** 他 ～を［再び］満たす
- **riverbed** 名 川床
- **deplete** 他 激減させる
- **contaminate** 他 ～を汚染する
- **irrigation** 名 かんがい；注水
- **due to** ～のせいで；～が原因で
- **pump** 他 ポンプで～から水をくみ出す
- **drought** 名 干ばつ
- **sinkhole** 名 くぼみ
- **drain** 他 ～を失わせる
- **fatality** 名 死亡者；災害
- **sanitation** 名 公衆衛生
- **consumption** 名 消費

▶▶ Questions 31-40

31. 正解（B）★★

解説 7行目に "The reasons given for the relocation were first, to protect American citizens from 'the Japanese' living in the United States..."（転住の理由はまず第一に、アメリカ国民を合衆国に住んでいる「日本人」から守るためであり…）、また9行目には "Thus, moving to these camps, they became victims of racism or the so-coined 'prisoners of fear'"（つまり、これらの収容所に送られた人々は、人種差別の犠牲者、または「恐怖心から生まれた捕虜」という造語によって表されるところの存在となったのである）とある。14行目にも "...to calm the fears of many Americans at that time"（…当時、多くのアメリカ人が感じていた恐怖心を静めるため…）とあることから、第二次世界大戦中にアメリカ人が日系アメリカ人を恐れていたことは主旨のひとつであると考えられる。(C), (D) のナチスの強制収容所に言及しているのは、パッセージの最初のみであることから主旨ではない。

32. 正解（C）★★★

解説 パッセージ中の2箇所から情報を抽出し、考える必要がある問題である。まず、5行目に "The authority sent about 110,000 Japanese Americans and Japanese nationals...to live inland in guarded compounds surrounded by barbed wire."（この局は、約11万人の…日系アメリカ人と日本人を内陸部の、有刺鉄線で囲まれ、監視された捕虜収容所へと送ったのである」とある。この約11万人には日系アメリカ人と日本人（日本国籍を持ちながらアメリカに住んでいた人々）が両方含まれている。次に、11行目の "In 1942, these individuals of Japanese descent were classified as 'enemy aliens', despite any proof of espionage. Forty percent of them were children and seventy percent were American citizens."（1942年に、これらの日系人たちは実際にスパイ行為を行った証拠もないのに、「敵国人」と定義された。これらの人々のうち40パーセントは子どもであり、70パーセントはアメリカ国民であった）に注目する。収容

Section 3

所へ送られた人々のうち、70パーセントはアメリカ国民（日本国籍を持ちながらアメリカに住んでいた人々ではなく、日本人としての民族的背景を持っていてもアメリカ国民であった人々、いわゆる「日系アメリカ人」）であったとされているので、11万人の70パーセントということで、約7万5000人であると計算できる。

> **TIPS** パッセージの1箇所だけでなく、2箇所以上から情報を抽出して、解かなければいけない問題もある。

33. 正解（B）★★★

解説 消去法で解いていこう。(A)、(D)は、3行目に "After the Japanese bombed Pearl Harbor on December 7, 1941, President Roosevelt..."（1941年12月7日に日本が真珠湾に爆弾を落とした後、ルーズベルト大統領は…）とある。(C)は、11行目に "In 1942, these individuals of Japanese descent were classified as 'enemy aliens' ... seventy percent were American citizens."（1942年に、これらの日系人たちは…「敵国人」と定義された。これらの人々のうち…70パーセントはアメリカ国民であった）とある。よって正解は(B)。

34. 正解（D）★

解説 descentには「家系；出身」という意味がある。これにもっとも近いのは(D)。また、7行目から始まる文 "The reasons given for the relocation were..." に、"to protect these people of Japanese ethnicity"（これらの日本民族を…守るため）という箇所がある。11行目の "these individuals of Japanese descent" の "these individuals" は、これを受けていることからも、(D)が正解であると導き出すことが可能。

35. 正解（B）★

解説 日系アメリカ人が転住させられた理由を説明しているのは、"The reasons given for the relocation were first, to protect American citizens from 'the Japanese' living in the United States, and second, to protect these people of Japanese ethnicity from Americans who might consider them enemies."（転住の理由はまず第一に、アメリカ国民を合衆国に住んでいる「日本人」から守るためであり、そして第二に、彼らのことを敵と捉えるかもしれないアメリカ人からこれらの日本民族を守るためと説明された）である。

36. 正解（B）★

解説 問題となっている "they" が含まれている文の直前の文、26行目から始まる文に "Nonetheless, many of the Japanese Americans at that time said..."（しかしなが

ら、当時、多くの日系アメリカ人は…）とあり、"they" はこれを受けていることから正解は (B)。

37. 正解（B） ★★

解説 第1パラグラフでは、第二次世界大戦中に日系アメリカ人が転住収容所に収容されることになった背景、第2パラグラフではその後日系アメリカ人に起こったこと、そして第3パラグラフでは戦後補償が述べられていることから、時系列に沿って説明がなされていることがわかる。

TIPS パッセージ内の情報の並び方について尋ねる問題は、各パラグラフの内容の「要約」を順番に並べてみると解きやすい。細かい情報に惑わされないこと。

38. 正解（C） ★

解説 日系アメリカ人が戦争に参加したことについて述べられているのは、"Some young Japanese American men even joined the army and fought in the war to prove their loyalty to America."（一部の若い日系アメリカ人の男性は、アメリカへの忠誠を証明するために、軍隊に参加して戦うことまでしたのである）である。

39. 正解（D） ★

解説 excuse は「弁解」の意味で、no excuse は「弁解の余地がない」という意味になる。また、問題の表現は "They believed there was no excuse for the U.S. government to ever take away American citizens' constitutional rights of freedom and feelings of self-worth."（彼らは、合衆国政府が、アメリカ国民として保持していたはずの自由に対する憲法上の権利と自尊心を奪ったことについては、いかなる弁解の余地もないと信じているのである）という文の中で使われていることから、日系アメリカ人が合衆国政府を強く非難していることがわかる。

40. 正解（A） ★★

解説 3行目に "...the Japanese bombed Pearl Harbor on December 7, 1941..."（1941年12月7日に日本が真珠湾に爆弾を落とした…）という事実を述べた文はあるが、筆者がこれに対して批判的なことを述べた箇所はパッセージ中に見当たらない。ここから、このパッセージを授業のリーディング課題として与える講師の目的は (A) ではないと推測できる。

パッセージの訳

(1) 第二次世界大戦中、ヨーロッパで600万人以上のユダヤ人が投獄されたナチスの強

Section 3

制収容所についてはよく知られているが、同じ戦争中にアメリカ合衆国内に設置された「転住収容所」については、あまり議論されていない。(Q33) 1941年12月7日に日本が真珠湾に爆弾を落とした後、ルーズベルト大統領は戦時転住局を作った。この局は、(Q32) 約11万人の西海岸に住んでいた日系アメリカ人と日本人を内陸部の、有刺鉄線で囲まれ、監視された捕虜収容所へと送ったのである。転住の理由はまず第一に、(Q35) アメリカ国民を合衆国に住んでいる「日本人」から守るためであり、そして第二に、(Q35) 彼らのことを敵と捉えるかもしれないアメリカ人からこれらの日本民族を守るためと説明された。つまり、これらの収容所に送られた人々は、人種差別の犠牲者、または「恐怖心から生まれた捕虜」という造語によって表されるところの存在となったのである。

(2) (Q33) 1942年に、これらの日系人たちは実際にスパイ行為を行った証拠もないのに、「敵国人」と定義された。これらの人々のうち40パーセントは子どもであり、(Q32) 70パーセントはアメリカ国民であった。彼らは、10日以内に家から退避し、持ち物のほとんどを売るようにと指示された。それに加えて、当時、多くのアメリカ人が感じていた恐怖心を静めるため、連邦捜査局はそれぞれの地域の指導者であった日系アメリカ人の男性を1200人以上逮捕した。しかし、政府はこれらの男性を何の罪でも告発しなかった。逮捕されたり、当局に疑惑を持たれることを避けるため、日系アメリカ人の家族は、手紙や形見の品などといった日本とのつながりを素早く破棄した。一部の若い日系アメリカ人の男性は、アメリカへの忠誠を証明するために、軍隊に参加して戦うことまでしたのである。

(3) 1944年の年末までには、合衆国の最高裁判所が、アメリカ軍が日本人や日系アメリカ人を収容所に収容していることには正当性がないとの判決を出した。政府は彼らを解放したが、多くはすでに帰る家がなく新しい町でやり直すことを決めた。40年後、レーガン政権の時代に、政府はついに謝罪し、転住収容所に収容された日系アメリカ人ひとり当たり2万ドルの補償を行った。しかしながら、当時、多くの日系アメリカ人は第二次世界大戦中に起こったことは、謝罪やお金では消えることがないと語った。彼らは、合衆国政府が、アメリカ国民として保持していたはずの自由に対する憲法上の権利と自尊心を奪ったことについては、いかなる弁解の余地もないと信じているのである。

質問・選択肢の訳

31. このパッセージの主旨の1つは何か。
(A) 第二次世界大戦中、日本人はアメリカ人を恐れていた。
(B) 第二次世界大戦中、アメリカ人は日系アメリカ人を恐れていた。
(C) ナチスがユダヤ人を強制収容所に入れたのは間違いであった。

(D) ナチスとアメリカ人が収容所を作ったことは正当化された。

32. パッセージ中の情報によると、どれくらいの日系アメリカ人が転住収容所に拘留されたのか。
(A) 600万人
(B) 11万人
(C) 7万5000人
(D) 1200人

33. パッセージによると、以下の中で第二次世界大戦中に起こらなかったのは
(A) ルーズベルトがアメリカ合衆国の大統領であった。
(B) アメリカに強制収容所があった。
(C) アメリカ国民の一部が「敵国人」と呼ばれた。
(D) 真珠湾に爆弾が落とされた。

34. 11行目の "descent" にもっとも意味が近いのは以下のどれか。
(A) キャンプ
(B) 国
(C) 報復
(D) 民族性

35. 筆者が日系アメリカ人が転住させられた理由を示しているのはパッセージのどこか。
(A) 3行目から5行目
(B) 7行目から9行目
(C) 14行目から16行目
(D) 24行目から26行目

36. 28行目の代名詞 "they" が具体的に表しているのは
(A) レーガン政権。
(B) 日系アメリカ人。
(C) アメリカ合衆国政府。
(D) アメリカ国民。

37. このパッセージの情報はどのように並べられているか。
(A) 意見とそれに対する反対意見
(B) 時系列に沿って

Section 3

(C) 時系列を遡って
(D) 重要な順番から先に

38. 日系アメリカ人が戦争に参加したことについて筆者が議論しているのはパッセージのどこか。
(A) 5行目から7行目
(B) 13行目から14行目
(C) 19行目から20行目
(D) 26行目から28行目

39. 28行目の "No excuse for" という表現が表しているのは
(A) 寛容。
(B) 疲労。
(C) 理解。
(D) 非難。

40. このパッセージをリーディング課題として与えない理由と考えられるのは何か。
(A) 日本人が真珠湾に爆弾を落としたことを非難するため
(B) 第二次大戦中、アメリカ合衆国国内で起こったことについて学生を教育するため
(C) あまり知られていない不正行為について生徒に教えるため
(D) アメリカ史上の混乱期について若い人々に知らせるため

重要語句

- **imprison** 他 ～を刑務所に入れる；～を拘置する
- **relocation camp** 強制収容所
- **reside** 自 住む；存在する
- **barbed** 形 とげのある
- **evacuate** 自 立ち退く
- **rule** 他 判決する
- **bomb** 他 ～を爆撃する
- **compound** 名 捕虜収容所
- **espionage** 名 スパイ行為
- **keepsake** 名 形見；思い出の品
- **constitutional** 形 憲法上の

▶▶ Questions 41-50

41. 正解（D）★★

解説 筆者はテクノロジーの発展が広告業界にもたらした利点と問題点をともに論じていることから(D)が正解。(A)のように考えている人も一部にはいると言及されているが、筆者の主旨ではない。(B)は、事実であるが、テクノロジーの発展による利点のひとつに過ぎず、主旨ではない。広告業界におけるコンピューターの使用のみが論じられ

ているのではなく、さまざまなテクノロジーの発展と広告業界の関係について説明されているので(C)も不可。

42. 正解（C）★

解説 第1パラグラフはパッセージ全体の要旨となっている。つまり、テクノロジーの発展が広告業界にもたらした利点と問題点の両方を簡潔に述べている。

43. 正解（A）★

解説 16行目に "Another positive outcome is the merging of professions such as broadcasting, advertising, and graphic design to create one visual communication industry..."（また別の利点は、放送業界、広告業界、グラフィックデザイン業界などの専門家が一緒に仕事をすることで…ひとつのビジュアル・コミュニケーション業界というものを作ることができたことである）とある。これは、テクノロジーの発展による利点のひとつと説明されていることから、正解は(A)。(B)は、10行目に "...designers were previously limited to media that was affordable. With graphic design options, the choices in affordable media have significantly multiplied."（…デザイナーはかつて購入することができるメディアしか使うことができなかった。しかし、グラフィックデザインという選択肢ができたおかげで、購入可能なメディアの幅が飛躍的に拡大したのである）とあることから不可。(C)は、12行目に "...with instantaneous internet communication, the need to travel has decreased..."（…瞬時に行うことができるインターネット通信のおかげで移動の必要性が少なくなり…）とある。インターネットのおかげで、出張する回数が減ったとあるが、より安価に旅行できるようになったとは述べられていない。(D)は9行目に "Advertisements can be created in a matter of hours..."（…たった数時間…で広告を作ることができるようになった）とはあるが、多くの広告が実際に数時間で作られているとは述べられていない。

44. 正解（C）★★★

解説 消去法で考える。(A)の利点については第1、第2、第3パラグラフで述べられている。(B)、(D)の問題点または業界の一部の人が憂慮している内容については第1、第3パラグラフで述べられている。よって、まったく議論されていないのは(C)である。

45. 正解（B）★

解説 segregatedは「分離された；隔離された」の意味。これと同じ意味なのは(B)。また、尋ねられているsegregatedは "Combining jobs from previously segregated industries has been another."（かつてはばらばらに行われていた作業を同時に行うことができるようになったことも、肯定的な結果のひとつである）という文に含まれてい

Section 3

るので、もともとは分離されていた作業が同時に行われるようになったという文脈を利用して正解を見つけることも可能であろう。

46. 正解（C） ☆

解説 複数の異なる業界が広告づくりにおいて協同する利点について説明しているのは、"Another positive outcome is the merging of professions such as broadcasting, advertising, and graphic design to create one visual communication industry, which incorporates a wider variety of skills than the previous advertising industries."（また別の利点は、放送業界、広告業界、グラフィックデザイン業界などの専門家が一緒に仕事をすることで、かつての広告業界のそれよりも幅広い種類の技術を統合したひとつのビジュアル・コミュニケーション業界というものを作ることができたことである）の部分である。

47. 正解（B） ☆☆

解説 4行目に"…some in the field of advertising feel the quality of work has depreciated with the incorporation of technological tools and the influx of non-artistic designers."（…広告業界の一部の人々はテクノロジーと、芸術がわからない多くのデザイナーとの組み合わせにより、作品の質が下がったと感じている）とある。また、第4パラグラフでも、テクノロジーを使えても芸術的才能を持たない人のみが作る広告の質に対して疑問が呈されていることから、広告業界では芸術的才能を持っている人と持っていない人の間に何らかの摩擦が生じているであろうことが推察できる。

48. 正解（D） ☆

解説 "savvy"は「精通している」の意味の形容詞。"…computer savvy people can work in advertising these days - even if they do not have much artistic ability."（…今日ではコンピューターに精通している人々が、彼らがたとえ芸術的才能をあまり持っていないとしても、広告業界で働けるようになったのである）とあることから、芸術的才能がなくても広告業界で働けるようになった人々がどのような人々か（つまり、コンピューターの知識があれば芸術的才能がなくてもよい）、を考えてみて正解を見つけることもできる。

49. 正解（D） ☆

解説 筆者は4行目 "Nonetheless, some in the field of advertising feel the quality of work has depreciated with the incorporation of technological tools and the influx of non-artistic designers."（しかし、広告業界の一部の人々はテクノロジーと、芸術がわからない多くのデザイナーとの組み合わせにより、作品の質が下がったと感じ

ている）で、否定的な側面について述べているため正解は(D)。ほかの選択肢はすべて肯定的な側面。

50. 正解（B）★★

解説 パッセージは、テクノロジーの発展によって広告業界に生じた利点と問題点を事実に即して淡々と述べている。

パッセージの訳

(1) テクノロジーは広告界に途方もない影響を与えた。よい影響も多くあったが、一部は望ましくないものであった。具体的に言うと、時間とお金が節約できたことは肯定的な結果のひとつである。かつてはばらばらに行われていた作業を同時に行うことができるようになったことも、肯定的な結果のひとつである。しかし、(Q47) (Q49) 広告業界の一部の人々はテクノロジーと、芸術がわからない多くのデザイナーとの組み合わせにより、作品の質が下がったと感じている。

(2) コンピュータ、グラフィック画像、インターネットと放送技術の発展により、広告キャンペーンが実現されるスピードは格段に速くなった。デジタル技術を使用することにより、質を下げることなく、たった数時間または数日で広告を作ることができるようになった。また、デザイナーはかつて購入することができるメディアしか使うことができなかった。しかし、グラフィックデザインという選択肢ができたおかげで、購入可能なメディアの幅が飛躍的に拡大したのである。しかも、瞬時に行うことができるインターネット通信のおかげで移動の必要性が少なくなり、広告業界の幹部たちはお金を節約できるようになった。彼らはかつて仕事でさまざまな場所へ行くために大きなお金を支払わなければならなかったのだ。

(3) また別の利点は、(Q43) 放送業界、広告業界、グラフィックデザイン業界などの専門家が一緒に仕事をすることで、かつての広告業界のそれよりも幅広い種類の技術を統合したひとつのビジュアル・コミュニケーション業界というものを作ることができたことである。しかも、今日ではコンピューターに精通している人々が、彼らがたとえ芸術的才能をあまり持っていないとしても、広告業界で働けるようになった。ある意味、テクノロジーが昔ながらの創造性というものに取って代わったのである。

(4) しかし、(Q47) 広告業界の多くの人々は、今日の広告業界における本当の意味で並外れた作品とは、芸術的才能とテクノロジーの両方が関係したものであると信じている。芸術的才能を持たない人が広告業界で仕事ができるとしても、芸術的才能との共同作業なしには、広告の質が急落するであろうと一部の人々は考えているのであ

Section 3

る。したがって、今日の広告代理店においては、さまざまな背景を持った人々の間のチームワークが不可欠であると結論づけることができる。

質問・選択肢の訳

41. 筆者の主旨は
- (A) グラフィックデザイナーの流入と高度な通信技術のせいで、広告の質が下がってきている。
- (B) 広告業界ではテクノロジーの発展により、お金と時間が節約されている。
- (C) コンピューターを広告業界で使用することには、数多くの肯定的な側面と否定的な側面がある。
- (D) テクノロジーの発展は広告業界にいくつかの利点と問題点をもたらした。

42. 第1パラグラフの目的は何か。
- (A) 広告業界におけるテクノロジーの変化が引き起こした否定的側面について説明すること
- (B) 広告業界におけるテクノロジーの変化が引き起こした肯定的側面について説明すること
- (C) テクノロジーの発展が広告業界にもたらした利点と問題点を紹介すること
- (D) 広告業界がどのように多面的なコミュニケーション業界へと発展してきたかを示すこと

43. このリーディングパッセージが述べているのは
- (A) テクノロジーによって放送業界と広告業界の境界がはっきりしなくなったので、これらの業界は今日では一心同体である。
- (B) テクノロジーの発展によっても、購入可能な、広告作りに関係するメディアとはどのようなものかという概念は劇的には変化しなかった。
- (C) インターネットは、広告業界で働いている人々がより安価に旅行することを可能にした。
- (D) 最近、デジタル技術とインターネットによるコミュニケーションのおかげで、多くの広告はわずか数時間で作られている。

44. 広告業界とほかの業界の融合に関してこのパッセージで議論されていないことはどれか。
- (A) それには利点がある。
- (B) それには問題点がある。
- (C) 業界の多くの人がそのことについて混乱している。
- (D) 業界の一部の人がその結果について憂慮している。

45. 3行目の "segregated" の意味は何か。
(A) 同様の
(B) 分離した
(C) 認可された
(D) 優れた

46. パッセージ中で、筆者が複数の業界が協同する利点について説明しているのはどこか。
(A) 4行目から6行目
(B) 14行目から15行目
(C) 16行目から18行目
(D) 23行目から25行目

47. パッセージによると、広告業界で起こっていると考えられるのは
(A) 年配の重役の多くはコンピューターを使って仕事ができない。
(B) 芸術的才能を持った一部の人と、それを持っていない人が対立している。
(C) 最近の経済不況のせいで、人々は簡単に仕事を得ることができない。
(D) 技術的進歩にお金がかかったせいで、多くのお金が失われた。

48. 19行目の "savvy" という単語が意味していると思われるのは
(A) 訓練可能な。
(B) 仕事に関連する。
(C) 無知の。
(D) 知識のある。

49. 筆者が、広告業界におけるテクノロジーの変化によって生じうる否定的側面として挙げているのは何か。
(A) 仕事を完成させるスピードが上がること
(B) 広告キャンペーンをデザインするスピードが上がること
(C) グラフィックデザインの質が上がること
(D) 芸術的才能を持たないデザイナーの数が増えること

50. このパッセージの論調としてもっともふさわしいのはどれか。
(A) ユーモアのある
(B) 事実に即した
(C) あきらめている
(D) もったいぶった

Section 3

重要語句

- segregated 形 分離された
- nonetheless 副 それにもかかわらず
- depreciate 自 [価値・価格などが] 下がる
- influx 名 [大量の人の] 出現
- fruition 名 達成；実現
- advent 名 出現
- instantaneous 形 即座の；瞬間的な
- merge 他 ～を合併させる；～を融合する
- incorporate 他 ～を組み込む
- savvy 形 よく知っている；精通している
- to an extent ある程度
- plummet 自 急落する

TEST 2
解答・解説

Section 1 … 97

Section 2 … 132

Section 3 … 151

解 答 一 覧

Section 1

1	C	11	B	21	B	31	B	41	D
2	B	12	D	22	C	32	D	42	B
3	C	13	A	23	C	33	B	43	C
4	B	14	B	24	C	34	C	44	B
5	D	15	D	25	A	35	A	45	D
6	B	16	A	26	B	36	D	46	A
7	C	17	D	27	D	37	A	47	B
8	C	18	B	28	B	38	D	48	C
9	D	19	B	29	B	39	C	49	A
10	A	20	A	30	D	40	A	50	C

Section 2

1	D	9	C	17	D	25	A	33	C
2	A	10	D	18	D	26	C	34	B
3	B	11	A	19	A	27	B	35	D
4	A	12	B	20	A	28	C	36	D
5	A	13	D	21	B	29	D	37	C
6	C	14	C	22	C	30	A	38	D
7	B	15	A	23	D	31	D	39	B
8	C	16	B	24	A	32	C	40	C

Section 3

1	B	11	B	21	A	31	B	41	C
2	D	12	C	22	B	32	B	42	A
3	A	13	A	23	B	33	C	43	B
4	B	14	B	24	C	34	A	44	C
5	D	15	D	25	B	35	B	45	A
6	D	16	B	26	A	36	D	46	C
7	C	17	D	27	C	37	C	47	C
8	C	18	C	28	D	38	A	48	D
9	A	19	C	29	D	39	D	49	B
10	A	20	A	30	C	40	B	50	C

Part A

Section 1

Part A

1. 正解（C）★★

解説 女性のせりふの否定形に気をつける。彼女は「手袋が必要なほど寒いわけではない」と言っている。女性のせりふに否定形があるので、最後の付加疑問の部分は肯定形になっている。

スクリプト

M : Darn! I lost my glove somewhere.
W : That's too bad, but it's not exactly cold enough to need them, is it?
Q : What does the woman mean?

スクリプト・選択肢の訳

男性 ： しまった！ 手袋をどこかになくしたよ。
女性 ： それは残念ね、でも手袋が必要なほど寒くはないでしょう？
質問 ： 女性は何を意味しているか。

(A) 外は天気が悪く、かなり寒い。
(B) 彼は冷たいので、彼女は彼が必要ではない。
(C) この気温では手袋は不要である。
(D) もうひとつをなくさないように彼は気をつけなければいけない。

2. 正解（B）★

解説 男性のせりふの最後にある Why don't we...? は「〜しようよ」という提案を表す表現。「なぜ〜しないのか」と尋ねているわけではないので注意。

スクリプト

W : Did you catch the homework assignment for next week?
M : No, I didn't. Professor Simmons talks way too fast. Why don't we ask Karen?
Q : What does the man suggest?

スクリプト・選択肢の訳

女性 ： 来週の課題の内容は理解できた？
男性 ： いや、わからなかった。Simmons教授は早口すぎるよ。Karenに尋ねようよ。
質問 ： 男性は何を提案しているか。

(A) 彼らは次回はもっと注意して聞くべきである。

Section 1

(B) 彼らは誰かに課題について尋ねるべきである。
(C) 彼らはSimmons教授ほど早口で話すべきではない。
(D) 彼らはKarenに宿題をしてもらうべきである。

> **TIPS** Why don't we～? は、「～しませんか／～しようよ」という勧誘表現。

---

3. 正解（C）★★★

解説 term paperは「期末リポート」のこと。また、PsychはPsychology（心理学の授業）の省略形。==女性のせりふは現在の事実に反する希望を表す仮定法。この種類の仮定法では主語が何であれ、動詞がbe動詞の場合はwereになることを確認しておこう。== 実際には女性はリポートを半分も終わらせていない、という意味。(A)は女性のせりふと反対の内容。(B)は、現在の事実に反する希望を表す仮定法だが、女性はこのようなことは望んでいない。

スクリプト

M : Are you about finished with the term paper for Psych?
W : I wish I were even halfway finished. It's going to take me a few more days.
Q : What does the woman mean?

スクリプト・選択肢の訳

男性 ： 心理学の期末レポートはもう少しで終わりそうかい？
女性 ： 半分だけでも終わってたらいいんだけど。あと数日はかかりそうよ。
質問 ： 女性は何を意味しているか。

(A) 彼女はレポートを半分完成させた。
(B) 彼女はあと数日あればよかったのにと思っている。
(C) 彼女はレポートを半分も書いていない。
(D) 彼女はそれを未完成のまま提出しようとしている。

> **TIPS** 現在の事実に反する希望を表す仮定法では、主語に関わらず動詞がbe動詞の場合はwereになる。

---

4. 正解（B）★

解説 What do you say...? は「～するのはどう？」という提案を表す。男性のせりふにある副詞barely（かろうじて～する）に注目。男性は今月は家賃を払うのがやっとでコンサートのチケットを買うお金がないと言っている。正解(B)ではconcertがshowで言い換えられていることに注意。男性は家賃はなんとか支払うことができるので(C)

Part A

は不可。(D) は男性のせりふの barely に音が近い bear が入っているので注意。

スクリプト

W : What do you say we get tickets for the concert next month?
M : That would be awesome, but I can barely make rent this month.
Q : What does the man imply?

スクリプト・選択肢の訳

女性 ： 来月のコンサートのチケットを買わない？
男性 ： それは素晴らしいけど、今月は家賃を払うだけで精一杯なんだ。
質問 ： 男性は何を示唆しているか。

(A) 彼は今月何枚かのコンサートチケットを借りることができる。
(B) 彼は彼女と一緒にショーに行く金銭的余裕がない。
(C) 彼は家賃を払うお金も、コンサートに行くお金もない。
(D) 彼は熊のバンドが生で演奏するのを楽しみにしている。

重要語句

☐ **barely** 副 かろうじて〜する

TIPS What do you say... ? は「〜するのはどう？」という提案を表す表現。

---

5. 正解（D） ☆

解説 女性が尋ねているのは、「予想」と「仮説」の違いという、かなり複雑な勉強の内容についてであることから、男性はチューターであることが推測できる。

スクリプト

W : Would you please explain the difference between a hypothesis and a prediction?
M : Sure. A prediction is simply what one thinks will happen in the future, while a hypothesis is a prediction that is accompanied by a reason.
Q : Who is the man most likely to be?

スクリプト・選択肢の訳

女性 ： 仮説と予想の違いを説明していただけますか。
男性 ： もちろん。予想というのは単に未来に何が起こるかについての考えですが、仮説は理由を伴った予想なのです。
質問 ： 男性は誰だと思われるか。

Section 1

(A) 学校のカフェテリアの従業員。
(B) 女性よりかなり若い弟。
(C) 寮のアシスタント。
(D) 勉強を助けてくれるチューター。

> **重要語句**
> □ **hypothesis** 名 仮説　　　　□ **prediction** 名 予想
> □ **be accompanied by** 〜に付随して起こる

> **TIPS** 話し手は誰か、という質問もよく尋ねられる。必ず会話の中にヒントがあるので、注意して聞こう。

6. 正解（B）★★

解説 男性のせりふの financial aid は大学などで勉強するための「財政援助」のこと。女性は、確定申告を提出して学費が支払えない状況であることを証明するように求めている。

スクリプト

M : I'm wondering how I can find out if I qualify for financial aid.
W : To start with, you need at least a 2.75 grade point average. Then, you would have to submit income tax receipts to prove you are eligible.
Q : What does the woman mean?

スクリプト・選択肢の訳

男性 ： 僕に財政援助を受ける資格があるかどうか、どうしたらわかりますか。
女性 ： まず、成績平均値が少なくとも2.75であることが必要です。そして、奨学金を受ける資格があることを証明するために確定申告を提出しなければなりません。
質問 ： 女性は何を意味しているか。

(A) 男性は平均275ドルを受け取ることによって始めることができる。
(B) 男性は学費を支払うことができないことを証明する必要がある。
(C) 男性はまだ所得税の支払いを始めていない。
(D) 男性は成績を上げるために、勉強に関する助けを得る必要がある。

> **重要語句**
> □ **eligible** 形 資格のある

Part A

> **TIPS** financial aid（財政援助）、GPA [grade point average]（成績平均値）など、大学でよく使われる表現に慣れておこう。

7. 正解（C）☆

解説 正解(C)は男性のせりふを言い換えた内容。

スクリプト

W : Ugh, I have a bad stomachache, but I don't know why…
M : I imagine it's because you had all that spicy food last night.
Q : What does the man mean?

スクリプト・選択肢の訳

女性：ああ、ひどい腹痛がするんだけど、どうしてだかわからないわ…
男性：昨晩、あの辛い料理をたくさん食べたからじゃないかな。
質問：男性は何を意味しているか。

(A) 彼はそのせいで腹痛になるとしても辛い料理が好きである。
(B) 彼は女性がなぜ傷んだこしょうを食べたのかわからない。
(C) 彼は、彼女の痛みは彼女が食べた物のせいであると思っている。
(D) 彼は彼女がいつも自分の病気について想像していることを知っている。

8. 正解（C）☆

解説 女性のせりふにあるgasはgasoline（ガソリン）の、男性のせりふにあるbikeはbicycle（自転車）の略。正解(C)では、女性のせりふに出てきた"the cost of gas has really gone up"を"The fuel prices are so high"で、また男性のせりふに出てきた"driving is so expensive"を"having a car is not economical"で言い換えている。(A)のhave bad gasは「胃痛がひどい」という表現。男性が運転したくないと言っているのは、燃料費が高いためで環境に配慮してのことではないため(D)は不可。

スクリプト

W : Gosh, the cost of gas has really gone up lately, hasn't it?
M : Yeah, I'm considering buying a bike because driving is so expensive now.
Q : What does the man mean?

スクリプト・選択肢の訳

女性：あら、最近ガソリン代がすごく上がったわね？
男性：ああ、今は車を運転するとすごく高くつくから、自転車を買おうかと思ってるんだ。

Section 1

質問：男性は何を意味しているか。

(A) 女性はひどい胃痛があり、彼女の薬は安価ではない。
(B) 男性は自転車は自動車と同じくらい高価だと思っている。
(C) 燃料費が高いので、車を持っていると節約にならない。
(D) 話し手たちはどちらも環境に配慮していて、車を運転することに反対している。

重要語句
- **fuel** 名 燃料
- **eco-friendly** 形 環境に配慮した

---

9. 正解（D）★★

解説 男性のせりふは現在の事実に反する内容を表す仮定形。ここから、彼がハワイに住んでいないこと、ゴルフ場に毎日来ることができないことがわかる。

スクリプト

W : Wow, what a beautiful golf course!
M : Yeah, if I lived here in Hawaii, I would come here everyday.
Q : What does the man mean?

スクリプト・選択肢の訳

女性：ああ、なんて素敵なゴルフコースなのかしら！
男性：そうだね、もしここハワイに住んでいたら、ここに毎日来ると思うよ。
質問：男性は何を意味しているか。

(A) 男性はハワイに住んでいる。
(B) 彼は彼女が美しいと思っている。
(C) 彼はそこで毎日ゴルフをしている。
(D) 彼はそこに頻繁に行くことはできない。

---

10. 正解（A）★★

解説 女性のせりふに出てくる drop by... は「…に立ち寄る」という意味の句動詞。女性は、少し早めに出発し、テニスの試合に行く途中で就職フェアに立ち寄ろうと提案しているので、男性は一日に両方のイベントに行くことができる。(B) の drop out of... は「途中でやめる」という意味の句動詞。

スクリプト

M : I forgot today is the job fair, but I have a tennis match this afternoon.

Part A

W : Shall we leave a little early and drop by the job fair on the way to the match?
Q : What does the woman suggest?

スクリプト・選択肢の訳

男性 : 今日が就職フェアだということを忘れてたよ。でも、今日の午後はテニスの試合があるんだ。
女性 : 少し早めに出発して、試合に行く途中で就職フェアに立ち寄りましょうよ。
質問 : 女性は何を提案しているか。

(A) 男性は同じ日に両方行くことができる。
(B) 男性は就職フェアへの参加をやめるべきである。
(C) 男性はテニスの試合をキャンセルするべきである。
(D) 男性は試合の前に待たなければいけないだろう。

---

11. 正解（B）★★

解説 女性のせりふは「日焼け止めを塗るのを覚えていたのか」と尋ねているように聞こえるが、男性がすでに日焼けをしてしまっていることから考えると、女性のせりふは質問ではなく、男性が日焼け止めを塗らなかったことを責めているか、将来に対する忠告であることがわかる。正解(B)では女性のせりふに出てきた "put the sunscreen on" が "apply skin protection" で言い換えられている。(D)は、put ＋人＋on は「(人に)嘘をつく」の意味。

スクリプト

M : I got a bad sunburn at the beach this weekend! It really hurts.
W : Did you remember to put the sunscreen on?
Q : What does the woman mean?

スクリプト・選択肢の訳

男性 : この前の週末、浜辺でひどい日焼けをしてしまったんだ！　すごく痛いよ。
女性 : 日焼け止めを塗るのを忘れていたの？
質問 : 女性は何を意味しているか。

(A) 男性は彼のひどい日焼けを手当てする必要がある。
(B) 男性は皮膚を保護するものを塗っておくべきだった。
(C) 男性は浜辺でいい天気を楽しんだ。
(D) 男性は自分の痛みについて彼女に嘘を言い続けている。

Section 1

> **重要語句**
> □ **sunburn** 名 日焼け

12. 正解（D） ☆

解説 男性のせりふの contact info は contact information（連絡先）の略。(B) は、男性のせりふに出てきた contact という単語が入っているが混乱しないように。

スクリプト

W : I like your new cell phone!
M : Yeah, I dropped the last one in the toilet. It was impossible to retrieve the data, so can I get your contact info again?
Q : What does the man mean?

スクリプト・選択肢の訳

女性 : あなたの新しい携帯電話、素敵ね！
男性 : ああ、以前のはトイレに落としてしまったんだ。データを復元することができなかったから、もう一度君の連絡先を聞いてもいい？
質問 : 男性は何を意味しているか。

(A) 彼はトイレから人に電話をかけるのは不可能だと思っている。
(B) 彼は女性のコンタクトレンズを貸してほしいと思っている。
(C) 彼は最新モデルの携帯が必要だと決めた。
(D) 彼は友達の情報を電話機にもう一度入力する。

> **重要語句**
> □ **retrieve** 他 回復する；［情報などを］読みだす

13. 正解（A） ☆

解説 女性のせりふは「出口まであなたが私たちを連れていってくれるのですか」とかなり具体的な質問になっているが、これは男性が訓練のときに助けてくれるのかを知りたがっているということ。男性が女性に消防訓練があることを教えているため (D) は誤り。

スクリプト

M : Today we're having a fire drill in the dorm. Please follow the escape routes mapped out on the walls in front of the stairs and elevators.
W : Thanks for letting us know. Will you be guiding us to those exits?

Part A

Q : What does the woman want to know?

スクリプト・選択肢の訳

男性 : 今日は寮で消防訓練があります。階段とエレベーターの前の壁に貼ってある地図を見て、避難経路をたどってください。
女性 : 教えてくださってありがとう。出口まで、あなたが私たちを連れていってくれるのですか。
質問 : 女性は何を知りたいと思っているか。

(A) 男性が訓練中に助けてくれるかどうか。
(B) 彼女が寮の友達をビルの外に導き出せるかどうか。
(C) 男性が彼女らにいつ外へ出ればいいかを教えてくれるかどうか。
(D) 男性が今日の消防訓練について知っているかどうか。

重要語句

□ **fire drill**　消防訓練

---

14. 正解（B）★

解説　男性は "I wonder where..."（どこなのかな…）と言っているので、どこでバーベキューが行われているかは知らないことがわかる。(C)の wander [wɑ́ndər]（うろうろする）と動詞 wonder [wʌ́ndər]（〜かどうかと思う）は発音は似ているが、混同しないこと。男性のせりふの prepare [pripέər]（〜を準備する）と音が似ている pear [pέər]（梨）が(D)に含まれているので注意する。

スクリプト

W : Mmmmm. Smells like someone is cooking barbecue!
M : That makes me hungry. I wonder where it is being prepared....
Q : What does the man mean?

スクリプト・選択肢の訳

女性 : あら、誰かがバーベキューをしてるみたい！
男性 : それを聞いたらお腹が減ってきたよ。どこで準備してるのかな…
質問 : 男性は何を意味しているか。

(A) 彼は自分もバーベキューの準備をしたいと思っている。
(B) 彼はどこでバーベキューが行われているかを知らない。
(C) 彼はそこらへんをうろうろしていた。
(D) 彼は女性に彼の梨を見つけてきてほしいと言っている。

Section 1

15. 正解（D）★★★

解説 消去法で解くことが必要。男性は、化学の授業があるビルにこれから行きたいと思っているので、ここで会話が行われているはずがないため(A)は不可。女性はWilson Hallに行くために赤レンガのビルの間を通るように教えているので、Wilson Hallの入口にふたりがいるとは考えられないため(B)も不可。赤レンガのビルの中にいるのであれば、赤レンガのビルの間を通るようにとの指示はしないので(C)も不適当。

スクリプト

M : Can you tell me how to get to the chemistry building?
W : Yes, that's Wilson Hall. Just walk between those two red brick buildings over there. It's behind the one on the left.
Q : Where does the conversation most likely take place?

スクリプト・選択肢の訳

男性 : どうしたら化学の授業があるビルに行けるか教えてもらえますか。
女性 : ええ、それならWilson Hallですね。あそこにあるふたつの赤レンガのビルの間を通ってください。左側のビルの後ろにあります。
質問 : この会話はどこで行われていると思われるか。

(A) 化学の授業があるビルの中。
(B) Wilson Hallの入口。
(C) 赤レンガのビルの中。
(D) キャンパスのグラウンド。

16. 正解（A）★

解説 男性のせりふには食材がいろいろ出てくるので(A)が正解。男性はパルメザン・チーズ以外にチーズの話はしていないので(C)は不可。

スクリプト

W : What are your specials today?
M : Today we have a shrimp and eggplant parmesan and the chicken penne with spicy arabiatta sauce.
Q : About what does the man explain?

スクリプト・選択肢の訳

女性 : 今日の特別料理は何ですか。
男性 : 本日は、えびと茄子のパルメザン・チーズと、辛いアラビアータソースのかかっ

た鶏肉のペンネです。
質問 ： 男性は何について説明しているか。

(A) 彼らが今準備している料理。
(B) 彼らが売っている園芸植物。
(C) 特別なフランス産チーズの盛り合わせ。
(D) 鶏より先に存在していた卵。

17. 正解（D）★

解説 女性のせりふの"not the brightest bulb in the box"は、「注意力がないこと」、または「賢くないこと」を遠まわしに表現する熟語。正解(D)に含まれているobservantは「注意力がある」という意味の形容詞。

スクリプト

M ： Did you get a haircut?
W ： Yeah, two weeks ago! Sometimes you're not the brightest bulb in the box.
Q ： What does the woman mean?

スクリプト・選択肢の訳

男性 ： 髪、切ったの？
女性 ： ええ、2週間前よ！ あなたって時々、あまり鋭くないのよね。
質問 ： 女性は何を意味しているか。

(A) 男性はあまりおしゃれではない。
(B) 男性がかなり前に髪を切った。
(C) 男性はいくつかの電球を買うべきだ。
(D) 男性はいつも注意力があるわけではない。

重要語句

□ **observant** 形 よく見ている；注意力のある

18. 正解（B）★

解説 男性のせりふに出てくるdebateは「討論」のこと。"I couldn't agree with you more!"は、相手に強く賛成していることを表す慣用表現。

スクリプト

M ： That debate was the easiest I have ever participated in!

Section 1

W : I couldn't agree with you more!
Q : What does the woman mean?

スクリプト・選択肢の訳

男性 : あの討論は今まで参加した中で一番簡単だったね！
女性 : 私もそう思うわ！
質問 : 女性は何を意味しているか。

(A) 彼女はそれが簡単だったとは思っていない。
(B) 彼女は男性と同じ意見である。
(C) 彼女はもうこれ以上男性に賛成できない。
(D) 彼女はもう討論したくない。

> **TIPS** "I couldn't agree with you more!" は、相手に強く賛成していることを表す。

---

19. 正解（B） ☆

解説 男性のせりふにある "We don't see eye to eye..." は「〜について意見が合わない」という意味の熟語。(A) の have an eye for... は「〜に対するセンスがある；〜を見る目がある」という意味。

スクリプト

W : Did you tell your parents about changing your major to art?
M : Not yet. We don't see eye to eye about anything, so I worry about what they are going to say.
Q : What does the man mean?

スクリプト・選択肢の訳

女性 : ご両親に、あなたが専攻を美術に変えようとしていることについて話した？
男性 : まだだよ。僕たちは何に関しても意見が合わないから、両親が何を言うか心配なんだ。
質問 : 男性は何を意味しているか。

(A) 彼は、彼の両親に芸術を見る目がないと言われるのではないかと心配している。
(B) 彼は、彼の両親が彼が専攻を美術に変えようとしていることを気に入るとは思っていない。
(C) 彼は両親にすぐに会えないことについて心配している。
(D) 彼は大学で別のことを勉強するかどうかまだ決めていない。

20. 正解（A）★★

解説 男性は女性に対し、鉛筆を置くこととテスト冊子を提出することの2つを要求していることを理解する。turn in... は「〜を提出する」の意味の句動詞。(B) は、鉛筆を置くことについては正しいが、テストを裏返すようには言っていない。turn over... は「〜を裏返す」の意味の句動詞。(C) は、テストを提出することについては正しいが、鉛筆をしまうようには言っていない。put away... は「〜を片付ける」の意味の句動詞。男性はすぐに鉛筆を置くように言っており、テストを終わらせることは要求していないため (D) も不適当。

スクリプト

W : I just have to finish this one problem.
M : I'm sorry, but after the timer goes off, you must put your pencil down and turn your test booklet in.
Q : What does the man insist upon?

スクリプト・選択肢の訳

女性 : あと一問だけ終わらせなければいけないんです。
男性 : 残念ですが、タイマーが鳴ったので鉛筆を置いて、テスト冊子を提出しなければいけません。
質問 : 男性は何を主張しているか。

(A) 女性が書くのをやめて教師にテストを渡すこと。
(B) 女性が鉛筆を置いて、テストを裏返すこと。
(C) 女性が鉛筆をしまって、テストを提出すること。
(D) タイマーが鳴ったので、女性がテストを素早く終わらせること。

重要語句

☐ **go off** 突然鳴りだす；[警報などが] 作動する

21. 正解（B）★★★

解説 男性のせりふの後半は、現在の事実に反する仮定法。実際には男性は Jamal のように上手にピアノを弾くことができないと言っている。If only... の only は強調表現で、ここでは「〜さえできたらなあ！」というニュアンスになる。正解 (B) では、男性のせりふが "...Jamal's skill is very difficult to match" という表現で言い換えられている。

Section 1

スクリプト

W : I didn't realize Jamal was so incredibly talented!
M : I know! If only I could play piano like him!
Q : What does the man mean?

スクリプト・選択肢の訳

女性 : Jamalにあれほどの才能があったなんて知らなかったわ！
男性 : そうだよな！ 僕も彼みたいにピアノが弾けたらなあ！
質問 : 男性は何を意味しているか。

(A) 彼はJamalとまったく同じようにピアノが弾ける。
(B) 彼はJamalの技術に追いつくことは大変困難だと信じている。
(C) 彼は、もし彼が楽器を習得できたら、Jamalを好きになるだろうと思っている。
(D) 彼はJamalのことは知っているが、彼に音楽の才能があるとは知らなかった。

TIPS if only...！は、「～さえできたらなあ！」という強い願望を表す。

22. 正解（C） ☆ (CD 2-26)

解説　女性のせりふのstart overは「最初からやり直す」の意味の句動詞。正解(C)のbatchは、「（パスタなどの）束」を表す。(A)のturn over...は「～を裏返す」の意味の句動詞である。

スクリプト

M : The pasta is too soft and falls apart when I touch it.
W : I think we need to start over!
Q : What does the woman think?

スクリプト・選択肢の訳

男性 : このパスタはやわらかすぎて、触ると崩れるよ。
女性 : 最初からやり直さなきゃ！
質問 : 女性は何を考えているか。

(A) 彼らはパスタをひっくり返すべきだ。
(B) 彼らは料理を今始めるべきだ。
(C) 彼らは新しいパスタを一束ゆでるべきだ。
(D) 彼らは何かほかのものを食べるべきだ。

Part A

> **重要語句**
> ☐ **fall apart** ばらばらになる

23. 正解（C）★★★

解説 男性はAdamのことを「あんなに優しくて楽しい人はほかにいないね！」と描写しているので、Adamは優しくもあり、楽しくもあるということがわかる。正解(C)のboth A and B（AもBも両方）と、(D)のneither A nor B（AでもBでもない）の表現を復習しておこう。

スクリプト

W ：So what do you think of Adam?
M ：He couldn't be nicer or more fun!
Q ：What does the man mean?

スクリプト・選択肢の訳

女性：それで、Adamのことどう思う？
男性：あんなに優しくて楽しい人はほかにいないね！
質問：男性は何を意味しているか。

(A) Adamは優しいが、楽しくはない。
(B) Adamは楽しいが、優しくはない。
(C) Adamは優しくて楽しい。
(D) Adamは楽しくも優しくもない。

24. 正解（C）★★

解説 男性のせりふのonly if…（～である場合のみ）に注目。演劇の練習から時間どおりに戻って来られた場合のみ、テレビでオリンピックを見る、と言っているので、見られない可能性もあるという意味になる。

スクリプト

W ：Are you going to watch the Olympics on TV tonight?
M ：Probably, but only if I get back from play practice in time.
Q ：What does the man mean?

スクリプト・選択肢の訳

女性：今晩、テレビでオリンピックを見る？
男性：多分ね、でも演劇の練習から時間どおりに戻って来られたら、だけど。

Section 1

質問 : 男性は何を意味しているか。

(A) 彼はオリンピックのために練習する時間がもっと必要だ。
(B) 彼はオリンピックの代わりに演劇を見る。
(C) 彼は後でオリンピックを見られないかもしれない。
(D) 彼は今夜、絶対にオリンピックを見るだろう。

重要語句
- **instead of** ～の代わりに
- **program** 名 [テレビ・ラジオの] 番組

TIPS only if... は「～である場合のみ」という意味。

25. 正解（A） ★★

解説 女性のせりふのsign upは「（参加するために）申し込む」の意味の句動詞。男性のせりふの"I am not much of a runner"は「僕はあまり大したランナーじゃない」という意味。また、on your behalfは「君のために」という表現。

スクリプト

W : Would you be interested in signing up with me for that charity run next month?
M : I am not much of a runner, but I will pledge twenty dollars on your behalf.
Q : What does the man mean?

スクリプト・選択肢の訳

女性 : 来月のチャリティマラソンに私と一緒に参加しない？
男性 : 僕はあまり走れないんだけど、君のために20ドル出すよ。
質問 : 男性は何を意味しているか。

(A) 彼はマラソンに参加するよりお金を寄付したい。
(B) 彼はプロのランナーではないので、十分なお金を持っていない。
(C) 彼は走りたいが、参加費の20ドルが支払えない。
(D) 彼は、彼女も走らないように彼女に大金を支払う。

重要語句
- **pledge** 他 ～を堅く約束する；～を与える
- **on someone's behalf** [人]のために

Part A

26. 正解（B）★★

解説 男性のせりふの run は「（水が）流れる」という意味。run のような基本動詞にはさまざまな意味があるので、新しい使い方を見つけたら覚えるようにしよう。女性のせりふには not と unaware という 2 つの否定表現が含まれているので、「二重否定」である。「気づいていなかったわけじゃない」と言っているので、配管に問題があることを女性は知っていることになる。

スクリプト

M : Did you know the toilet water runs constantly?
W : I'm not unaware of the problem.
Q : What does the woman mean?

スクリプト・選択肢の訳

男性 ： トイレの水が流れっぱなしになっていることに気付いていたかい？
女性 ： その問題に気づいていなかったわけじゃないのよ。
質問 ： 女性は何を意味しているか。

(A) 彼女はたいていの場合は、問題のある服は着ない。
(B) 彼女は配管が故障していることについて知っている。
(C) 彼女はトイレに問題があるとは思っていなかった。
(D) 彼女は男性がいつも走ったあとに喉が渇くことについて驚いていた。

重要語句

☐ **malfunction** 名 故障；異常

TIPS 基本動詞（do、make、take、give、get、have、put、come など）には、複数の意味があることが多い。新しい意味に出会ったら、その場で覚えておこう。

27. 正解（D）★★★

解説 女性のせりふの take a nap は「昼寝をする」の意味。男性のせりふ "My sentiments exactly!" は「まったくそのとおりだと思う」と、相手に対して完全に賛成していることを表す表現。正解(D)の if 以下は副詞節が省略されている。省略しない場合は、"...if he were in those chairs" と、現在の事実に反する事実を表す仮定法となる。

スクリプト

W : The new lecture hall seats are so comfortable I could take a nap in them!
M : My sentiments exactly!

Section 1

Q : What does the man mean?

スクリプト・選択肢の訳

女性：新しい講義室の椅子がすごく気持ちよくて、あそこで昼寝もできそうよ！
男性：まったくそのとおりだね！
質問：男性は何を意味しているか。

(A) 彼はそれらの椅子は彼が座るためのものだと思っている。
(B) 彼は新しいホールはまったく心地よくないと思っている。
(C) 彼は彼女の意見に一部反対している。
(D) それらの椅子に座っていれば、彼も授業中に眠ることができるだろう。

28. 正解（B）★★

解説 男性のせりふでAREが強調されているのは、男性がそのようには思っていなかったことを表す。

スクリプト

W : I need to stop by the athletic goods store to get new goggles and boots.
M : So, you ARE going skiing this weekend!?
Q : What did the man think?

スクリプト・選択肢の訳

女性：新しいゴーグルとブーツを買うためにスポーツ用品店に立ち寄らなきゃ。
男性：じゃあ、君は今週末にスキーに行くんだね!?
質問：男性は何を考えていたか。

(A) 彼は女性がスキップのしかたを知らないと思っていた。
(B) 彼は女性がスキー旅行に行かないと思っていた。
(C) 彼は女性が今週末、皮膚科に行くと思っていた。
(D) 彼はスポーツ用の衣料が高すぎると思っていた。

TIPS 動詞が不自然に強く発音されるのは、話し手がそうは思っていなかった、という意味。

29. 正解（B）★

解説 男性のせりふのonesという代名詞はpensを指している。

スクリプト

Part A

W : Excuse me. Do you have an extra pen I could borrow?
M : Sure. I don't have any extra black ones, so is blue okay?
Q : What does the man mean?

スクリプト・選択肢の訳

女性 : すみません。私が借りることのできるペンを余分に持っていますか？
男性 : いいですよ。黒色は余分に持っていないので、青色でもいいですか？
質問 : 男性は何を意味しているか。

(A) 彼は彼女に青色のペンを貸してほしいと頼んでいる。
(B) 彼はペンを貸すことができるが、青色しか貸せない。
(C) 彼は彼女には黒色のほうがよく似合う色だと思っている。
(D) 彼は彼女にペンを借りてほしくない。

TIPS lend（〜を貸す）やborrow（〜を借りる）といった基本動詞の意味と使い方は必ずおさえておく。

30. 正解（D）★★

解説 男性のせりふにあるcomeは、この場合「（値段が）…という金額に達する」という意味。女性は、"I almost thought..."（もしかして…だと思った）と言っている。これは、最初はお金を見つけられなかったものの、最終的には見つけたことを表す。また、"here you are"（あります、どうぞ）と言っていることからも、実際には女性がお金を持っていることがわかる。

スクリプト

M : The total comes to $19.50.
W : Uhmmmm...oh! Okay, here you are. I almost thought I didn't have enough.
Q : What does the woman mean?

スクリプト・選択肢の訳

男性 : 全部で19ドル50セントです。
女性 : えーっと、あ！　良かった、あります。足りないんじゃないかと思いました。
質問 : 女性は何を意味しているか。

(A) 彼女はその額を絶対に支払うことができない。
(B) 彼女は彼が十分に請求していないと思っている。
(C) 彼女はその値段が大変納得のいくものだと思っている。
(D) 彼女は最初、お金を見つけられなかった。

Section 1

Part B

▶▶ **Questions 31 - 34**

31. 正解（B） ★★

解説 女性は大学の状況をほとんど知らないことから、将来入学を希望している学生であると考えられる。

32. 正解（D） ★★

解説 男性は "There are two food courts and two cafeterias on campus."（キャンパスには食堂が2つとカフェテリアが2つあるんですよ）と言っている。合計すると、食事ができるところは4ヶ所あることになる。

33. 正解（B） ★★

解説 男性は "...most students with food plans can eat there a few times a week using their student ID cards."（…フードプランに参加している学生のほとんどは学生証を使えば、一週間に何度か食堂で食べることができます）と言っている。なお、food plansとは、主に北米の大学のキャンパスで、一定の料金をまとめて先に支払っておくことで、プランに応じた学食が食べられるというもの。支払う料金の額によってさまざまなプランがある。フードプランに参加している学生が学生証を使って食堂で食べることができるのは一週間に数回だけなので、無制限に食事ができるわけではないので(A)は不可。また、男性は "There is a magnetic strip on back that shows the cashier how much money is left on your card."（裏に磁気ストライプがついていて、レジ係にはあなたの学生証にいくらお金が残っているかがわかるようになっています）とも言っていることから、無料で食事ができるわけでもないことがわかる。学生証の裏には残金を表す磁気ストライプがついているが、金属にくっつくかどうかは言及されていないので(C)は不適当。男性は、"You can also use the card to shop at other stores located on the first floor of the Student Center."（Student Centerの1階にあるほかの店でも学生証を使って買い物をすることができますよ）とは言っているが、キャンパス外の店で学生証を使って支払いができるとは言っていないので(D)も誤り。

34. 正解（C） ★

解説 会話の最後に男性は "Let's go down there and take a look."（実際に行って見てみましょう）と言っている。正解するためにはthereが何を意味しているかを理解しなければいけないが、このせりふの直前に話されていたのは、"...other stores located on the first floor of the Student Center."（Student Centerの1階にあるほかの店）である。Student Centerの地下にあるのは食堂なので(A)は不可。Student Centerの2階

Part B

にある旅行代理店については言及されているが、キャンパス外の旅行代理店については触れられていないので(D)も不適当。

スクリプト

Questions 31 through 34. Listen to a conversation with a campus tour guide.

- M : Our first stop on the tour is the Johnson Student Center. It's pretty central, so easy to get to from anywhere on campus.
- W : I heard that is where the food court is.
- M : Yep, one of them. (Q32) There are two food courts and two cafeterias on campus. One food court, the larger one, is in the basement of the Student Center.
- W : What kind of food do they sell?
- M : You'll see a generous variety, such as burgers, Chinese, burritos, pizza and even sushi.
- W : Awesome! But how much does it cost?
- M : We'll look at the various food plans later, but (Q33) most students with food plans can eat there a few times a week using their student ID cards. There is a magnetic strip on back that shows the cashier how much money is left on your card. You can also use the card to shop at (Q34) other stores located on the first floor of the Student Center.
- W : Wow! That's convenient.
- M : I think so. Let's go down there and take a look. It is a two-story building, not including the basement food court. There is an art gallery, student travel agency, and an auditorium on the second floor.

スクリプトの訳

キャンパスツアーのガイドとの会話を聞きなさい。

- 男性 : ツアーで最初に訪れるのはthe Johnson Student Centerです。キャンパスのほぼ中央にあるので、どこからでも行きやすいんですよ。
- 女性 : そこには食堂があると聞きました。
- 男性 : そう、食堂の1つがあります。キャンパスには食堂が2つとカフェテリアが2つあるんですよ。食堂の1つが、大きいほうですが、Student Centerの地下にあります。
- 女性 : どのような食べ物が売られているのですか。
- 男性 : たくさんの種類の食べ物がありますよ、たとえばハンバーガー、中華料理、ブリトー、ピザ、そして寿司までもあります。
- 女性 : すごいですね！　でも、値段はどれくらいですか。

Section 1

男性：後でさまざまなフードプランをお見せしますが、フードプランに参加している学生のほとんどは学生証を使えば、一週間に何度か食堂で食べることができます。裏に磁気ストライプがついていて、レジ係にはあなたの学生証にいくらお金が残っているかがわかるようになっています。Student Centerの1階にあるほかの店でも学生証を使って買い物をすることができますよ。

女性：それは便利ですね。

男性：そうでしょう。実際に行って見てみましょう。地下の食堂を除くと、2階建ての建物です。2階には画廊や、学生のための旅行代理店、そしてホールがあります。

質問・選択肢の訳

31. Who is the woman likely to be?
この女性は誰だと思われるか。
(A) 大学職員。
(B) 入学を希望している学生。
(C) この大学の学生。
(D) キャンパスツアーのガイド。

32. According to the man, how many places are there to eat on campus?
男性によると、キャンパスには食事をできるところが何ヶ所あるか。
(A) 1
(B) 2
(C) 3
(D) 4

33. What is one advantage of having a student ID card?
学生証を持っていることの利点の1つは何か。
(A) 学生は食堂で、無料で食べたいだけ食べることができる。
(B) 学生は、学生証を使って便利に食事代を支払うことができる。
(C) 学生証は磁気を帯びているので、金属の表面にくっつけることができる。
(D) キャンパス内とキャンパス外の多くの店で学生証を支払いに使うことができる。

34. What will probably be the next stop after the food court?
食堂の次に訪れる場所はどこだと思われるか。
(A) Student Centerの地下。
(B) キャンパス内のほかの食堂。
(C) 1階にある店。

(D) キャンパス外の旅行代理店。

> **重要語句**
> □ **generous** 形 豊富な □ **prospective** 形 見込みのある；将来の
> □ **adhere** 自 付着する；接着する

▶▶ Questions 35-38

35. 正解（A）☆

解説 男性に、"What can I do for you?"（どうしましたか）と聞かれたとき、女性は、"There is a book I need to locate for my psychology term paper, and I can't seem to find it on the shelves."（心理学の学期末レポートのために必要な本があるのですが、本棚に見当たらないようなのです）と答えている。(B)は、男性は図書館相互貸借について説明しているが、女性は理解できないとは言っていない。男性は会話の最初から最後まで女性を助けようとしているため(C)は不適当。男性に、"Did you search for it on the computer card catalog over there?"（あそこのコンピューターのカード目録を使って探してみましたか）と聞かれたとき、女性は "Yes, I just came from there."（はい、あそこからここへ来たところです）と答えたのみで、コンピューターのカード目録を使うのが難しいとは言っていないので(D)も不可。

36. 正解（D）☆☆☆

解説 <mark>このように、何が真実でないかを見つけるタイプの問題では、消去法で問題を解く必要があるため、すべての選択肢を注意深く読まなければならない。</mark>(A)は男性に、"Did you search for it on the computer card catalog over there?"（あそこのコンピューターのカード目録を使って探してみましたか）と聞かれたとき、女性は "Yes, I just came from there."（はい、あそこからここへ来たところです）と答えているため真実である。男性は、"...according to the database here..."（…このデータベースによると…）と言っているので、データベースにアクセスしていることがわかるため(B)も真実。女性が、"Here is the title, author and ISBN number."（題名と筆者、そしてISBN番号はこちらです）と言っているので、ISBN番号は調べているので(C)もOK。よって、(D)が正解。

37. 正解（A）☆☆

解説 男性は、"Sometimes people take books off the shelves and then leave them on the metal racks at the end of the aisles. It probably just hasn't been re-shelved yet."（誰かが本を本棚から取り出したあと、通路の端にある金属のラックに置

Section 1

いていくことが時々ありますよ）と言っている。(B)は、図書館相互貸借についての言及はあるが、その当否については何も言っていない。女性はカード目録の使い方を知っているため(C)は不可。男性は、データベースに関して、"When we send books off to other libraries, it can take a while to show up on the computer as checked out." (ほかの図書館に本を貸し出すと、コンピューター上で「貸し出し中」と表示されるまでしばらく時間がかかることがあるのです）と言っているので、データベースが常に正しいとは考えていないことがわかるので(D)も不可。

38. 正解（D） ☆

解説 女性は、"There is a book I need to locate for my psychology term paper..." (心理学の学期末レポートのために必要な本がある…）と言っていることから、大学の授業で必要な本を探していることがわかり、(B)か(D)が正解となることが推測できる。以降の会話で、女性は本を購入したいと思っているわけではなく、借りたいと思っていることがわかるので、(D)が正解。女性は、心理学のクラスの課題のために必要な本を探しているのであり、心理学のクラスで会話をしているわけではないので(A)は不可。コンピューターのカード目録という表現が出てくるが、目録があるのは図書館であり、コンピューター室での会話ではないので(C)も不適当。

スクリプト

Questions 35 through 38. Listen to a conversation between a student and a university employee.

W : Excuse me. Hello.
M : Hello. What can I do for you?
W : (Q35) There is a book I need to locate for my psychology term paper, and I can't seem to find it on the shelves.
M : Did you search for it on the computer card catalog over there?
W : (Q36) Yes, I just came from there. It did not appear to be checked out, but when I looked for it, I couldn't find it. (Q36) Here is the title, author and ISBN number.
M : Okay. Hmmm...Yes, (Q36) according to the database here, it should be available. It might have just gone out on interlibrary loan. When we send books off to other libraries, it can take a while to show up on the computer as "checked out". Let me see here...well, no, it is not out on loan.
W : So what other possibility is there?
M : (Q37) Sometimes people take books off the shelves and then leave them on the metal racks at the end of the aisles. It probably just hasn't been re-

Part B

shelved yet. Let me go look for it for you.
W : Thank you so much for checking.

スクリプトの訳

学生と大学職員の会話を聞きなさい。
女性 ： こんにちは。
男性 ： こんにちは。どうしましたか。
女性 ： 心理学の学期末レポートのために必要な本があるのですが、本棚に見当たらないようなのです。
男性 ： あそこのコンピューターのカード目録を使って探してみましたか。
女性 ： はい、あそこからここへ来たところです。貸し出されているわけではないようですが、探してみると見つからないのです。題名と筆者、そしてISBN番号はこちらです。
男性 ： なるほど。えーっと…このデータベースによると、あるはずですね。もしかしたら図書館相互貸借に出されてしまったのかもしれませんね。ほかの図書館に本を貸し出すと、コンピューター上で「貸し出し中」と表示されるまでしばらく時間がかかることがあるのです。確認してみましょう…なるほど、いえ、この本は相互貸借には出されていません。
女性 ： ほかの可能性はありますか。
男性 ： 誰かが本を本棚から取り出したあと、通路の端にある金属のラックに置いていくことが時々ありますよ。多分、この本はまだ本棚に戻されていないだけでしょう。確認してあげましょう。
女性 ： わざわざありがとうございます。

質問・選択肢の訳

35. What problem is the woman having?
女性にはどんな問題があるのか。
(A) 課題のために必要な本が見つけられない。
(B) 図書館相互貸借の意味が理解できない。
(C) 男性に助けてもらうことができない。
(D) コンピューターのカード目録を使用するのが難しい。

36. Which of the following is NOT a step the speakers take?
以下の中で、話し手たちが行わなかったことは何か。
(A) カード目録を確認する。
(B) データベースにアクセスする。
(C) ISBN番号を調べる。

Section 1

(D) 教授に電話をかける。

37. What does the man assume in the end?
男性は最後にどのような推測をしているか。
(A) 本は多分図書館内にあるが、今は本棚にはない。
(B) 図書館相互貸借はしばしば問題を引き起こすので、行われるべきではない。
(C) 女性は、カード目録システムをどうやって使用するかを知らない。
(D) コンピューターのデータベースは常に正しいので、職員が間違いを犯した。

38. Where does the conversation most likely take place?
この会話はどこでなされていると考えられるか。
(A) 心理学のクラスで。
(B) キャンパス内の本屋で。
(C) コンピューター室で。
(D) 大学の図書館で。

重要語句

☐ **on loan** 貸出中で   ☐ **aisle** 名 通路

TIPS リスニングでは、教室だけではなく、図書館、カフェテリアなど、キャンパス内のさまざまな場所での会話が問題になることがある。

Part C

▶▶ Questions 39-42

39. 正解 (C) ☆

解説 話し手は「Codex Atlanticus」を実際に見せながら話しているので、美術館で学芸員のような立場の人が行っているトークであると考えられる。またトークの最後に "Let us continue next door to the gallery and see some lesser-known paintings produced by Leonardo Da Vinci." (続いて隣の展示室で、Leonardo Da Vinciによって描かれた、あまり知られていない絵画を見てみましょう) と言っていることからも、この場所には展示室があることがわかり、美術館で行われているトークであると推測できる。

40. 正解 (A) ☆

Part C

解説 トークの一番最初に "And here we are at the 'Codex Atlanticus', a multi-volume work of writings and drawings composed by Leonardo Da Vinci throughout his lifetime."（これがLeonardo Da Vinciが一生の間に書いた文章と描いた絵を複数巻にまとめた「Codex Atlanticus」です）と言っている。また "You can see it is quite large, 1,119 pages in all..."（かなり分厚いことがわかりますね、全部で1119ページあります…）とも言っている。「Codex Atlanticus」には絵も含まれているが、ひとつだけではないので(B)は不可。Pompeoは「Codex Atlanticus」の編集者なので(C)は不適当。数学的考察も含まれているが、「Codex Atlanticus」が暗号というわけではないので(D)も不可。

41. 正解（D）★

解説 "...Da Vinci spent much of his life drawing and writing in his notebooks on a wide variety of subject matter, ranging from painting to geometry, architecture, physics, botany, and much more."（…Da Vinciは彼の人生の多くの時間を美術、幾何学、建築学、物理学、植物学など、さまざまな題材についてノートに絵を描いたり文章を書いたりすることによって過ごしたのです）と言っている。(A)のこれらはDa Vinciによる絵画ではあるが、「Codex Atlanticus」には含まれていないので不可。

42. 正解（B）★★

解説 "Many say his huge range of interest and knowledge on vastly different subject matter made him the true 'Renaissance Man'."（多くの人は、彼のこの興味の幅広さやさまざまな対象に対する知識こそが彼を本物の「ルネサンス的教養人」たらしめたと考えています）と言っている。

スクリプト

Questions 39 through 42. Listen to a talk.

(Q40) (Q41) And here we are at the "Codex Atlanticus", a multi-volume work of writings and drawings composed by Leonardo Da Vinci throughout his lifetime. It was first compiled by Pompeo Leoni, an Italian sculptor, some years after Leonardo's death. (Q40) You can see it is quite large, 1,119 pages in all, and can be considered Leonardo Da Vinci's greatest contribution to science and mathematics still remaining today.

You might ask, "But wasn't Leonardo Da Vinci a painter?" Indeed he is well known for his contribution to art, such as his famous paintings "Mona Lisa" and

Section 1

"The Last Supper". However, (Q41) Da Vinci spent much of his life drawing and writing in his notebooks on a wide variety of subject matter, ranging from painting to geometry, architecture, physics, botany, and much more. (Q42) Many say his huge range of interest and knowledge on vastly different subject matter made him the true "Renaissance Man". Furthermore, his knowledge of science and technology, in particular, shows his expertise was also centuries ahead of his 15th century contemporaries.

(Q39) Let us continue next door to the gallery and see some lesser-known paintings produced by Leonardo Da Vinci.

スクリプトの訳

トークを聞きなさい。

　これが Leonardo Da Vinci が一生の間に書いた文章と描いた絵を複数巻にまとめた『Codex Atlanticus』です。これは Leonardo の死から数年後、まず最初にイタリア人彫刻家 Pompeo Leoni によって編集されました。かなり分厚いことがわかりますね、全部で1119ページあります。そしてこれは今も残る、Leonardo Da Vinci の科学と数学に対する最高の貢献であると考えられています。

　皆さんは「でも、Leonardo Da Vinci って画家じゃなかった？」と思われるかもしれませんね。確かに彼は、「モナリザ」や「最後の晩餐」などといった有名な絵画をとおした、美術に対する貢献によってよく知られています。しかし、Da Vinci は彼の人生の多くの時間を美術、幾何学、建築学、物理学、植物学など、さまざまな題材についてノートに絵を描いたり文章を書いたりすることによって過ごしたのです。多くの人は、彼のこの興味の幅広さやさまざまな対象に対する知識こそが彼を本物の「ルネサンス的教養人」たらしめたと考えています。しかも、特に科学技術に関する彼の知識は、彼と同時代を生きていた15世紀の人々に比べて数世紀分も進んでいたことを示しているのです。

　続いて隣の展示室で、Leonardo Da Vinci によって描かれた、あまり知られていない絵画を見てみましょう。

質問・選択肢の訳

39. Where does the talk most likely take place?
　このトークはどこで行われていると考えられるか。
(A) 講義で。
(B) 実験室で。
(C) 美術館で。
(D) オークションで。

Part C

40. What is the "Codex Atlanticus"?
「Codex Atlanticus」とは何か。
(A) 一冊の大きな本。
(B) Leonardoによる絵画の1つ。
(C) Pompeoによる彫刻の1つ。
(D) 数学の暗号。

41. What does the woman say can be found in the "Codex Atlanticus"?
女性は「Codex Atlanticus」には何が含まれていると話しているか。
(A) 「モナリザ」と「最後の晩餐」と呼ばれている絵画。
(B) 15世紀の人々の科学技術に関する仕事。
(C) 「ルネサンス的教養人」についての実話。
(D) 美術や科学などさまざまな題材についてのたくさんの文章。

42. According to the talk, what does "Renaissance Man" mean?
トークによると「ルネサンス的教養人」は何を意味するか。
(A) 15世紀のルネサンスの時代の人であること。
(B) 幅広い才能や知識をもっていること。
(C) すばらしい画家または彫刻家であること。
(D) 科学技術の未来について知っていること。

重要語句
- **contribution** 名 貢献；寄付
- **geometry** 形 幾何学
- **botany** 名 植物学
- **vastly** 副 大いに
- **expertise** 名 専門知識
- **contemporary** 名 同時期の人；同年齢の人

TIPS トークがどこで行われているか、を尋ねられることも多い。トークを聞くときは、意味だけではなく、状況を想像しながら聞く習慣をつけよう。

▶▶ Questions 43 -46

43. 正解（C）★★

解説 トークの最初から最後まで、話し手は精神病の名称について語っている。

44. 正解（B）★★

解説 話し手はまず最初に"psychopathy"（精神病質）について述べ、その次に"psychosis"（精神病）に話題を変えている。その際 "...the word 'psychotic' is even broader, including any individual having a mental illness that involves trouble distinguishing what is real and what is not."（…『精神病』という表現はより広く使われ、何が現実で何がそうでないかを区別することに困難を伴うような精神病を持つ個人を含みます）と言っているので、精神病がよくある障害であることがわかる。

45. 正解（D）★★★

解説 精神病の症状が説明されているのは、"The level of detachment from reality can range from mild depression to hallucinations to extreme paranoia..."（現実からの乖離の程度については、軽い鬱症状から幻覚症状…強度の偏執症までが含まれますし…）の箇所である。(D) は、精神病質の患者が感じる能力のない感情として言及されている。

46. 正解（A）★★

解説 話し手は最後に "...please consider the very loose definitions of these terms while studying mental health disorders, as the stereotypes we are all familiar with do not usually apply"（…私たち皆が持っている固定観念はたいてい該当しないわけですから、精神障害について学んでいるときは、これらの用語についてはかなり広義の定義を考慮するようにしてください）と勧めている。トークの中で使われている stereotypes（固定観念）という表現が正解(A)では "type-casted"（タイプ分けされた）という表現で言い換えられている。

スクリプト

Questions 43 through 46. Listen to a talk given in a behavioral psychology class.

I'm sure some of you are fans of horror movies, often centered on a psychopathic murdering villain. But the word "psychopath" does not necessarily mean someone is prone to killing rampages. In fact, "psychopathy" is defined as having an absence of feeling in regard to other people, such as no ability to feel regret, sympathy, affection, love or hate. While it is possible that psychopaths could become murderers, it is not always the case. In fact, unbeknownst to most, some psychopaths live among us and may never be diagnosed as such.

Furthermore, (Q44) the word "psychotic" is even broader, including any individual having a mental illness that involves trouble distinguishing what is real and what is not. (Q45) The level of detachment from reality can range from mild depression to hallucinations to extreme paranoia, such as with schizophrenia, and the problem may not be permanent, but temporary. Clearly, psychotics are often able to function in society, and their condition may not be apparent to others.

Therefore, (Q46) please consider the very loose definitions of these terms while studying mental health disorders, as the stereotypes we are all familiar with do not usually apply.

スクリプトの訳

行動心理学の授業で行われた講義を聞きなさい。

　皆さんの何人かは、精神病質の殺人犯がしばしば主役になっているようなホラー映画のファンではないかと思います。しかし、「精神病質」ということばが、殺人という凶悪な行為を犯しやすい傾向を持つ人を意味しているとは必ずしも限りません。実際、「精神病質」は、後悔、思いやり、好意、愛情、憎悪などを感じる能力がないこと、つまり他者に対する感情が欠落している状態であると定義されています。精神病質者が殺人を犯すことがないわけではありませんが、常にそうだというわけではないのです。実際、ほとんどの人に気づかれることなく私たちと共に暮らしていて、一生精神病質だと診断されない精神病質者もいるのです。

　また、「精神病」という表現はより広く使われ、何が現実で何がそうでないかを区別することに困難を伴うような精神病を持つ個人を含みます。現実からの乖離の程度については、軽い鬱症状から幻覚症状、統合失調症などに見られる強度の偏執症までが含まれますし、症状が永久に続くとは限らず、一時的なこともあるのです。つまり、精神病患者の多くは社会で暮らすことが可能で、彼らの症状は他者にはわからないこともあります。

　つまり、私たち皆が持っている固定観念はたいてい該当しないわけですから、精神障害について学んでいるときは、これらの用語についてはかなり広義の定義を考慮するようにしてください。

質問・選択肢の訳

43. What is the topic of the talk?
このトークの主題は何か。
(A) 殺人犯。
(B) 感情。
(C) 精神病の名前。
(D) 鬱状態の人々。

44. According to the speaker, which disorder is fairly common in society?
話し手によると、どの障害が社会でかなり一般的か。

Section 1

(A) 精神病質。
(B) 精神病。
(C) 精神病質も精神病も一般的ではない。
(D) 精神病質も精神病も一般的である。

45. What is NOT mentioned as a symptom of psychosis?
精神病の症状として述べられていないものはどれか。
(A) 鬱症状。
(B) 幻覚症状。
(C) 偏執症。
(D) 憎悪。

46. What does the speaker encourage the students to do?
話し手が学生に勧めていることは何か。
(A) タイプ分けされた症状ではなく、本当の症状について考えること。
(B) 精神障害について可能なかぎり学ぶこと。
(C) 間違った情報を与えるので、ホラー映画は見ないこと。
(D) 精神病の人々とともに社会で生きること。

重要語句

- **behavioral psychology** 行動心理学
- **rampage** 名 凶暴な行為
- **unbeknownst to** ～に気づかれずに
- **detachment** 名 分離；乖離
- **paranoia** 名 被害妄想
- **disorder** 名 疾患；不調
- **prone to** ～する傾向にある
- **in regard to** ～については
- **diagnose** 他 ～を診断する
- **hallucination** 名 幻覚
- **schizophrenia** 名 統合失調症
- **stereotype** 名 固定概念

TIPS 特定の教科に関する専門性の高い表現が出てきた場合は、前後の文脈で平易に言い換えられることが多い。

▶▶ Questions 47-50

47. 正解（B）★

解説 教授は講義の前半部分ではラム酒がどのように発明されたかを説明し、後半部分ではラム酒がどのように普及していったかについて述べている。

48. 正解（C）★★★

Part C

解説 教授は、"The success of the rum industry can be attributed to endeavors of European colonists, pirates, slaves, slave traders, and the Royal Navy, among others."（ラム酒産業の成功は、ほかの多くの人たちに加え、ヨーロッパの植民地開拓者、海賊、奴隷、奴隷商人、そして英国海軍の尽力に負うところのものです）と述べている。

49. 正解（A）★★

解説 "Rum comes from sugar…The process is said to have been discovered by slaves on sugarcane plantations."（ラム酒は砂糖から…できていて…ラム酒を作る方法は、サトウキビの栽培場で働いていた奴隷たちによって発見されたと言われています）とあることから、サトウキビがラム酒を作るのに使われていることがわかる。糖蜜から作られるのはラム酒であり、サトウキビではないので(B)は誤り。"European colonists brought sugarcane from Brazil…"（ヨーロッパの植民地開拓者はブラジルからサトウキビを運んできたのですが…）と言っているので(C)は不可。17世紀にできたのはラム酒およびラム酒の蒸留精製工場であるので(D)は不適当。

50. 正解（C）★★

解説 "Rum's popularity continued to grow…It wouldn't be until the invention of bourbon whisky in the early 19th century that rum distilleries would have competition in the United States."（ラム酒の人気は続き…19世紀初期にバーボンウイスキーが発明されるまで、アメリカ合衆国でラム酒の製造者には競争相手はいなかったのです）と説明されているので、バーボンができたことによってラム酒の人気が下がったことがわかる。英国海軍にラム酒が割り当てられていたことには言及されているが、英国海軍にのみ割り当てられていたとは言っていないので(B)は不可。東海岸に多くのラム酒の蒸留精製工場ができたことには言及されているが、これはラム酒に人気があったからであり、人気が下がった理由としては挙げられていないので(D)も不適当。

スクリプト

Question 47 through 50. Listen to a lecture given in a History of the Americas class.

You may think of rum as just a sweet alcoholic beverage, but this drink was greatly influential on the economy in the early history of the Americas. (Q48) The success of the rum industry can be attributed to endeavors of European colonists, pirates, slaves, slave traders, and the Royal Navy, among others.

Section 1

European colonists brought sugarcane from Brazil, and it gradually spread northward through the Caribbean and then on to Europe. Rum followed a similar route.

(Q49) Rum comes from sugar, more specially from fermented molasses, and was first distilled in the 17th century in the Americas: the exact location is unclear, but perhaps Brazil or Barbados. The process is said to have been discovered by slaves on sugarcane plantations.

Prohibition in the American Colonies would severely limit the import of rum to that area, but the Royal Navy would drink it on board and have regular rations. Then, during the second half of the 17th century, rum distilleries were set up along the East Coast. (Q50) Rum's popularity continued to grow, and its manufacture became a very profitable enterprise. It wouldn't be until the invention of bourbon whisky in the early 19th century that rum distilleries would have competition in the United States.

スクリプトの訳

　アメリカ大陸の歴史の授業で行われている講義を聞きなさい。
　皆さんはラム酒というとただの甘いアルコール飲料だと思っているかもしれませんが、この飲み物は初期のアメリカ大陸における経済に大きな影響を与えました。ラム酒産業の成功は、ほかの多くの人たちに加え、ヨーロッパの植民地開拓者、海賊、奴隷、奴隷商人、そして英国海軍の尽力に負うところのものです。
　ヨーロッパの植民地開拓者はブラジルからサトウキビを運んできたのですが、それはカリブ海域諸島を通り、そしてヨーロッパへと、次第に北へ広がっていきました。ラム酒も似たような道を辿ったのです。
　ラム酒は砂糖から、より具体的に言うと発酵させられた糖蜜からできていて、アメリカ大陸で17世紀に初めて蒸留されました。正確な場所ははっきりしませんが、多分ブラジルかバルバドスでしょう。ラム酒を作る方法は、サトウキビの栽培場で働いていた奴隷たちによって発見されたと言われています。
　アメリカの植民地における禁酒法により、ラム酒のこれらの地域への輸入は厳しく制限されました。しかし、英国海軍は船上でラム酒を飲んでいましたし、定期的な配給が行われていました。そして17世紀後半には、ラム酒の蒸留精製工場が東海岸沿いに建設されたのです。ラム酒の人気は続き、その製造は大きな利益をもたらす事業となりました。19世紀初期にバーボンウイスキーが発明されるまで、アメリカ合衆国でラム酒の製造者には競争相手はいなかったのです。

Part C

質問・選択肢の訳

47. What is the professor mainly discussing?
教授は主に何について議論しているか。
(A) アメリカの植民地の歴史。
(B) ラム酒の発明と普及。
(C) 17世紀の奴隷制度。
(D) ラム酒の人気の理由。

48. Who was not credited in the success of rum?
ラム酒の普及への貢献者として挙げられていないのは誰か。
(A) 奴隷。
(B) 植民地開拓者。
(C) 王族。
(D) 海賊。

49. What is said to be true about sugarcane?
サトウキビについて正しいのはどれか。
(A) それはラム酒を作るのに使われる。
(B) それは奴隷によって糖蜜から作られる。
(C) サトウキビはヨーロッパ原産である。
(D) それは17世紀に発明された。

50. What reason is given for rum's decline in popularity?
ラム酒の人気が落ちた理由として挙げられているのはどれか。
(A) その飲み物は最終的にヨーロッパにたどり着いた。
(B) 英国海軍のみに割り当てられていたから。
(C) バーボンが競争相手になったから。
(D) 東海岸にたくさんの蒸留精製工場があったから。

重要語句

- **be attributed to** 原因は〜にある
- **slave** 名 奴隷
- **molasses** 名 糖蜜
- **distillery** 名 蒸留酒製造所
- **colonist** 名 入植者
- **fermented** 形 発酵した
- **distill** 他 〜を蒸留する
- **manufacture** 名 製造

TIPS 歴史は、Part Cのトークで頻繁にとりあげられるトピック。特に、アメリカやイギリスの歴史について一般的な背景知識をもっていると、リスニングの理解力が上がる。

Section 2

Structure

1. 正解（D）☆

解説 空欄の前が名詞のtradition（伝統）なので、名詞に続くことができるものを選択する。(D)は前置詞ofで始まっており、前置詞ofの前後は名詞がくるのでこれが正解。(B)のthatは関係代名詞なので名詞に続くことができるように見えるが、関係代名詞節には主語と動詞が必要なので不可。

完成文と訳

As the first African American man to play major league baseball in the 20th century, Jackie Robinson helped challenge the tradition of racial discrimination in professional sports.

20世紀にメジャーリーグでプレイした最初のアフリカ系アメリカ人として、Jackie Robinsonはプロスポーツにおける人種差別の伝統に異議を唱える助けとなった。

---

2. 正解（A）☆

解説 カンマより前の部分はAlthoughから始まる副詞節なので、カンマの後には主節が必要。カンマ以降には主語と動詞がないので、空欄には主語と動詞が共に必要である。(B)のthey requireは主語＋動詞に見えるが、placementという名詞が空欄直後のextremely careful planningに続かない。(A)を選択すれば、extremely careful planningがrequiresの目的語となる。

完成文と訳

Although wind power plants provide a cost-effective and non-polluting renewable energy source, their placement requires extremely careful planning with regard to the amount and speed of wind in any given area.

風力発電所は費用効率が高く、無公害で再生可能なエネルギー源を提供するが、設置には、特定の区域内の風力と風速に関して非常に慎重な計画を必要とする。

重要語句

| □ **cost-effective** 形 費用対効果が高い | □ **non-polluting** 形 公害を起こさない |

---

3. 正解（B）☆

解説 この文の主語はThe manであり（who founded judoはThe manを修飾する

Structure

関係代名詞節)、動詞はwasである。空欄は2つのカンマに、はさまれていることからThe manの同格が入る。同格はその前または後にある名詞と同じ対象を指す名詞または名詞相当句なので、固有名詞である(B)が正解。

完成文と訳

The man who founded judo, Kano Jigoro, was an educator by profession and worked as a director in the Ministry of Education at the turn of the 20th century.

柔道の基礎を築いたKano Jigoroの職業は教育者であり、20世紀になった頃には文部省で参事官として働いた。

重要語句

- **found** 他 ～の基礎を築く
- **educator** 名 教育者
- **Ministry of Education** 文部省
- **at the turn of the ~ century** ～世紀の変わり目に

---

4. 正解 (A) ★★★

解説 かなり複雑な文構造になっている。前半の文の主語はPlacentophagy、動詞はisである(the ingestion of the placenta after giving birthはPlacentophagyの同格)。その後に文と文をつなぐ等位接続詞のbutがある。後半の文の主語はhumans、動詞はconsumeである。さらに後半の文はbecauseで始まる副詞節を含んでおり、この主語はthey、動詞がbelieveでこの部分が空欄になっているので(A)を選択する。それに加え、この副詞節内の動詞believeの目的語は名詞節となっており、この主語はlevels、動詞はcan preventである。名詞節を導く接続詞thatは省略されている。

完成文と訳

Placentophagy, the ingestion of the placenta after giving birth, is a common practice in nature, but even humans sometimes consume their placenta because they believe its levels of estrogen and progesterone can prevent postpartum depression.

出産後に胎盤を経口摂取する胎盤食は、自然界においてはありふれたことであるが、胎盤に含まれているエストロゲンとプロゲステロンが産後うつを防止すると信じている人間も、自らの胎盤を摂取することがある。

重要語句

- **ingestion** 名 摂取
- **placenta** 名 胎盤
- **practice** 名 習慣
- **consume** 他 ～を摂取する；消費する

Section 2

> **TIPS** 複雑な文の場合は、それぞれの節の主語と動詞を意識すると文の構造がわかりやすくなり、空欄に入る品詞が何かが見えてくる。

5. 正解（A）★

解説 月の前には前置詞inが必要。"in October, 1991" ということもできる。

完成文と訳

Aung San Suu Kyi was awarded The Nobel Peace Prize in October of 1991 for her work with the Burmese democracy movement, but due to her imprisonment and house arrest in Burma, she was not able to deliver her acceptance speech until June of 2012.

1991年10月にAung San Suu Kyiは、ビルマの民主化運動のための行為によってノーベル平和賞を授与されたが、ビルマにおける収監と自宅軟禁のせいで、2012年の6月まで受賞スピーチを行うことができなかった。

重要語句
- democracy 名 民主主義
- imprisonment 名 収監

6. 正解（C）★★

解説 空欄には languages を修飾する関係代名詞節が入る。言語は「話される」ものなので、受動態が必要。

完成文と訳

The Dravidian language family consists of about 85 languages that are spoken mainly in India, such as Tamil and Malayalam, and in a few other South Asian countries.

ドラヴィダ語族にはタミル語やマラヤーラム語など主にインドで、そして南アジアの数カ国で話されている約85の言語が含まれている。

重要語句
- consist of ～から成る

7. 正解（B）★

解説 cause＋物（人）＋to不定詞で、「物（人）に～させる原因となる」という意味になる。空欄の前に permanently（恒久的に）という副詞があるが、その前にある to

を見逃さないように。

> 完成文と訳

The 2011 Great East Japan Earthquake moved the main island of Japan 2.4 meters to the east and also caused some areas in Eastern Japan to permanently **sink** as low as 1 meter.

2011年の東日本大震災は日本の本州を東に2.4メートル動かし、また、東日本の一部の地域を恒久的に1メートルも沈没させる原因となった。

> 重要語句
>
> □ **permanently** 副 永遠に；恒久的に

---

8. 正解（C）⭐

> 解説　主節の主語は game、動詞は originated なので、空欄には主語も動詞も不要。「チェスのゲーム」という意味にするために(C)を選択する。

> 完成文と訳

The game **of chess** originated in India around 500 AD, then gradually spread west until it reached Southern Europe where it evolved into the modern-day version of chess.

チェスのゲームは紀元後500年頃にインドで始まり、その後、徐々に西へと広がっていき、やがてたどり着いた南ヨーロッパで、現在のような形へと進化した。

> 重要語句
>
> □ **gradually** 副 徐々に
> □ **evolve into** 進歩して〜になる；〜に発展する

---

9. 正解（C）⭐⭐

> 解説　副詞節を含んだ2つの文が等位接続詞butによってつながっている。1つ目の文の前半はWhenから始まる副詞節で、この主語は the Korean War、動詞は reached である。主節である後半の主語は North and South Korea、動詞は were divided である。2つ目の前半は because から始まる副詞節で、この主語は war、動詞は has ended である。主節である後半の主語は military forces、動詞は remain である。空欄は、2つの文を並列につなぐことができる等位接続詞butと、2つ目の文中で副詞節を導く接続詞becauseを選択することを求めている。

Section 2

完成文と訳

When the Korean War reached a ceasefire in 1953, North and South Korea were divided, but because the war still has not officially ended, the two countries' military forces remain on guard.

1953年、朝鮮戦争が停戦になったとき南北朝鮮は分断されたが、まだ正式には終戦していないので、両国の軍隊は警戒を続けている。

重要語句

- ceasefire 名 休戦；停戦
- military force 軍事力；[複数形で] 軍隊

---

10. 正解（D）★★

解説 主節の主語は1つ目の"guanxi"、動詞は is、副詞節の主語は2つ目の"guanxi"、動詞は requires とすでに揃っているので、1つ目のカンマ以前には節は不要。選択肢はすべて副詞節を導く接続詞であるが、この中で前置詞としても使用できるのは(D)のみである。

完成文と訳

As a fundamental element of Chinese society, "guanxi" is more complicated than the Western concept of "networking" because "guanxi" requires a deeper consideration of social, personal, and moral obligation to others.

中国社会における基本要素である"guanxi"は他人に対する社会的、個人的、そして道徳的義務感への深い考慮を要求するので、西側諸国の概念である「ネットワーキング」より複雑である。

重要語句

- consideration 名 考慮；判断
- moral 形 道徳の
- obligation 名 義務（感）

---

11. 正解（A）★

解説 直前に the があるので、空欄には名詞または名詞相当句が必要。選択肢の中には名詞がないので、名詞の代わりとなる動名詞である(A)を選択する。

完成文と訳

El Niño, the warming of the ocean water in the tropical Pacific, has become increasingly stronger over the past few decades and has been proven a negative impact on sea life, weather patterns, and as a result, agriculture.

熱帯太平洋の海水温度が上昇するエルニーニョ現象はここ数十年でますます強力になってきており、海中の生物、気象パターン、そしてその結果、農業に悪い影響を与えることが証明されている。

> **重要語句**
> ☐ **the Pacific** 名 太平洋　類 **the Atlantic** 名 大西洋
> ☐ **as a result** 結果として　　　　☐ **agriculture** 名 農業

TIPS 動名詞は名詞の代わりになることができる

12. 正解（B）★

解説 空欄には the Beatles を修飾する関係代名詞節が必要。the Beatles はバンド名なので関係代名詞として (A) の which か (B) の who か迷うところであるが、すでに起こったことを説明した文章なので (A) の sells という現在形は不可のため正解は (B)。

完成文と訳

The best-selling band to date is the Beatles, who sold over one billion records, CDs and tapes worldwide and around 177 million in the U.S. alone.

今日まででもっともよく売れたバンドは、世界中で10億枚以上の、そして合衆国だけでも1億7700万枚のレコード、CD、そしてカセットテープを売り上げた the Beatles である。

> **重要語句**
> ☐ **to date** 今まで

13. 正解（D）★★★

解説 主語は suborders で動詞は are である。主語と動詞の倒置が起こっているのは、文頭に Under the order of cetacea という場所を表す表現が置かれているからである。

完成文と訳

Under the order of cetacea are two suborders, baleen whales and toothed whales, the latter of which include dolphins and porpoises.

クジラ目の下にはヒゲクジラとハクジラという2つの亜目があり、後者はイルカとネズ

Section 2

ミイルカを含んでいる。

> **重要語句**
> □ **suborder** 名 亜目
> □ **latter** 名 [2者のうちの] 後者

> **TIPS** 文頭に場所を表す表現がある場合、主語と動詞の倒置が起こる。

14. 正解（C）★

解説 選択肢はすべて動詞を含んでいるが、問題文にはすでに主語 holiday、動詞 was established があるので、空欄に動詞を入れるためには節と節を結ぶ接続詞が必要となる。正解(C)の since は副詞節を導く接続詞である。

完成文と訳

The Commonwealth nations' holiday of Boxing Day was originally established to give servants the day off on December 26 since they worked for their masters on Christmas Day.

イギリス連邦における祭日であるボクシングデーはもともと、クリスマスに主人のために働く使用人に、休日を与えるために12月26日に設定された。

> **重要語句**
> □ **Commonwealth** 名 イギリス連邦
> □ **establish** 他 ～を制定する；～を成立する

15. 正解（A）★★★

解説 本来は、movement を関係代名詞 which を用いて "which protested the corruption and greed of the wealthiest 1% of the population and the greatly imbalanced distribution of wealth in the country at that time" とするのが理想。しかし、(C)の who は人を説明する関係代名詞なので不可。物を説明する関係代名詞である which または that が選択肢中に見当たらないので、関係代名詞を省略している(A)が正解となる。

完成文と訳

"Occupy Wall Street" began in September of 2011 as a movement protesting the corruption and greed of the wealthiest 1% of the population and the greatly imbalanced distribution of wealth in the country at that time.

「ウォール街を占拠せよ」のデモは、その当時、人口の1パーセントを占めていた富裕層の腐敗と強欲、そして国内の非常に不均衡な富の配分に抗議する運動として2011年9

月に始まった。

> **重 要 語 句**
> ☐ **protest** 他 ～に抗議する　　☐ **corruption** 名 [政治的] 腐敗
> ☐ **greed** 名 強欲

Written Expression

16. 正解（B）is → are　⭐

解説 主語がmarksと複数形なので、動詞はこれと一致させareとする。動詞の直前にある名詞semicolonは単数形であるが、混乱しないようにする。

> **正しい文と訳**

The punctuation marks of colon and semicolon are often confused in English even though they have very different functions.

コロンとセミコロンはまったく異なった機能を持っている句読点記号であるにも関わらず、英語ではしばしば混同される。

> **重 要 語 句**
> ☐ **punctuation** 名 句読点

> **TIPS** 動詞は主語と数を一致させなければならない。動詞の直前にある名詞が主語とは限らない。

17. 正解（D）fewer → less　⭐

解説 fuelは不可算名詞なのでlessが必要。fewerは可算名詞につける。

> **正しい文と訳**

The plug-in hybrid cars have the capability of traveling farther distances than electric cars, and they have an advantage of consuming less fuel than regular hybrids.

プラグインハイブリッド自動車は電気自動車より長い距離を移動することができ、普通のハイブリッド自動車よりも少量の燃料を消費するという利点がある。

> **重 要 語 句**
> ☐ **capability** 名 能力；機能；可能性

Section 2

> **TIPS** 可算名詞 → few / many、不可算名詞 → less / much

18. 正解（D）another → other ★★

解説 another も other も「別の；ほかの」という意味だが、another は可算名詞の単数形の前に使う。another ＝ an ＋ other と覚えておくとよい。

正しい文と訳

About half of the languages using the Cyrillic alphabet are spoken in Russia and the rest in various other countries in Europe and Asia.

キリル文字を使用している言語の約半数はロシアで、それ以外はヨーロッパとアジアのさまざまな国で話されている。

> **TIPS** Another ＝ an ＋ other なので、可算名詞の単数形につく。

19. 正解（A）beggined → began ★

解説 in the early 1990s という時間を表す表現があるので、(A) は began と過去形にする。

正しい文と訳

The Yugoslav War began in the early 1990s, and the country of Yugoslavia dissolved into five independent countries: Croatia, Macedonia, Bosnia and Herzegovina, Serbia and Montenegro, and Slovenia.

1990年代初期にユーゴスラビア紛争が始まり、ユーゴスラビアの国はクロアチア、マセドニア、ボスニア・ヘルツェゴヴィナ、セルビア・モンテネグロ、そしてスロヴェニアの5つの独立国に分裂した。

重要語句
- [ ] **dissolve into** 〜になる

20. 正解（A）A → The ★★

解説 (A) の冠詞は名詞の複数形 circuits についているので、不定冠詞 a は不可。不定冠詞の a または an は「1つの」という意味があることを確認しておこう。また、意味を考えると、物理学における基本的な電気回路は2つしかない、つまり限定されていると考えられるので、定冠詞 the が必要なことがわかる。

正しい文と訳

Written Expression

The two basic circuits in physics, series and parallel, are differentiated by how their components are connected and thus, how their electrical currents flow.

物理学における2つの基本的な電気回路はその構成要素がどのようにつながれているか、つまり電流がどのように流れるかによって区別される。

重要語句
- □ **circuit** 名 電気回路
- □ **component** 名 要素
- □ **electrical current** 電流

TIPS 定冠詞 the は、その名詞が限定される場合に使われる。つまり、既出の名詞を繰り返し使うとき、文脈などから特定性が明らかなもの、また、唯一のものには the を用いる。

---

21. 正解（B）colorfulest → colorful ☆

解説 オスとメスを比較しているので比較級が必要であるが、形容詞 colorful の比較級は more colorful である。

正しい文と訳

In most species of birds, the males are more colorful than females in order to attract mates, mark their territory, and distract predators from the nests.

ほとんどの鳥類では、パートナーを惹きつけ、自分の縄張りを示し、敵の気を散らせるために、オスはメスより色鮮やかである。

重要語句
- □ **mate** 名 配偶者；仲間
- □ **predator** 名 捕食者

TIPS 基本的には、3音節以上の単語は、more / most ＋ 原形。ただし、例外（fun など）もある。

---

22. 正解（C）if → that / which ☆

解説 a person could win the presidential election without winning the popular vote は possibility を説明しているので、(C) には関係代名詞 that または which が必要である。if は名詞節または副詞節を導く接続詞。

正しい文と訳

Opponents of the Electoral College are against this system allowing for the

Section 2

possibility that / which a person could win the presidential election without winning the popular vote.

選挙人団の反対派は、この制度には一般投票で勝たなかった人が大統領選挙で勝つ可能性があり得るとして反対している。

重要語句
- □ opponent 名 対抗者
- □ election 名 選挙

23. 正解（D）for → since ★★★

解説 (B)の現在完了形を過去形にするべきか迷うところである。しかし、(B)を was played と過去形にすると(D)を in に修正しなければならず、2箇所が間違っていることになってしまう。そこで、(B)はこのままで正しいと仮定してみると、(D)を since に修正し、「1877年以来」という意味にすればよいことがわかる。

正しい文と訳

The oldest tennis tournament in the world has been played on the All England Club grass lawn courts in Wimbledon, London, since 1877.

世界でもっとも古くから続いているテニストーナメントは1877年以来、ロンドンはウィンブルドンの All England Club の芝のコートで行われている。

重要語句
- □ lawn 名 芝

TIPS Written expression で誤っているのは1箇所だけである

24. 正解（A）a → an ★

解説 (A)は名詞 process についている不定冠詞であるが、process の直前に形容詞 arduous がついているため、an に修正する。

正しい文と訳

Silkscreen print creation is an arduous process, but the mass production capability of the final product makes it an economical and timesaving method of t-shirt design.

シルクスクリーン印刷は困難な過程であるが、最終製品を大量生産できることが、それを経済的で時間の節約ができるTシャツのデザインの方法にさせている。

> **重要語句**
> □ **arduous** 形 達成が困難な

> **TIPS** 名詞の前に母音で始まる形容詞がついている場合も、不定冠詞は **an** となる。

25. 正解（A）had → have ★★★

解説 主節の内容は副詞節の内容より後に起こったことなので、過去完了形は使えない。(A) を have に修正し、現在完了形にする。

正しい文と訳

Marlboro cigarettes have been dubbed "Cowboy Killers" because three men who appeared the Marlboro Man advertisements died of lung cancer.

Marlboro Man の広告に登場した3人の男性が肺がんで亡くなったので、Marlboro のタバコは「カウボーイ・キラー」と呼ばれている。

> **重要語句**
> □ **dub** 他［人にニックネームを］つける　□ **lung cancer** 肺がん

> **TIPS** 過去完了形は、過去のある点からさかのぼってさらに過去で起きたことの完了、経験、継続を表すときに使う。

26. 正解（C）fast → faster ★

解説 (D) の直前に比較級があることを示す than があるので、(C) を faster と修正する。なお、名詞 software は不可算名詞なので、(A) はこのままで正しい。

正しい文と訳

AutoCAD and Vectorworks software has helped theatrical set production designers create high quality scale drawings at a faster rate than before.

AutoCAD と Vectorworks のソフトウェアは劇場のセットを作るデザイナーたちが良質の縮尺拡大図を以前より速いスピードで描く助けとなっている。

> **重要語句**
> □ **theatrical** 形 演劇の

27. 正解（B）can not → cannot ★

Section 2

解説 助動詞canの否定形はcan notと2語ではなく、cannotと1語で綴られる。

正しい文と訳

For why second language learners cannot achieve native-like pronunciation after puberty, linguist Stephen Krashen used the rationale that by adolescence, and possibly as early as 5 years old, a person's brain has lateralized and has less plasticity.

第二言語学習者がなぜ、思春期以降はネイティブのような発音を達成できないかについて、言語学者Stephen Krashenは人間の脳は青春期までに、またはそれ以前の5歳になるまでに一側化し、柔軟性が少なくなるからであると説明した。

重要語句

- puberty 名 思春期
- rationale 名 論拠；原理
- plasticity 名 柔軟性
- linguist 名 言語学者
- adolescence 名 青年期

TIPS canの否定形はcan notではなく、cannotと一語として綴られる。

---

28. 正解（C）dim → dimmer ★★

解説 後に続く形容詞coolerとlowerが比較級になっているので、それに合わせてdimもdimmerと比較級にする必要がある。thanがあることからも比較級が必要であることがわかる。

正しい文と訳

No matter what their size, red dwarf stars are much dimmer, cooler and lower mass than the Sun.

どのような大きさであっても赤色矮星は太陽に比べてかなり暗く、低温度で、低質量である。

重要語句

- dim 形 薄暗い
- mass 名 質量

TIPS 副詞muchは比較級を強めることもできる。

---

29. 正解（D）baking → to baking ★★

解説 重曹の使用用途が4つ挙げられている。1つ目のtoothpasteに「〜から」とい

Written Expression

う意味を表す前置詞fromがついており、それ以降2つ目のhousehold cleanerと4つ目のanti-inflammatory ointmentには「〜まで」という意味を表す前置詞toがついているので、3つ目のbaking ingredientの前にも前置詞toが必要。

正しい文と訳

Baking soda is an extremely versatile substance ranging in uses from toothpaste, to household cleaner, to baking ingredient to anti-inflammatory ointment.

重曹は大変用途の広い物質で、歯磨き粉から、家庭用洗剤、パンを焼くのに必要な材料、抗炎症薬の軟膏にまで使用されている。

重要語句

- **versatile** 形 多目的な
- **inflammatory** 形 炎症の
- **substance** 名 物質
- **ointment** 名 軟膏

TIPS 事柄を列挙する場合、列挙されている語はすべて同じ形式である必要がある。時制、不定詞なのか動名詞なのか、単数形なのか複数形なのかなど確認するとよい。

---

30. 正解（A）was know as → was known as ☆

解説 「〜として知られる」という意味にするためには受動態が必要なのでknowを過去分詞形knownにする。

正しい文と訳

General Mao, or Mao Tse-Tung, was known as the father of the Chinese Revolution because he led the poor to retaliate and transform the country into a socialist state.

毛将軍、または毛沢東は貧しい人々を導いて反旗を翻させ、国を社会主義国家へと変えたので、中国革命の父として知られていた。

重要語句

- **retaliate** 自 仕返しする；報復する

TIPS be動詞の後に一般動詞が続く場合は、その一般動詞は現在分詞形（進行形）または過去分詞形（受動態）になる。

---

31. 正解（D）conflicts → conflict ☆

Section 2

解説 (D)の名詞の直前には単数名詞につけられる指示代名詞thisがあるので、複数名詞conflictsを単数conflictに修正する。

正しい文と訳

There has been a trend of outsourcing technical assistance jobs to India for years, but the rising U.S. unemployment rate is now shining a spotlight on this **conflict** of interest.

技術援助に関わる仕事をインドに外部委託することが長年流行しているが、アメリカ合衆国国内で上昇している失業率が現在、この利益の相反を浮彫りにしている。

重要語句
- outsource 他 〜をアウトソージング（外注委託）する
- conflict 名 不一致；衝突
- interest 名 利益；利子

TIPS 指示代名詞thisは可算名詞の単数形か不可算名詞に、these / thoseは複数名詞につく。

---

32. 正解（C）but → 不要 ☆

解説 文頭に「〜であるが」という意味の副詞節を導く接続詞Althoughがあるので、カンマ以降に同じ意味を持つ等位接続詞butは不要。

正しい文と訳

Although the average age of Northern European women at the time of their first marriage is approximately 31, the worldwide average is approximately 26.

北ヨーロッパの女性の初婚平均年齢は約31歳であるが、世界平均は約26歳である。

重要語句
- approximately 副 およそ

TIPS although、but、howeverなど同じ意味を持つ接続詞は数多いが、使い方は異なるので注意。

---

33. 正解（C）original → originally ☆

解説 (C)はwas drawnという動詞を修飾しているので、originallyと副詞にする必要がある。

正しい文と訳

Written Expression

The five-part narrative structure or storyline conceptualized by Gustav Fretag was originally drawn as a triangle.

Gustav Fretagによって概念化された5つの部分から成る物語構造またはストーリー展開はもともとは三角形として表現されていた。

> 重要語句
> - narrative 形 物語の
> - storyline 名 ストーリー展開
> - structure 名 構造
> - conceptualize 他 〜を概念化する

TIPS 形容詞は名詞を、副詞は動詞・形容詞・別の副詞を修飾する。

34. 正解（B）are → is ☆

解説 主語はsubfieldと単数形であるので、動詞はisとなる。また、pragmatics以外にもphysicsやmathematicsなど学問／科目名にはsで終わるものがあるが、すべて単数扱いである。

正しい文と訳

The linguistic subfield of pragmatics, including speech act theory, is the study of how context affects meaning in language.

言語行為論を含む語用論は言語学の下位分野であり、文脈というものがどのようにことばの意味に影響を与えるかについての学問である。

> 重要語句
> - linguistic 形 言語学の
> - pragmatics 名 語用論

TIPS 学問／科目名はsがついていても単数扱い。

35. 正解（D）still → already ☆☆

解説 (D)のstillは文法的には可能なので、文の意味から考える。「すでに開いている身体の部分」という意味にしたいので、alreadyに修正する。

正しい文と訳

"Natural orifice" surgery involves accessing the area of the body that requires repair or removal via a body part that is already open, such as the mouth, vagina or rectum.

「自然開口部」手術では、口、膣、直腸などすでに開いている身体の部分から治療また

Section 2

は除去が必要な身体の部位にアクセスする。

> **重要語句**
> □ **vagina** 名 膣 □ **rectum** 名 直腸

TIPS 文法問題でも、問題文の意味を考えることは大切。

36. 正解（D）consider → considered ☆

解説　「～として考えられる」の意味なので、(D)は過去分詞にし、受動態を作る。問題文の意味を考えなければ、能動態にすべきか受動態にすべきかは決められない。

正しい文と訳

The Greek astrological planets include the sun, moon and dwarf planet of Ceres, whereas the sun, moon and Ceres are not considered to be astronomical planets.

ギリシャの占星術における惑星は太陽、月、小惑星ケレスであるが、太陽、月、ケレスは天文学的には惑星とは考えられていない。

> **重要語句**
> □ **astrological** 形 占星術の □ **dwarf planet** 名 小惑星
> □ **astronomical** 形 天文学上の；天文学的な

37. 正解（C）1500s century → 15th century / 1500s ☆☆

解説　英語では、たとえば「15世紀」と表現するときはthe 15th centuryと序数詞を使って表示し、「1500年代」と表現するときはthe 1500sと最後に小文字のsを使って表示する。両者が混同されることはない。問題文では、最後がthe 1900sとなっているので、the 1500s centuryと表記されることはあり得ない。

正しい文と訳

The Peruvian mountain estate of Machu Picchu was built in the 1500s / 15th century by the Incas but did not gain international recognition until the 1900s.

ペルーの山中にある世界遺産マチュピチュは1500年代にインカ族によって建設されたが、国際的な評価を得たのは1900年代のことであった。

> **重要語句**
> □ **estate** 名 財産；遺産

38. 正解（D）or → and ⭐

解説 both A and B で「AとBの両方」の意味になる。

正しい文と訳

Italian and French Renaissance art often dealt with the theme of religion, including both Christian and Greek Mythological content.

イタリアとフランスのルネサンス美術はしばしばキリスト教とギリシャ神話の両方の内容を含んだ、宗教的主題を扱った。

重要語句
☐ **Greek Mythology** ギリシャ神話

TIPS both A and B は、「AとBの両方」、either A or B は、「AかBのどちらか」、neither A nor B は、「AでもBでもない」という意味。

39. 正解（B）made → make ⭐

解説 過去に起こった内容を説明しているので過去形が必要であるが、(B)の前にはすでに過去形 tried があるので、(B)の部分は to ＋不定詞となる。

正しい文と訳

When the Wright Brothers tried to make a contract to build airplanes with the U.S. government in 1906-07, they were initially refused, and it was not until they went to the French government with the proposal that the U.S. government finally showed interest.

アメリカ合衆国政府は、1906年から1907年に飛行機を作るための契約を結ぼうとした Wright 兄弟を最初は拒絶したが、彼らがフランス政府に提案を見せたとき、ついに興味を示した。

重要語句
☐ **contract** 名 契約　☐ **initially** 副 はじめに［は］　☐ **proposal** 名 提案

40. 正解（C）image → images ⭐⭐

解説 (C)の image は可算名詞なので、producing an image と冠詞をつけるか、images と複数形にする必要がある。文の意味を考えると images の方がよい。

Section 2

正しい文と訳

Diagnostic medical sonography, commonly known as "ultrasound", is a method of producing images through sound wave frequencies.

「超音波」として一般に知られている、診断に用いられる医療用ソノグラフは音波周波数を通じて画像を作り出す方法である。

重要語句

- □ diagnostic 形 診断の［器具］
- □ sound wave frequency 音波周波数

TIPS 可算名詞の単数形には原則的には冠詞が必要。

Reading

Section 3

▶▶ **Questions 1-10**

1. 正解（B） ☆

解説 パッセージの主旨となるためには、すべてのパラグラフの内容を網羅していなければならない。第1パラグラフにはミツバチの歴史と価値が述べられ、第2パラグラフではミツバチの価値がさらに詳しく述べられ、第3パラグラフでは現在ミツバチが減少しているということについて説明されている。これらをすべて含んでいる(B)が正解。パッセージの一部しか表しておらず、しかも、ろうは食べ物ではないので(A)は不可。第3パラグラフによると、農作物を破壊するのはミツバチではない。ミツバチがいなくなると40パーセントの農作物が収穫できなくなると述べられているので(C)は不適当。ミツバチを尊敬すべきである、とはどこにも書かれていないため(D)も誤り。

---

2. 正解（D） ☆

解説 消去法で考える。古代エジプトの話題が出てきているのは第1パラグラフのみである。3行目に "The reason is that bees not only provide honey, but also pollinate flowers, which allow fruit and vegetables to grow."（その理由は、ミツバチは蜂蜜を提供するだけでなく、花を受粉させることによって果物や野菜を育てるからである）とあり、この内容が選択肢(A)、(B)、(C)によって言い換えられている。(D)も真実ではあるが、古代エジプトには関係ないため不可。

---

3. 正解（A） ☆

解説 消去法で解く。蜂巣状コーンについて説明されているのは、第2パラグラフである。(B)、(C)、(D)についてはコーンの中にあると述べられている。(A)の感覚器官については、シリカが人間の感覚器官によい影響を与えると説明しているだけで、感覚器官そのものがコーンの中にあるわけではない。

---

4. 正解（B） ☆

解説 1行目に "Bees are 150 million years old, while the human beings have existed for about 10,000 years."（人類は約1万年ほどの間存在しているが、ミツバチの歴史は1億5000万年前に遡る）とある。1億5000万年から1万年を引くと、(B)の1億4999万年前になる。

---

5. 正解（D） ☆

解説 sacred は本来は「神聖な」という意味の形容詞である。しかし、第1パラグラ

TEST 2

フを読むと、ミツバチは人間にとって価値があるものとして古代エジプトで崇められていた、ということがわかるので(D)を選択する。

6. 正解（D）⭐

解説 5行目に"Because of its great value, most honey was given as a gift and not sold in marketplaces until around the 19th century."（このすばらしい価値によって、蜂蜜のほとんどは贈り物として扱われ、19世紀頃まで市場で販売されることはなかった）とある。

7. 正解（C）⭐

解説 第3パラグラフで、ミツバチが減ったのは現代の農業を行う方法に原因があることと、その結果、農作物が実らなくなることについて述べられている。

8. 正解（C）⭐

解説 monocropとは「単作」のことである。接頭辞mono-は「ひとつの～」を表し、cropは「作物」を表している。(B)のmonarch butterfly（モナーク蝶）とは、昆虫の種類である。

9. 正解（A）⭐

解説 5行目の"Because of its great value, most honey was given as a gift and not sold in marketplaces until around the 19th century."が、蜂蜜の歴史について述べられている部分である。

10. 正解（A）⭐

解説 このパッセージはミツバチが農業に与える影響について述べているので、(A)が正解。(D)のbookkeepersは「簿記係」。帳簿のことをbookと言う。

パッセージの訳

(1) (Q4) 人類は約1万年ほどの間存在しているが、ミツバチの歴史は1億5000年前に遡る。古代エジプトでは、生命と繁殖を強く支える存在であるということから、ミツバチは神聖なものと考えられていた。(Q2) その理由は、ミツバチは蜂蜜を提供するだけでなく、花を受粉させることによって果物や野菜を育てるからである。(Q6)(Q9) このすばらしい価値によって、蜂蜜のほとんどは贈り物として扱われ、19世紀頃まで市場で販売されることはなかった。

Reading

(2) 蜂巣状コーンは蜂の巣の骨組みであり、ここでミツバチの幼虫が生まれ、蜂蜜のための花蜜が蓄えられる。蜂蜜には酵素、栄養素、ミネラル、そしてシリカが含まれている。シリカはわれわれの感覚器官に存在し、われわれの進化に良い影響を与える。また、コーンはほかにも人間の役に立つ製品となるろうを産出する。

(3) 現代の農業における殺虫剤や単作農作物の収穫は、大規模な蜂群崩壊症候群を引き起こしている。ここ数年、アメリカだけでも、それぞれ約2万から6万のミツバチを含む500万の蜂群が失われた。農作物のほとんど、つまりすべての食物の約40パーセントが、ミツバチが辺りに存在しなければ収穫できないため、世界中の養蜂家、農業従事者、環境保護主義者の中で懸念が拡大している。

質問・選択肢の訳

1. このパッセージの主旨をもっともよく表しているのは以下のどれか。
(A) ミツバチは人間にとって貴重で健康な食べ物となる蜂蜜とろうを作り出す。
(B) 蜂群は人間にとって価値のあるさまざまな資源を作り出すので、蜂群の減少は憂慮すべきことである。
(C) ミツバチが農作物の40パーセントを破壊しているので、人間の食料が渇枯するだろうと、農業従事者は彼らの農作物について心配している。
(D) ミツバチは人間より古くから存在し、蜂蜜を作り出すので、われわれはミツバチを尊敬すべきである。

2. 古代エジプトでミツバチが深く崇拝されていた理由として挙げられていないのは
(A) ミツバチは消費可能な蜂蜜をもたらした。
(B) ミツバチは花を受粉させた。
(C) ミツバチは農作物が育つことを可能にした。
(D) ミツバチは蜂巣状コーンの中でろうを作った。

3. 蜂巣状コーンの中で見つからないのは以下のどれか。
(A) 感覚器官
(B) シリカ
(C) 花蜜
(D) ミツバチの幼虫

4. パッセージによると、ミツバチは人間に比べてどれくらい古くから存在しているか。
(A) 1億5千万年
(B) 1億4999万年

Section 3

(C) 2万年から6万年
(D) 1万年

5. 2行目の"sacred"にもっとも意味が近いのは以下のどれか。
(A) 危険な
(B) 古代の
(C) 肥沃な
(D) 価値のある

6. このパッセージは、1800年代まで蜂蜜が市場で売られることはなかったと述べているが、その理由は
(A) 贈り物にするほどいい物ではなかった。
(B) 食べるほどいい物ではなかった。
(C) 手放すには価値がありすぎた。
(D) 売るには価値がありすぎた。

7. ミツバチが減った原因とその結果について筆者が説明しているのは、パッセージのどこか。
(A) 第1パラグラフ
(B) 第2パラグラフ
(C) 第3パラグラフ
(D) すべてのパラグラフ

8. 12行目の"monocrop harvesting"という表現が表しているのは、ある種類の
(A) 危険な殺虫剤。
(B) モナーク蝶。
(C) 農業技術。
(D) ミツバチ群。

9. 筆者が蜂蜜の歴史について述べているのはパッセージのどこか。
(A) 5行目から6行目
(B) 7行目から8行目
(C) 8行目から9行目
(D) 15行目から16行目

10. このパッセージを読むことになる可能性が高いのは誰か。
(A) 農学の学生

(B) 海洋保護活動家
(C) エジプト学を専攻している学生
(D) 簿記係

> **重要語句**
> - sacred 形 畏敬するに値する；神聖な
> - pollinate 他 〜に受粉する
> - organ 名 臓器；器官
> - collapse 名 崩壊
> - fertility 名 繁殖力があること
> - nutrient 名 栄養素
> - pesticide 名 殺虫剤；農薬

▶▶ Questions 11-20

11. 正解（B）☆

解説 第1パラグラフでは、「限定的な」と「非限定的な」の違いについての概論が述べられ、第2パラグラフでは「限定的な」の意味がさらに詳しく、そして第3パラグラフでは「非限定的な」の意味がさらに詳しく述べられている。つまり、このパッセージは全体的に、「限定的な」と「非限定的な」の違いは何かを理解してもらえるように書かれていると言える。a、an、the は名詞ではなく、articles（冠詞）だと説明されているので(A)は不可。パッセージは「限定的な」と「非限定的な」の説明に焦点を合わせており、どの定冠詞をいつ使用するかを主旨としているわけではないので(C)も不適当。

12. 正解（C）☆

解説 12行目に "From the second reference...the speaker uses the definite article *the*."（同じ物について二度目に言及する場合…話し手は定冠詞theを用いる）とある。(A)と(B)は、不定冠詞が必要となる場合である。

13. 正解（A）☆

解説 the が使用されるべき場合であるため、a または an は決して使われないので(A)は不可。(B)と(C)は a または an が使用されるべき場合である。(D)は a、an または the のすべてが使用される可能性がある場合である。

14. 正解（B）☆

解説 6行目に "'indefinite' means..."（『非限定的な』とは…）と始まっていることから、この情報が書かれた文は比較的簡単に見つけることができる。実際に「非限定的な」の説明がなされているのは "...which person, place, thing or idea the speaker is referring to is unknown and/or inconsequential."（…どの人物、場所、物、または考

Section 3

えに話し手が言及しているかが知られていないか、それが重要ではないことを意味する）である。

15. 正解（D） ⭐

解説 inconsequential は「重要でない；重要度が低い」の意味。22行目に「非限定的な」冠詞を使う場合として、"This is a case where there is more than one...it does not matter which one the speaker is talking about."（これは、その対象が1つ以上存在し、…話し手がどれについて話しているのかが重要でない場合である）とあることもヒントとなる。

16. 正解（B） ⭐

解説 4行目に "...the definite article *the* is..."（…定冠詞theは…）とあることから、定冠詞はtheのみであるということがわかる。

17. 正解（D） ⭐

解説 16行目の "The speaker also uses *the* before a noun in situations when there is only one of those nouns in the world, which is very specific, such as in 'the moon' or 'the sun'."（話し手はまた、世界にその種類の名詞が1つしかない場合、つまり『月』や『太陽』のように、その名詞が完全に特定されている場合、その名詞の前にtheを用いる）の部分が答えである。

18. 正解（C） ⭐

解説 消去法で解く。定冠詞theをいつ使うかについての説明は、第1パラグラフでは4～5行目で、第2パラグラフでは全体でなされている。

19. 正解（C） ⭐

解説 消去法で解く。(A)は4行目 "...the definite article *the* is always used with a specific singular noun..."（…定冠詞theは常に、特定された単数名詞…に使用される）の内容。(B)は第1パラグラフにある。また、第2パラグラフは定冠詞についてさらに詳しく、第3パラグラフは不定冠詞についてさらに詳しく述べている。(D)は第1パラグラフと第3パラグラフにある。まったく冠詞を使わない場合があるということ自体については第1パラグラフで述べられているが、その例についてはまだ提供されていないため(C)が正解。第2パラグラフで定冠詞を使う場合の例、第3パラグラフで不定冠詞を使う場合の例が挙げられていることを考えると、次のパラグラフで無冠詞の場合の例について言及されるであろうと推測できる。

Reading

20. 正解（A） ⭐

解説 英語の冠詞についての詳しい説明がなされているため(A)が正解。

パッセージの訳

(1) 冠詞には3種類の使用法がある。すなわち、限定的なthe（特定の場合）、非限定的なaまたはan（一般的な場合）、そして無冠詞である。「限定的な」とは、どの人物、場所、物、または考えに話し手が言及しているかが分かっていることを意味する。限定的な場合、その名詞は特定される。つまり、具体的な人物、場所、物、または考えが指し示されていることになる。したがって、(Q16)定冠詞theは常に、特定された単数名詞または特定された複数名詞に使用される。他方、(Q14)「非限定的な」とはどの人物、場所、物、または考えに話し手が言及しているかが知られていないか、それが重要ではないことを意味する。非限定的な場合、その名詞は特定されていない。つまり、具体的な人物、場所、物、または考えは指し示されていないことになる。したがって、不定冠詞aまたはanは常に、特定されていない単数名詞に使用される。通常、無冠詞は特定されていない複数名詞、固有名詞（名前など）、または日常の食事、交通手段、そして一般的な場所について話す場合に使用される。

(2) (Q12)同じ物について二度目に言及する場合、または聞き手がすでに知っている特定の物について言及する場合で、ほかの人物、場所、物、または考えと混同されない場合、話し手は定冠詞theを用いる。たとえば、「水の入ったそのグラスがそのテーブルの上にある」という文では、聞き手は水の入ったどのグラスについて話されているかについて正確に知っていると、話し手は予想しているのである。(Q17)話し手はまた、世界にその種類の名詞が1つしかない場合、つまり「月」や「太陽」のように、その名詞が完全に特定されている場合、その名詞の前にtheを用いる。もちろん、宇宙には数多くの月が存在するのだが、一般的に「月」と言えば「地球の月」であり、「太陽」と言えば「地球が含まれている太陽系にある太陽」であるため、それぞれが1つずつしかないと言えるのである。

(3) ある人物、場所、物が初めて紹介されるときは、不定冠詞aまたはan が使用されるべきである。(Q15)これは、その対象が1つ以上存在し、話し手または聞き手がどれを指しているか知らない、または話し手がどれについて話しているのかが重要でない場合である。たとえば、「お水を一杯いただけますか」は特定のグラスではなく、水の入ったどのグラスでも構わないことを意味している

質問・選択肢の訳

11. このパッセージの趣旨は何か。

Section 3

(A) どのように a、an、そして the という名詞を使用するか
(B) 「限定的な」と「非限定的な」の違いとは何か
(C) いつ、どの冠詞を使用するか
(D) 文法的に正しい時制

12. パッセージによると、冠詞 the が使用されるべき場合の1つは何か。
(A) その後に続く人物、場所、物、または考えが一般的な場合
(B) 話し手がどの名詞に言及しているかについて、聞き手が知らない場合
(C) 話し手がその名詞について2回目に言及している場合
(D) 話し手による言及が、非限定的で特定されている場合

13. パッセージによると、a または an が決して使われない場合は何か。
(A) 特定された場合
(B) 一般的な場合
(C) 非限定的な場合
(D) 単数の場合

14. パッセージで筆者が「非限定的な」の意味を説明しているのはどこか。
(A) 4行目から5行目
(B) 5行目から7行目
(C) 12行目から14行目
(D) 16行目から18行目

15. 7行目の "Inconsequential" の定義としてもっともふさわしいのは
(A) 誰も知らない。
(B) 理解するには難しい。
(C) 結果がある。
(D) 重要ではない。

16. パッセージによると、定冠詞はいくつあるか。
(A) 0個
(B) 1個
(C) 2個
(D) 3個

17. 筆者が1つしか存在しない物の例を挙げているのはパッセージのどこか。
(A) 4行目から5行目

(B) 5行目から7行目
(C) 12行目から14行目
(D) 16行目から18行目

18. 定冠詞 the をいつ使うかについて説明していないのはどのパラグラフか。
(A) 第1パラグラフ
(B) 第2パラグラフ
(C) 第3パラグラフ
(D) 存在しない

19. 筆者がまだ提供していない情報は何か。
(A) いつ the を単数名詞とともに使用するかについての説明
(B) 定冠詞と不定冠詞の違い
(C) まったく冠詞を使わない場合の例
(D) 冠詞 an についての言及

20. どの種類の教科書のためにこのパッセージは書かれたと考えられるか。
(A) 言語学
(B) 文学
(C) 科学
(D) 歴史

重要語句
- **article** 名 冠詞
- **in-** 接頭 無…；不…
- **inconsequential** 形 取るに足らない

▶▶ Questions 21-30

21. 正解（A）⭐

解説 題名は、パッセージ全体の内容を端的に表現するものでなければならない。第1から第5のすべてのパラグラフで円という図形について説明されているので、(A)がもっとも題名として適している。(B)の弧と割線について述べられているのは第5パラグラフのみ。(C)の放射相称について述べられているのは、9行目から11行目のみ。(D)のパイがさまざまな公式に使用されることはパッセージのあちこちで述べられているが、パイが何かという説明はなされていない。

---

22. 正解（B）⭐

Section 3

解説 半径を計算する方法については、直接の説明はないが、12行目に"...the diameter of a circle is twice the length of the radius..."（…円の直径は半径の2倍の長さである…）と述べられているため、半径は直径の半分の長さであることがわかる。

23. 正解（B）⭐

解説 半径と対称性との関係についての説明は、6行目から11行目にある。(A)は半径についての正しい情報ではあるが対称性との関係が明らかでない。(D)は対称についての正しい情報ではあるが、半径との関係が明らかでない。

24. 正解（C）⭐

解説 15行目に"...the diameter will dissect the circle in half..."（…直径は円を2分割にし…）とある。

25. 正解（B）⭐

解説 9行目に"Radial symmetry comes from the word 'radius', or the perfect balance created when examining the radius of a circle in any direction."（放射相称とは、どの方向から円の半径を見ても、完全な均衡が作り出されるという意味で、「半径」という言葉からきている）とある。

26. 正解（A）⭐

解説 19行目の"Using the number pi, π (3.14...)..."（…パイπ（3.14…）という数字を使い…）という箇所で、3.14という数字がはっきりと述べられていることから、円の大きさに関わらずパイは同じであることが理解できる。

27. 正解（C）⭐

解説 19行目に"Using the number pi, π (3.14...), the formula to find the circumference of the circle is multiplying the diameter by pi: dπ."（パイπ（3.14…）という数字を使い、直径にパイを掛けることによって表される（dπ））とある。

28. 正解（D）⭐

解説 消去法で解く。半径を計算する方法については、12行目に"...the diameter of a circle is twice the length of the radius..."（…円の直径は半径の2倍の長さである…）と述べられており、直径の長さを知っていなければならないことがわかるため(A)は不可。19行目に"...the formula to find the circumference of the circle is multiplying the diameter by pi: dπ."（円周を計算する公式は…直径にパイを掛けることによって表さ

れる〈dπ〉」とあり、直径の長さを知っていなければならないので(B)も不適当。27行目に "The length of an arc can be found by dividing the angle degree by 360 and multiplying by the diameter and pi: (angle° / 360) d π."（弧の長さは、角度を360で割り、直径とパイを掛けることによって計算できる）とあり、直径の長さを知っていなければならないので(C)も不可。

29. 正解（D）⭐

解説 Adjacent は「隣同士の」を意味する形容詞。23行目に "...the opposite angles are congruent and adjacent angles equal 180 degrees."（…その対角は合同であり、隣接角を足すと180度となる）とあり、adjacent は opposite と対比されていることからも、正解を選ぶことができる。

30. 正解（C）⭐

解説 パッセージの次に来るパラグラフでは、すでに議論された内容が再び議論されることはないと考えられることから消去法で解く。(A)は20～21行目で説明されている。(B)については、9～11行目で説明されている。(D)の内容は第3パラグラフで説明されている。

パッセージの訳

(1) 円は「完全な形」と呼ばれている。なぜならば円のすべての「部分」はほかの部分と明確な関係を持っているからである。それが完全な形であるとされているもうひとつの理由はその完全な対称性によってであり、これは、円の部分を分析することによって説明可能である。

(2) 円の半径とは、円の中心から円の縁まで引かれた線のことである。半径はどの方向へ、または円の縁上のどの点へと引かれたとしても、同じ長さになる。対象性とは、図形をある直線によって分けた場合、その直線のどちら側の図形も、反対側の図形と同じ大きさ、同じ形、同じ比率をもっていることである、と定義される。つまり、鏡に映った姿のように完全な均衡を保っているということである。(Q25)放射相称とは、どの方向から円の半径を見ても、完全な均衡が作り出されるという意味で、「半径」という言葉からきている。

(3) 同様に、(Q22)円の直径は半径の2倍の長さであるため、直径とは、その中心が円の中心であり、その端は円の縁上にある。どの方向へ、または円の縁上のどの点へと引かれたとしても、(Q24)直径は円を2分割にし、常に、直径の両側に完全な均衡または対称を作り出す。

Section 3

(4) 円の周囲の長さ、または円周と、円の内部の面積は、半径または直径の長さを知っていれば計算することができる。円周を計算する公式は、(Q26) (Q27) パイ π（3.14…）という数字を使い、直径にパイを掛けることによって表される（dπ）。面積を計算するには、半径を二乗したものにパイを掛ける（πr^2）。

(5) 半径と直径は円の中心に接していなければならないが、中心に接しない線の長さを計ることも可能である。2本の線が交差するときはいつでも、(Q29) その対角は合同であり、隣接角を足すと180度となる。2本の線が円内で交差する場合にも同様のことが言える。これらの線は割線と呼ばれる。2本の割線は円内で弧を描く。したがって、割線が交差する角度が分かれば、弧の角度と弧それ自体の長さが分かる。弧の長さは、角度を360で割り、直径とパイを掛けることによって計算できる。

質問・選択肢の訳

21. このパッセージにもっとも適した題名は以下のどれか。
(A)「完全な円」
(B)「弧と割線」
(C)「放射相称」
(D)「パイ（π）とは何か」

22. 筆者は、半径を計算するには
(A) 直径に2を掛ける。
(B) 直径を半分にする。
(C) 直径とパイを掛ける。
(D) 角度を360で割る。

23. パッセージによると、半径はどのような意味で対称性を持っていると言えるか。
(A) それは、円の中心と円の縁の間の距離であり、直径の半分の長さであるから
(B) それは、円の縁上のどの点で終わっても同じ長さであり、円が完全に均衡がとれた形であることを表しているから
(C) 鏡像とは、両側に、同じ大きさ、同じ形、同じ比率の形があるという意味であるから
(D) 対称とは直線の両側に完全な均衡があることを意味するから

24. 定義によると、以下のどれが円を2分割するか。
(A) 円周
(B) 半径
(C) 直径

(D) 割線

25. 9行目の"radial symmetry"にもっとも意味が近いのはどれか。
(A) 半径のシナジー
(B) 円の均衡
(C) 鏡の像
(D) 方向の調査

26. 円の大きさに関わらず、同じであるとパッセージで暗示されているのは以下のどれか。
(A) パイ(π)
(B) 直径
(C) 円周
(D) 角度

27. 筆者が円周を計算する公式を説明しているのはパッセージのどこか。
(A) 7行目から9行目
(B) 14行目から16行目
(C) 19行目から20行目
(D) 27行目から29行目

28. 以下の中で直径の長さについての知識を必要としないのは
(A) 半径の計算。
(B) 円周の計算。
(C) 弧の計算。
(D) 交差する割線の計算。

29. 24行目の"Adjacent"を言い換えると
(A) 反対の。
(B) 180度ちょうど。
(C) より大きな。
(D) 隣同士の。

30. このパッセージの次に来るパラグラフが議論すると思われるのは
(A) 円の面積を計算する公式。
(B) 放射相称と非放射相称の定義。
(C) 円の部分どうしの関係に関するほかの例。

Section 3

(D) 円の半径と直径の関係。

> **重要語句**
>
> - ☐ **symmetry** 名 対称
> - ☐ **radius** 名 半径
> - ☐ **diameter** 名 直径
> - ☐ **dissect** 他 切り裂く；切り離す
> - ☐ **circumference** 名 円周
> - ☐ **area** 名 面積
> - ☐ **formula** 名 公式
> - ☐ **congruent** 形 合同の
> - ☐ **adjacent** 形 隣接した
> - ☐ **secant** 名 割線
> - ☐ **arc** 名 弧

▶▶ Questions 31-40

31. 正解（B）★

解説 主題となりうるには、パッセージ全体で議論されている必要がある。(A)の占星術についてはまったく言及されていない。(C)の彗星について論じられているのは第1パラグラフのみ。第2パラグラフの最初で "Earth deals with asteroids more often than comets."（地球は、彗星よりも小惑星と衝突することが多い）とあり、それ以降の言及はない。クレーターは小惑星が地球に衝突した結果できるとされているもので、主題として論じられているわけではないので(D)も不可。

32. 正解（B）★

解説 選択肢が互いに似通っているので、注意して読む。2行目に "The little pieces left over from planetary formation were metallic rocks called asteroids and mixtures of rock and ice called comets."（惑星の形成から取り残された小さなかけらは、小惑星と呼ばれる金属を含む岩と、彗星と呼ばれる岩と氷が混ざったものである）とあるので、小惑星も彗星も岩を含んでいるが、小惑星のみが金属を含み、彗星のみが氷を含んでいる。

33. 正解（C）★

解説 3行目に "Jupiter, weighing more than all of the other planets put together, was the largest planet to form."（ほかのすべての惑星を足した重量よりも重い木星は、形成された惑星の中でもっとも大きな惑星であった）とある。

34. 正解（A）★

解説 第1パラグラフは小惑星が何かを説明しており、第2パラグラフでは小惑星の例であるアポフィスについて述べられている。

35. 正解（B）⭐

解説 消去法で考える。(A)は10行目に"Scientists predicted there was a 1/30 chance that this asteroid would crash into Earth on Friday, April 13, 2029."（科学者たちは、この小惑星が2029年4月13日に地球に衝突する可能性は30分の1であると予測した）とある。(C)は8行目に"Apophis...is an s-type asteroid －'stony meteorite'－ roughly 350 meters wide..."（…アポフィスは…幅約350メートルのS型小惑星、つまり「石の多い隕石」である）とあり、その大きさと組成（石でできている）ということが述べられている。(D)は、8〜9行目に記述がある。(B)は予測が何度か変わったことは説明されているが、その理由については述べられていない。

36. 正解（D）⭐

解説 20行目に"Furthermore, large asteroids do not just create craters on the Earth's surface, but can spew poisonous gases and even completely destroy the Earth's atmosphere."（しかも、巨大な小惑星は地球の表面にクレーターを作るだけではなく、毒ガスを噴出し、地球の大気圏を完全に破壊することもできるのである）とある。

37. 正解（C）⭐

解説 恐竜たちを絶滅させ、メキシコ湾を作った小惑星、アリゾナに隕石孔を作った小惑星、ツングースカ・イベントの3つである。

38. 正解（A）⭐

解説 uninhabitedは「無人の」の意味の形容詞。ここから、この地域に人間が住んでいなかったことがわかる。23行目に"This event, called the Tunguska Event, left no crater, but the explosion was far more powerful than an atomic bomb and obliterated everything within a 2,000 mile radius."（ツングースカ・イベントと呼ばれているこの出来事は、クレーターは残さなかったが、その爆発力は原子爆弾よりもずっと強力で、半径2000マイル内のすべての物を破壊した）とあるので、人はいなかったものの、被害は大きかったことがわかるので(C)は不適当。小惑星が噴出するガスが大気圏を破壊する可能性があるという記述はあるが、実際にそのような被害が出た例については述べられていないため(D)は不可。

39. 正解（D）⭐

解説 パッセージでは観光に関する話題は一切出てきていないので、次のパラグラフのトピックが観光地になる可能性はない。

Section 3

40. 正解（B）★

解説 筆者は、パッセージ全体を通じて、小惑星がどのようなものかを説明し、それが引き起こす可能性のある危険について読者に知らせているため(B)が正解。(A)のような読者を怖がらせるような記述は見当たらない。小惑星の衝突に対する予防措置については言及されていないため(C)は不可。科学者ではなく、小惑星について知識のない読者を想定しているため(D)も同様に不可。

パッセージの訳

(1) 40億年から50億年前、星雲ガスと塵が凝結し、惑星となった。(Q32) 惑星の形成から取り残された小さなかけらは、小惑星と呼ばれる金属を含む岩と、彗星と呼ばれる岩と氷が混ざったものである。(Q33) ほかのすべての惑星を足した重量よりも重い木星は、形成された惑星の中でもっとも大きな惑星であった。木星に加え、ほかの中型の形成も行われ、惑星や月となり、残った細かな岩屑は小惑星や彗星となったのである。

(2) 地球は、彗星よりも小惑星と衝突することが多い。これらの小惑星は主に、火星と木星の間に存在する岩屑である小惑星帯からのものである。(Q35) 2004 MN4としても知られているアポフィスは、2004年、地球に向かって進んで来ていることが発見された、幅約350メートルのS型小惑星、つまり「石の多い隕石」である。(Q35) 科学者たちは、この小惑星が2029年4月13日に地球に衝突する可能性は30分の1であると予測した。彼らは後に、そのような可能性はゼロであると予測を変更したが、その後再び、衝突は2036年に起こるだろうと予測した。アポフィスのようなS型小惑星は、もしそれが地球の大気に入ってきたときに原形を保っていると、もっとも深刻な破壊をもたらす。

(3) 小惑星は、過去にも地球に衝突したことがあることから、これからもそれが起こる可能性は常にある。アポフィス程度の大きさの小惑星が、恐竜たちを絶滅させ、結果としてできたクレーターがメキシコ湾になったという仮説もある。アメリカのアリゾナに巨大な隕石孔を作った小惑星はアポフィスに比べるとかなり小さいが、それにもかかわらず、数秒の間に近くの町のすべての生物を消滅させたと言われている。(Q36) しかも、巨大な小惑星は地球の表面にクレーターを作るだけではなく、毒ガスを噴出し、地球上の大気を完全に破壊することもできるのである。1908年6月に地球の大気に突入したとされている小さな隕石のかけらでさえ、シベリアの無人地帯を徹底的に破壊した。ツングースカ・イベントと呼ばれているこの出来事は、クレーターは残さなかったが、その爆発力は原子爆弾よりもずっと強力で、半径2000マイル内のすべてを破壊した。

質問・選択肢の訳

31. このパッセージの主題としてもっとも適していると思われるのは
(A) 占星術。
(B) 小惑星。
(C) 彗星。
(D) クレーター。

32. パッセージによると、小惑星と彗星の違いは何か。
(A) 小惑星も彗星も金属を含んでいるが、彗星のみが氷を含んでいる。
(B) 小惑星も彗星も岩を含んでいるが、小惑星のみが金属を含んでいる。
(C) 小惑星も彗星も氷を含んでいるが、彗星のみが岩を含んでいる。
(D) 小惑星も彗星も岩を含んでいるが、小惑星のみが氷を含んでいる。

33. 地球が属する太陽系においてもっとも重いと考えられるのはどの惑星か。
(A) 火星
(B) 地球
(C) 木星
(D) アポフィス

34. 第1パラグラフの情報は、第2パラグラフの情報とどのように関係しているか。
(A) 小惑星の定義が第1パラグラフで与えられ、小惑星の例が第2パラグラフで挙げられている。
(B) 太陽系の歴史が第1パラグラフで説明され、太陽系の例が第2パラグラフで挙げられている。
(C) 第2パラグラフでトピックが変わるため、2つのパラグラフは無関係である。
(D) 2つのパラグラフは惑星、小惑星、彗星についての一般的な情報を含んでいる。

35. パッセージの中でアポフィスについて述べられていないのは以下のどれか。
(A) 地球と衝突すると予測されている日
(B) 予測が変わった理由
(C) その大きさと組成
(D) それに与えられた別名

36. 筆者が、小惑星が大気圏に突入した場合に引き起こす可能性のある破壊の程度について述べているのは、パッセージのどの部分か。
(A) 2行目から3行目
(B) 8行目から10行目

Section 3

(C) 15行目から16行目
(D) 20行目から21行目

37. パッセージでは、地球の大気圏に突入した小惑星の例として、いくつの異なる例が挙げられているか。
(A) 1
(B) 2
(C) 3
(D) 4

38. 23行目の "devastation in an uninhabited area" が示唆しているのは
(A) 傷ついた人間はいないか、少数だった。
(B) すべての物と人が破壊された。
(C) その隕石は小さかったので、大きな問題は起こらなかった。
(D) ガスが人が吸い込んでいる空気を汚染した。

39. このパッセージの次のパラグラフのトピックにならないだろうと考えられるのは
(A) 大気圏に突入した彗星。
(B) ほかの天体。
(C) 小惑星から地球を守るNASAの使命。
(D) アリゾナまたはシベリアの観光地。

40. このパッセージにおける筆者の主旨は何か。
(A) 人々を怖がらせ、小惑星に対して行動を起こさせること
(B) 小惑星と、それによって引き起こされる可能性のある危険について、読者に知らせること
(C) 小惑星から保護するために取るべき予防措置について説明すること
(D) 地球上のクレーターを訪れ研究するよう、科学者に勧めること

重要語句

- nebula 名 星雲
- particle 名 粒子
- debris 名 岩屑
- meteorite 名 いん石
- devastation 名 惨状
- atmosphere 名 大気
- spew 他 [煙などを] 吹き出す
- obliterate 他 [痕跡も残らぬように] 〜を消してしまう

Reading

▶▶ Questions 41-50

41. 正解（C）⭐
解説 パッセージの要点は、すべてのパラグラフで論じられているトピックである。(A)は第3パラグラフ、(B)は第2パラグラフ、で論じられているが、ほかの場所では論じられていない。(D)については言及されていない。

---

42. 正解（A）⭐
解説 第1パラグラフは、サブプライムローンが2008年の経済危機の原因の1つとなったことや、サブプライムローンの名前の由来など、サブプライムローンを説明することに費やされている。

---

43. 正解（B）⭐
解説 4行目に "These loans are called 'subprime mortgages' because the borrowers have below prime level credit."（これらのローンは、借り手が優良とは言えない信用しか持っていないため、『サブプライム住宅ローン』とよばれる）とあることから、subprime mortgageの借り手はprimeより下のlevelのcredit（信用）しか持っていないということがわかる。つまり、接頭辞subは「下の；より下の；より低い」などの意味を持っていることとなる。また、選択肢(A)、(C)、(D)の意味が似通っていることからも、1つだけまったく違う意味を持っている(B)を選択することが可能である。

---

44. 正解（C）⭐
解説 第2パラグラフによると、インターネット関連株のバブルが、不動産バブルを引き起こし、その結果信用取引バブルが起こったということがわかる。

---

45. 正解（A）⭐
解説 real estateは「不動産」の意味。

---

46. 正解（C）⭐
解説 13行目に "...from the 1990s to early 2000s houses quadrupled in value..."（…1990年代から2000年代初期にかけて、住宅の価値は4倍に跳ね上がり…）とあるので、1990年に20万ドルだった住宅は2000年にはその4倍の80万ドルになったであろうことがわかる。

---

47. 正解（C）⭐

Section 3

解説 19行目の "This natural rise and fall, or increase and decrease in supply and demand..."（この自然な浮き沈み、または需要と供給の増加や減少…）という箇所。

48. 正解（D）★

解説 justificationは「しかるべき理由」の意味である。第2パラグラフに数回でてくる形容詞 unjustified「しかるべき理由のない」もヒントになる。

49. 正解（B）★

解説 1行目は "Since the stock market crash of 2008..."（2008年の株式市場の暴落以降…）と始まっており、パッセージの終わりに近い22行目では "...by the end of 2008, the bubble burst. People from both lower and middle classes lost their homes, their loans were defaulted on, and many banks lost billions of dollars."（…2008年の終わりにバブルは崩壊した。下層階級と中間階級の人々は住宅を失い、彼らのローンは不履行債権となり、多くの銀行が何十億ドルという金額を失ったのである）と述べている。つまり、パッセージの最初と最後で同じ出来事の結果について述べており、その途中はなぜそのような結果が起こったかの説明がなされている。

50. 正解（C）★

解説 経済に関連したトピックについてのパッセージなので、経済学関連の授業で課題とされると考えられる。

パッセージの訳

(1) (Q49) 2008年の株式市場の暴落以降、なぜこのような危機が起こったかを説明する理由のひとつとして「サブプライムローン」または「サブプライム住宅ローン」という表現が使われている。過去に借金をしていたり、その借金を契約どおりに返済できなかったために信用格付けの低い人々でも、家を購入するためにローンを組むことは可能である。(Q43) これらのローンは、借り手が優良とは言えない信用しか持っていないため、「サブプライム住宅ローン」とよばれる。借り手の信用格付けが低いか、ローンの返済能力が低いため、サブプライム住宅ローンは、優良住宅ローンより高額の金利の支払いを伴う。2007年初頭までに、合衆国内のサブプライムローンの総額は約1.3兆ドルとなっていた。

(2) 不動産に対する需要の増加とサブプライムローンの加速は、不動産を所有したいというアメリカ人の強い欲求によって説明することが可能である。不動産投資が成功の明らかな印のひとつであることからもわかるように、個人不動産の所有は資本主義社会の鍵である。インターネット関連株の市場におけるバブルによる成功と、住

宅の所有に対する需要の増加のおかげで、(Q46) 1990年代から2000年代初期にかけて、住宅の価値は4倍に跳ね上がり、不動産バブルを生み出した。住宅ローンの完済のためにより高額の借金が奨励されるにつれ、人々は住宅の純粋価値ぎりぎりの額まで借金をするようになった。彼らは低い賃金を補うために、自宅を抵当に入れてローンを組むようにさえなったのである。これらすべての借金が信用取引バブルを生み出したのだ。

(3) バブルとは、しかるべき理由のない価格の高騰であり、経済の自然な浮き沈みに従い、長期間続くことはない。(Q47) この自然な浮き沈み、または需要と供給の増加や減少は、効率的市場仮説によって説明される。つまり、ある価格にしかるべき理由がない場合、人々はこのことに気づき、買い控えを始めるのである。したがって、不動産価格が上昇し続けることがないのは当然の帰結であった。それにより、(Q49) 2008年の終わりにバブルは崩壊した。下層階級と中間階級の人々は住宅を失い、彼らのローンは不履行債権となり、多くの銀行が何十億ドルという金額を失ったのである。

質問・選択肢の訳

41. パッセージの要点をもっともよく表しているのは以下のどれか。
(A) バブルと効率的市場仮説がどのように定義されるか
(B) 人々がなぜ経済危機の時代に住宅を購入することにとりつかれるのか
(C) どのような状況と出来事が2008年の経済恐慌を招いたのか
(D) いつ、インターネット関連株による成功者が、最高額のサブプライムローンを組んでいたか

42. 筆者が第1パラグラフで主に説明しているのは
(A) サブプライムローンを説明すること。
(B) 下層階級と中級階級を区別すること。
(C) バブル経済を定義すること。
(D) 住宅を購入したいという欲求について議論すること。

43. 4行目から5行目によると、接頭辞 "sub" が意味しないのは
(A) 下の。
(B) 上の。
(C) より下の。
(D) より低い。

44. パッセージによると、不動産バブルが始まったのはいつか。

Section 3

- (A) インターネット関連株のバブル以前
- (B) 信用取引バブル以降
- (C) インターネット関連株のバブルと信用取引バブルの間
- (D) インターネット関連株のバブルと信用取引バブル以降

45. 9行目の "real estate" にもっとも意味が近いのはどれか。
- (A) 住宅
- (B) 投資
- (C) 所有権
- (D) ローン

46. パッセージによると、もし、ある住宅が1990年に20万ドルだったとすると、2000年にはその住宅の価値はどれくらいになったと考えられるか。
- (A) 30万ドル
- (B) 40万ドル
- (C) 80万ドル
- (D) 100万ドル

47. 筆者が需要と供給の概念に言及しているのはパッセージのどこか。
- (A) 4行目から5行目
- (B) 11行目から14行目
- (C) 19行目から21行目
- (D) 22行目から23行目

48. 21行目の単語 "justification" の言い換えとしてもっとも適しているのは
- (A) 供給。
- (B) 住宅ローン。
- (C) 手段。
- (D) 理由。

49. パッセージ中の情報はどのように並べられているか。
- (A) 時間列に従って、古い出来事から新しい出来事へ
- (B) ある結果を述べ、それを説明し、再び結果へ
- (C) 現実の出来事の推移にしたがって
- (D) もっとも重要なことから始め、もっとも重要でないことで終了

50. どの授業でこのパッセージが課題とされると考えられるか。

(A) 微積分学
(B) 広告学
(C) 会計学
(D) 遺伝子学

重要語句

- **mortgage** 名ローン
- **manner** 名方法;[複数形で] 礼儀;慣習
- **entail** 他〜を伴う
- **premium** 名割増利子;[複数形で] 保険料;ハイオクガソリン
- **real estate** 名不動産
- **capitalist** 名資本家;資本主義者
- **investment** 名投資
- **quadruple** 自4倍になる 類 **quad** 形4倍の
- **default** 他履行しない;怠る

TEST 3
解答・解説

Section 1　⋯　177

Section 2　⋯　211

Section 3　⋯　228

解 答 一 覧

Section 1

1	C	11	D	21	B	31	B	41	C
2	C	12	D	22	C	32	C	42	C
3	A	13	B	23	D	33	D	43	C
4	B	14	D	24	A	34	C	44	B
5	C	15	A	25	A	35	D	45	A
6	D	16	C	26	C	36	D	46	A
7	B	17	C	27	D	37	B	47	B
8	B	18	D	28	B	38	C	48	D
9	C	19	A	29	A	39	D	49	A
10	D	20	C	30	C	40	C	50	D

Section 2

1	A	9	C	17	D	25	B	33	A
2	B	10	D	18	C	26	C	34	B
3	A	11	C	19	D	27	C	35	A
4	D	12	C	20	C	28	C	36	C
5	D	13	D	21	B	29	D	37	C
6	B	14	A	22	B	30	A	38	B
7	B	15	B	23	D	31	B	39	A
8	C	16	D	24	B	32	C	40	A

Section 3

1	D	11	C	21	B	31	B	41	C
2	B	12	B	22	C	32	B	42	B
3	A	13	A	23	B	33	C	43	A
4	C	14	B	24	D	34	D	44	C
5	B	15	B	25	A	35	C	45	D
6	B	16	C	26	A	36	D	46	C
7	B	17	C	27	B	37	D	47	A
8	B	18	B	28	A	38	A	48	A
9	C	19	C	29	A	39	A	49	B
10	D	20	D	30	C	40	B	50	C

Part A

Section 1

Part A

1. 正解（C） ⭐

解説 女性のせりふには graphic design という単語と computers という単語が入っていることから、コンピューターを使う美術のクラスをとるべきだと提案していることがわかる。

スクリプト

- M : What art class do you think I should take next semester?
- W : What about graphic design? You seem to really love working with computers...
- Q : What does the woman suggest?

スクリプト・選択肢の訳

- 男性 ： 来学期、どの美術のクラスを取るべきだと思う？
- 女性 ： グラフィックデザインはどう？ あなたはコンピューターを使うのが大好きそうだもの…
- 質問 ： 女性は何を提案しているか。

(A) 彼は今ほどコンピューターを使うべきではない。
(B) 彼はデザインの代わりにコンピューターサイエンスの授業を取るべきだ。
(C) 彼はコンピューターを使う美術のクラスを取るべきだ。
(D) 彼は彼女に彼が好きなコンピューターについて話すべきだ。

---

2. 正解（C） ⭐

解説 男性は仕事でミスをして以降、もう必要とされていないようだと答えているので、Lee さんはもう彼に電話をかけてこないだろうと考えている。

スクリプト

- W : Did Mr. Lee ever call you again for editing work?
- M : After accidently deleting those files last month, I think my services are no longer required.
- Q : What does the man mean?

スクリプト・選択肢の訳

- 女性 ： Lee さんは編集作業についてあなたにまた電話してきた？
- 男性 ： 先月、間違ってあれらのファイルを削除してしまって以降、僕はもう必要とされていないみたいだ。

Section 1

質問 : 男性は何を意味しているか。

(A) 彼はLeeさんの間違いに腹を立てている。
(B) 彼はその仕事をするほど優秀な編集者ではない。
(C) 彼はLeeさんがまた電話をしてくるとは予想していない。
(D) 彼は前回、仕事を終えるのに時間をかけすぎてしまった。

---

3. 正解（A）★★

解説 女性のせりふにあるhardlyは「めったに〜ない」という意味の副詞。仕事は6時に終わるはずだが、実際には8時より前に終えられたことはほとんどない、と言っているので、金曜日も時間どおりには終えられないだろうと考えている。

スクリプト

M : What time do you get off work on Friday?
W : I'm supposed to finish at 6:00, but I hardly ever get out of there before 8 o'clock.
Q : What does the woman mean?

スクリプト・選択肢の訳

男性 : 金曜日は何時に仕事が終わる？
女性 : 6時に終わるはずだけど、8時より前にあそこを出られたことはほとんどないわ。
質問 : 女性は何を意味しているか。

(A) 彼女は多分時間どおりに仕事が終えられないだろう。
(B) 彼女は金曜日は通常より遅くまで仕事をするだろう。
(C) 彼女は仕事が大好きだが、仕事は大変だ。
(D) 彼女が8時ちょうどに彼と会うことは確かなことだ。

重要語句

☐ **sharp** 副 きっかり；ちょうど

---

4. 正解（B）★

解説 midtermは「中間試験」という意味の名詞、positiveは「確信している」という意味の形容詞。女性はどの章が中間試験に出るのかについて確かではないと言っている。

スクリプト

M : Do you know which chapters will be covered on the midterm?

Part A

W : I'm not positive, but I think one through ten.
Q : What does the woman mean?

スクリプト・選択肢の訳

男性 : 中間試験の対象になっているのはどの章か知ってる？
女性 : 確かじゃないけど、1章から10章だと思うわ。
質問 : 女性は何を意味しているか。

(A) 試験に出るのは1章から10章である。
(B) 彼女はどのトピックが試験に出るのか確かではない。
(C) 中間試験は不愉快な経験になりそうだ。
(D) 真ん中は中立数で、1は負数、10は正数である。

重要語句

□ **positive**　形 確かな；肯定的な　名 正の数
□ **negative**　形 不賛成の；否定的な　名 負の数

---

5. 正解（C）★

解説　正解(C)は男性のせりふを言い換えている。

スクリプト

W : Just sugar in my coffee, please. I'm lactose intolerant.
M : Oh, okay, so your stomach can't handle milk, then?
Q : What does the man mean?

スクリプト・選択肢の訳

女性 : 私のコーヒーには砂糖だけを入れてください。乳糖アレルギーなんです。
男性 : わかりました。じゃあ、君の胃は牛乳を受けつけないんだね？
質問 : 男性は何を意味しているか。

(A) 女性は彼の態度が我慢できない。
(B) 女性は砂糖を食べるのが大好きだ。
(C) 女性は牛乳を飲むと病気になる。
(D) 女性は気乗りしない態度だ。

重要語句

□ **intolerant**　形 寛容できない
□ **handle**　他 〜を問題なく摂取する；〜を扱う

Section 1

6. 正解（D） ☆

解説 女性のせりふにある neither A nor B は「A も B も～でない」という表現。女性も John も野球の試合には行けないと言っている。make it は「行くことができる」という表現。

スクリプト

- M : Hi, Jean. Are you going to the baseball game on Saturday?
- W : Neither John nor I can make it because I have to help him move that day.
- Q : What does the woman mean?

スクリプト・選択肢の訳

- 男性 : やあ、Jean。土曜日は野球の試合に行く？
- 女性 : その日は John の引越しを手伝わなければいけないから、John も私も行けないわ。
- 質問 : 女性は何を意味しているか。

(A) 女性は試合に行くが、John は行かない。
(B) John は試合に行くが、女性は行かない。
(C) 女性と John はふたりとも試合に行く。
(D) 女性と John はふたりとも試合に行けない。

---

7. 正解（B） ☆

解説 男性のせりふにある throw out は「～を捨てる」という意味。男性は、女性がすべてのアイデアを捨てるべきではなく、違う方向から見直してみるよう勧めている。正解(B)は男性のせりふを言い換えている。

スクリプト

- W : This paper is totally wrong. I'm thinking of starting over…
- M : Don't throw out all of your ideas. Just try to look at them from a different perspective.
- Q : What does the man suggest?

スクリプト・選択肢の訳

- 女性 : このレポートは全然駄目だわ。最初からやり直そうかしら…
- 男性 : すべてのアイデアを捨てるべきじゃないよ。違う角度から見てみるんだ。
- 質問 : 男性は何を提案しているか。

Part A

(A) 女性はレポートをまったくの最初から始めるべきだ。
(B) 女性はよく考えてアイデアを整理さえすればいい。
(C) 女性は紙を捨てて無駄にすべきではない。
(D) ルックスに関する彼女の問題は複雑なようである。

重要語句
□ reflect on　～を検討する　　　□ perspective　名 見方；視点

8.　正解（B）★★

解説　女性のせりふにある "It's raining cats and dogs" は「土砂降りの雨が降っている」の意味。男性は、このような天気になるとは予測していなかったと言っている。

スクリプト
W : It's raining cats and dogs out there!
M : I honestly didn't expect the weather to be this bad, so I didn't bring an umbrella this morning.
Q : What does the man say about the weather?

スクリプト・選択肢の訳
女性 : 外は土砂降りよ！
男性 : 天気がこんなに悪くなるとはまったく思ってなかったから、今朝傘を持って来なかったよ。
質問 : 男性は天気について何と言っているか。

(A) 猫や犬でさえこの雨は嫌がるだろう。
(B) 今日は驚いたことに、雨が降った。
(C) 彼は雨が降るかどうかについて議論している。
(D) 外国居住者が傘を持ってくるのは、まずい考えだ。

TIPS　"It's raining cats and dogs" は、「土砂降りの雨が降っている」という意味。

9.　正解（C）★

解説　男性のせりふの Med School は Medical School（医学部）の略。女性のせりふの ARE が強調されているのは、女性が男性のことを天才だと思っていなかったという意味である。

Section 1

スクリプト

M : I just found out I got into Harvard Med School!
W : You really ARE a genius, aren't you?
Q : What does the woman mean?

スクリプト・選択肢の訳

男性 : たった今、Harvardの医学部に合格したって聞いたんだ！
女性 : あなたって本当に天才だったのね？
質問 : 女性は何を意味しているか。

(A) 彼女は彼がまったく人間ではない動物だと思っていた。
(B) 彼女は彼が本当にHarvardに合格したのか疑っている。
(C) 彼女は彼女がどれほど賢いか知らなかった。
(D) 彼女は彼がその学校に合格することを知っていた。

10. 正解（D）☆

解説 女性のせりふにあるexpress mailは「速達」、regular mailは「普通郵便」の意味。男性のせりふにあるFirst class airmailは「第一種航空便」、priority expressは「プライオリティ速達便」の意味。これらのキーワードから、話し手は郵便局の職員と客であることがわかる。

スクリプト

W : What is the difference in price between sending this express mail and sending it regular mail?
M : First class airmail arriving in 4 days is $12, and priority express arriving in 2 days is $22.95.
Q : Who is probably talking?

スクリプト・選択肢の訳

女性 : これを速達で送るか普通郵便で送るかで、値段はいくら違いますか。
男性 : 4日以内に到着する第一種航空便は12ドルで、2日以内に到着するプライオリティ速達便は22ドル95セントです。
質問 : 話しているのは誰だと思われるか。

(A) 航空券取扱業者と彼の部長。
(B) 男性教師と彼の生徒。
(C) 急行列車の乗務員と乗客。
(D) 郵便局の職員と客。

Part A

> **TIPS** 話し手が誰かをたずねる問題は、キーワードさえわかれば正解できる。

11. 正解（D）★★

解説 男性のせりふにある GRE（Graduate Record Examination）はアメリカの大学院入試適性試験。また、prep は preparation の略。(D)は女性のせりふの言い換えになっている。誰が誰に何を頼むと言っているのかをしっかり聞き取る必要がある。

スクリプト

M : Mike does GRE prep tutoring and I was thinking of asking him for help.
W : I think it's a great idea to ask Mike to tutor you.
Q : What does the woman mean?

スクリプト・選択肢の訳

男性 : Mike が GRE の準備のためのチューターをしているから、彼に助けてもらおうかと思ってるんだ。
女性 : Mike にチューターになってもらうように頼むのはとてもいい考えだと思うわ。
質問 : 女性は何を意味しているか。

(A) 女性は Mike に男性を教えるように頼むべきだ。
(B) 男性は Mike に女性を教えるように頼むべきだ。
(C) Mike は女性に自分のチューターになるように頼むべきだ。
(D) 男性は Mike に自分のチューターになってくれるように頼むべきだ。

重要語句
☐ prep 名 準備

> **TIPS** TOEFLにはアメリカの大学生活に関係する表現も出てくる。知らなくても問題を解くことはできるが、知っているとリスニングがより容易になる。

12. 正解（D）★★

解説 "Once in a blue moon." は「めったに～しない」という意味の熟語。

スクリプト

W : Do you ever study in the library?
M : Once in a blue moon.
Q : What does the man mean?

スクリプト・選択肢の訳

Section 1

女性 ： あなたは図書館で勉強するの？
男性 ： めったにしないね。
質問 ： 男性は何を意味しているか。

(A) 彼は一度、図書館で勉強した。
(B) 彼は図書館で青い月について勉強した。
(C) 彼は図書館の青色の部屋で勉強した。
(D) 彼は図書館ではめったに勉強しない。

13. 正解（B）★★★

解説 女性のせりふの前半は、副詞節を導く接続詞ifが省略されたことによる倒置が起こっている。省略されなければ、"If you should be late in the future, ..." となる。このshouldは「〜すべき」という意味ではなく「（万一）〜ならば」という意味。後半の "please just call instead of making me worry" は直訳すると「私を心配させる代わりに電話してください」となる。

スクリプト

M ： I'm really sorry for not meeting you at the restaurant on time.
W ： Should you be late in the future, please just call instead of making me worry.
Q ： What does the woman request?

スクリプト・選択肢の訳

男性 ： 時間どおりにレストランで会えなくて本当にごめん。
女性 ： これからは遅れることがあったら、心配させないように電話してね。
質問 ： 女性は何を要求しているか。

(A) 男性が将来再び遅れること。
(B) 彼が遅れるときは彼女に電話すること。
(C) 彼らの状況について彼が心配しないこと。
(D) 彼が彼女のことを LorieではなくStedと呼ぶこと。

TIPS 副詞節を導く接続詞ifの省略 → 倒置

14. 正解（D）★

解説 男性のせりふにある joke は「冗談」という意味のほかに「つまらないこと」という意味もあり、ここでは後者の意味で使われている。女性のせりふは、相手に強く同

Part A

意していることを表す。

スクリプト

M : Don't you think this class is a joke? The textbook is way too elementary and the lectures are a waste of time, too.
W : I couldn't have said it better myself!
Q : What does the woman mean?

スクリプト・選択肢の訳

男性 : この授業はつまらないと思わないかい？　教科書は初歩的過ぎるし、講義も時間の無駄だよ。
女性 : まったく同感だわ！
質問 : 女性は何を意味しているか。

(A) 彼女は一部、彼に反対している。
(B) 彼女は一部、彼に賛成している。
(C) 彼女は彼に強く反対している。
(D) 彼女は彼に強く賛成している。

重要語句

□ elementary　形 初歩的な

---

15. 正解（A）★★★

解説　女性のせりふの後半は「あなたほど化学が得意な学生はいない」という意味なので、女性は化学の問題に対する男性の判断はほかの誰の判断よりも正しいと思っていることがわかる。

スクリプト

M : How would you balance this chemistry equation?
W : Why are you asking me? No other student is better at chemistry than you!
Q : What does the woman answer?

スクリプト・選択肢の訳

男性 : この化学式はどうやって平衡させればいいんだろう？
女性 : どうして私に聞くの？　あなたほど化学が得意な学生はいないのに！
質問 : 女性は何と答えているか。

(A) 問題に対する男性の判断はもっとも正しい。
(B) 彼女は彼が彼女に助けを求めるのではなく、もっと頑張ってほしいと思っている。

Section 1

(C) 彼は彼らがとても相性がいいということについて気付いていない。
(D) 答えを知っている学生がいる可能性は低い。

重要語句
- **balance** 他［化学式を］平衡させる　□ **equation** 名 方程式；等式

---

16. 正解 (C) ★★

解説　男性のせりふは直訳すると「彼（この犬）は、この種類のほかの多くの犬よりはずっと小さい」という意味。正解(C)は、この状態を言い換えている。

スクリプト

W : Is that a German Shepherd?
M : Yeah, but he's a lot smaller than most dogs of his breed.
Q : What does the man explain?

スクリプト・選択肢の訳

女性 : これはジャーマンシェパード？
男性 : ああ、でもこの子はこの種類の犬よりはずっと小さいんだ。
質問 : 彼は何と説明しているか。

(A) 彼の人形はシェパードだが背が高くはない。
(B) 彼の子供は小さなドイツ製のヘアバンドをつけている。
(C) 彼のペットは、同じ種類のほかの犬には似ていない。
(D) 彼の犬は小さなビーズで遊ぶのが好きだ。

重要語句
- **breed** 名（動物などの）種類

---

17. 正解 (C) ★★

解説　女性のせりふの "I wish I could..." は、「そうできればいいんだけど…」という、現実に反する願望を表している。fill out は「書き込む、記入する」という意味の句動詞。grad school は graduate school（大学院）の略。正解(C)では、女性のせりふの application（願書）を important forms（重要な書類）と言い換えている。また、work on は「（仕事など）を行う」という意味の句動詞。

スクリプト

M : Are you going with us to the matinee today?

Part A

W : I wish I could, but I need to fill out these grad school applications so they are in the mail by tomorrow.
Q : What will the woman probably do next?

スクリプト・選択肢の訳

男性：今日の昼公演に僕たちと一緒に行く？
女性：そうできたらいいんだけど、明日までに郵送できるように、大学院の願書を書かなければいけないの。
質問：女性は次に何をすると思われるか。

(A) 結局、男性と一緒に昼公演を見に行く。
(B) 後で映画館に行く。
(C) 重要な書類を仕上げる。
(D) 男性の友人たちと会う。

重要語句

□ matinee 名［演劇や音楽会などの］昼の部

TIPS リスニングの正解は、せりふの内容を違う単語を使って言い換えたものが多い。

---

18. 正解（D） ☆

解説 男性のせりふにある connecting flight（接続便；乗り継ぎ便）、terminal（〈空港の〉ターミナル）や、女性のせりふにある ground staff（地上スタッフ）、flight number（飛行機の便名）などから、この会話は飛行機内で行われていると理解できる。

スクリプト

M : Excuse me, I was wondering if my connecting flight would be in the same terminal as this one.
W : I'll certainly check with the ground staff for you. What is the flight number?
Q : Where does the conversation most likely take place?

スクリプト・選択肢の訳

男性：すみません、私の接続便はここと同じターミナルでしょうか。
女性：地上スタッフに確認しますよ。飛行機は何便ですか。
質問：この会話はどこで行われていると考えられるか。

(A) 電車内で。

Section 1

(B) 船内で。
(C) バス内で。
(D) 飛行機内で。

> **TIPS** 会話が行われている場所についてたずねる問題はキーワードがわかれば答えることができる。

19. 正解（A）★★

解説 男性のせりふにある stand for... は「〜を意味している」の意味の熟語。(B) の stand out は「目立つ」という意味の熟語である。

スクリプト

W : Why is everyone wearing pink today?
M : Pink stands for breast cancer awareness, and today is the Run for the Cure race.
Q : What does the man mean?

スクリプト・選択肢の訳

女性：どうして今日は皆ピンク色を着ているの？
男性：ピンク色は乳がん撲滅を意味していて、今日はラン・フォー・ザ・キュアのレースの日なんだ。
質問：男性は何を意味しているか。

(A) その色は、彼らが今日走ることになっているチャリティイベントを象徴している。
(B) ピンク色はほかの色より目立つので、ランナーたちはその色を選ぶ。
(C) 誰かがガンだと診断されるとき、その検査結果はピンク色で表される。
(D) ピンク色を着て運動をたくさんすることによってガンは治る可能性がある。

重要語句

☐ **breast cancer** 乳がん   ☐ **symbolize** 他 〜を象徴する

20. 正解（C）★★★

解説 男性のせりふは、副詞節を導く接続詞 if が省略されているために倒置が起こっている。if が省略されていなければ、"If I had had a clue about the rats beforehand..." となる。この文は、過去の事実に反する内容を表す仮定法なので、実際には男性はラットのことをまったく知らず、研究に賛成してしまった、という意味になる。(A) は事実とは反対の内容。彼は現在、自分が関わっている研究が環境に優しくないと知っている

ので (D) は不可。

スクリプト

W : I was surprised to hear you are working on a study that uses rats since you are such an avid environmentalist...
M : Had I had a clue about the rats beforehand, I would not have agreed to it.
Q : What does the man mean?

スクリプト・選択肢の訳

女性：あれほど熱心な環境保護主義者のあなたが、ラットを使う研究をしていると聞いて驚いたわ。
男性：前もってラットのことを少しでも知っていたら、賛成しなかったんだけど。
質問：男性は何を意味しているか。

(A) 彼はラットについて前もって知っていた。
(B) 彼はラットの前足を接着剤でくっつけた。
(C) 彼は動物実験が行われることについてまったく知らなかった。
(D) 彼はそれが環境に優しい研究だと信じている。

重要語句

□ **avid** 形 熱心な　　□ **environmentalist** 名 環境保護主義者
□ **clue** 名 ヒント；手がかり　　□ **beforehand** 副 あらかじめ

TIPS 副詞節を導く接続詞 if の省略 → 倒置

21. 正解 (B) ★★

解説 男性のせりふにある rarely は「めったに〜しない」の意味の副詞。**be on a diet** は「ダイエットをしている」の意味。

スクリプト

W : Would you like a cookie?
M : Thanks, but I rarely allow myself to eat sweets these days because I'm on a strict diet.
Q : How does the man respond to the woman's offer?

スクリプト・選択肢の訳

女性：クッキーはいかが？
男性：ありがとう、でも厳しいダイエットをしているから、最近は甘いものはほとんど

Section 1

食べないようにしているんだ。

質問：女性の勧めに対して、男性はどのように応じているか。

(A) 彼はためらいながらダイエット食品を受け入れている。
(B) 彼は礼儀正しくデザートを断った。
(C) 彼は彼女が彼のために料理することについてわくわくしている。
(D) 彼は彼の厳しい母親が亡くなったと言っている。

重要語句
□ **strict** 形 厳しい；徹底的な

TIPS
rarely、seldom、hardly、scarcelyは「めったに～ない」という否定の意味を持つ副詞。

22. 正解（C） ★

解説 女性のせりふでAREが強調されているのは、女性は男性がObamaのファンだったとは知らなかったために驚いていることを表している。

スクリプト

M : Are you going to watch the presidential debate tonight? I bet the president will rock it!
W : So, you ARE an Obama fan!
Q : What had the woman assumed?

スクリプト・選択肢の訳

男性：今夜、大統領候補の討論会を見る？　きっとObamaが上手くやるよ！
女性：あなたってObamaのファンだったのね！
質問：女性は何と推測していたのか。

(A) 男性は討論を見ないだろう。
(B) 男性は政治よりロックンロールが好きである。
(C) 男性はObamaには関心がない。
(D) 男性はObamaの熱烈なファンだ。

重要語句
□ **presidential** 形 大統領の

Part A

23. 正解（D）⭐

解説 早く出かけようとしている女性に対して、男性は「靴がない」と言っているので、男性は靴がなければ出かけられないと思っていることが推測できる。

スクリプト

W : Let's hurry before the bus leaves!
M : Wait! My shoes have totally disappeared!
Q : What does the man mean?

スクリプト・選択肢の訳

女性 ： バスが出てしまわないように急ぎましょう！
男性 ： 待って！ 靴が見当たらないんだ！
質問 ： 男性は何を意味しているか。

(A) 彼は手品をするつもりだ。
(B) 彼は彼女にもっとゆっくり歩いてほしい。
(C) 彼はバスの運転手が靴を盗んだと思っている。
(D) 彼は靴がなければ外出することができない。

---

24. 正解（A）⭐

解説 男性のせりふにある boom とは「（雷などのとどろきの）音」の意味。

スクリプト

W : Wow, look at that lightning! We should get inside.
M : I think it's okay because we haven't heard the boom yet, which means it's far away.
Q : What does the man mean?

スクリプト・選択肢の訳

女性 ： あら、あの稲妻を見て！ 中に入ったほうがいいわ。
男性 ： 雷の音がまだ聞こえないから、大丈夫だと思うよ。つまり、まだ雷は遠くで起こっているってことだよ。
質問 ： 男性は何を意味しているか。

(A) 雷のすぐ後に音が聞こえなかったので、彼らは今のところ安全である。
(B) 彼はラジカセを持って来て、音楽を外で楽しむだろう。
(C) 彼女は神経質な女性で、嵐に巻き込まれるのを恐れている。
(D) 稲妻の直後に音が聞こえると、遠くに離れているという意味である。

Section 1

25. 正解（A）★★★

解説 女性のせりふの後半は、「彼ほどおもしろくない人は誰もいない」、つまり、男性が言うとおり、話題となっている教授はものすごくつまらない、と言っている。否定と比較が同時に使用されているので注意。

スクリプト

M ： Could you stay awake in the history lecture today? Professor McCarthy's voice is so monotone.
W ： Exactly! No one sounds as uninteresting as he does!
Q ： What does the woman mean?

スクリプト・選択肢の訳

男性 ： 今日の歴史の講義中、起きていることができたかい？ McCarthy教授の声はすごく単調だったよ。
女性 ： 本当ね！ 彼みたいにつまらなくすることは誰にもできないわ！
質問 ： 女性は何を意味しているか。

(A) 話題になっている教師はとてつもなく退屈である。
(B) その教授はほかの人よりおもしろい。
(C) McCarthy教授の授業で眠ったことがある人はいない。
(D) 彼が今日行った講義は腸についてのものだった。

重要語句

□ **monotone** 形 一本調子の；単調な

TIPS 否定と比較が両方含まれている文は理解が難しい。落ち着いて意味を捉えよう。

26. 正解（C）★★

解説 男性のせりふの "killing two birds with one stone" は「一石二鳥」の意味の熟語。つまり、男性は宿題も仕事も同時にできる、と言っている。

スクリプト

W ： So you do your homework while you babysit?
M ： Yep, I consider it killing two birds with one stone.
Q ： What does the man mean?

Part A

スクリプト・選択肢の訳

女性 ： つまり、あなたはベビーシッターをしている間に宿題をするの？
男性 ： ああ、一石二鳥だろう。
質問 ： 男性は何を意味しているか。

(A) 彼は石で鳥を殺すことについて考えるのが好きだ。
(B) 彼は宿題をしている間、赤ん坊を殺すことについて考えている。
(C) 彼は勉強と仕事を同時に行う。
(D) 彼の好物のワンタンには2種類の鶏肉が入っている。

重要語句

☐ **synchronously** 副 同時に

---

27. 正解（D）★★

解説 女性のせりふにある tip the scale は「（形勢が）傾く」の意味。また、in one's favor は「その人の有利になるように」の意味。正解(D)の deciding factor（決定的要素）とは、奨学金をもらえる理由となった決定的要素、という意味。

スクリプト

M ： Guess what? I just heard I got a scholarship to play hockey next year!
W ： Congratulations! I think your performance on the last game probably tipped the scale in your favor.
Q ： What does the woman mean?

スクリプト・選択肢の訳

男性 ： 聞いてくれよ。ホッケーが続けられるように奨学金がもらえたって聞いたばかりなんだ。
女性 ： おめでとう！　この間の試合でのあなたのプレイが多分あなたの立場を有利にしたのね。
質問 ： 女性は何を意味しているか。

(A) この間の試合での彼のプレイはよくなかったので、彼女は男性が幸運だったと思っている。
(B) 彼女は彼のキスの技術に感心しており、彼をお祝いしたいと思っている。
(C) 彼は彼女ほど才能がある運動選手ではないので、彼女は少し羨ましいと思っている。
(D) 彼女は最近の彼のプレイが決定的要素になったと信じている。

Section 1

重要語句
- **tip the scale** ［有利に・不利に］局面をかえる
- **favor** 名 好都合；利益；親切心

TIPS "Guess what?"（ちょっと聞いて！）は、日常会話でよく使う表現。

28. 正解（B）☆

解説 男性のせりふのswim（泳ぐ），女性のせりふの"lie down on the lounger"（寝椅子に横たわる）やsunbathe（日光浴をする）などから、この会話はプールサイドで行われていると想像できる。

スクリプト

M : What great weather for a swim! Are you going to get in?
W : I think I'll lie down on the lounger and sunbathe for a while first.
Q : Where does the conversation probably take place?

スクリプト・選択肢の訳

男性：泳ぐのには素晴らしい元気だね！　入るかい？
女性：まずはしばらく寝椅子に横たわって、日光浴するわ。
質問：この会話はどこで行われていると思われるか。

(A) 店で。
(B) プールで。
(C) 客間で。
(D) 浴室で。

重要語句
- **sunbathe** 自 日光浴する

29. 正解（A）☆

解説 男性のせりふのHow about...?は「〜はどうですか」と提案する表現。

スクリプト

W : What should we make for lunch?
M : How about we go out for tapas instead?
Q : What does the man mean?

Part A

スクリプト・選択肢の訳

女性 ： 昼食に何を作りましょうか？
男性 ： 代わりに、タパスを食べに行くのはどう？
質問 ： 男性は何を意味しているか。

(A) 彼はレストランで食事をしたい。
(B) 彼は昼食を食べたくない。
(C) 彼は料理が好きではない。
(D) 彼は上半身裸で出かけるのが好きだ。

TIPS TOEFLによく出る提案表現には、How about…?、Why don't you…?、Let's…! などがある。

---

30. 正解（C） ☆

解説 女性のせりふにある No way! は、状況に応じて「まさか！；嘘！；絶対駄目！」などさまざまな意味を持つが、この問題では驚きを表す表現として用いられている。

スクリプト

M ： I'm going to my younger sister's soccer game tomorrow. She's got the best coach, Coach Fazolli!
W ： No way! I had the same coach when I played soccer in high school.
Q ： What does the woman mean?

スクリプト・選択肢の訳

男性 ： 明日、妹のサッカーの試合に行くんだ。彼女は素晴らしいコーチを得たんだよ、Fazolliコーチだ！
女性 ： まさか！ 私が高校でサッカーをしていたとき、同じコーチだったわ。
質問 ： 女性は何を意味しているか。

(A) コーチは年を取りすぎているのですでに引退しているべきだ。
(B) Fazolliコーチに会ったことについて男性は嘘をついている。
(C) そのコーチのことを知っているので、女性は驚いている。
(D) そのコーチに技術があると信じているということは、妹はまだ子どもだ。

TIPS 複数の意味を持つ表現は文脈に注意して理解しよう。

Section 1

Part B

▶▶ Questions 31-34

31. 正解（B） ⭐

解説 男性は最初に、"I heard this is where I can sign up to be a volunteer."（ここでボランティア活動に申し込むことができると聞いたのですが）と言って学生サービス室を訪ねている。また、"...I really like working with kids, and I am majoring in education, so I thought it would be good to help out in a school or daycare maybe once a week."（…僕は子どもと何かをするのが大好きですし、教育学専攻なので、一週間に一度ほど学校かデイケアセンターで支援をするのがいいと思っていました）と言っている。(A)の小学校でのボランティアの機会については言及されているが、仕事の機会ではない。

32. 正解（C） ⭐

解説 男性は、"...I am majoring in education, so I thought it would be good to help out in a school or daycare maybe once a week."（…教育学専攻なので、一週間に一度ほど学校かデイケアセンターで支援をするのがいいと思っていました）と言っている。夏の間のキャンプでのカウンセリングに関するボランティアについては話題になっているが、女性が新しいカウンセラーを必要としているわけではないので(B)は不適当。

33. 正解（D） ⭐

解説 女性は、"Please take a look through our brochures on the table there. I also recommend searching the database on the computers there to find various programs specific to your interests."（あそこのテーブルの上にあるパンフレットを見てください。あちらにあるコンピュータのデータベースで、あなたの興味に合ったさまざまなプログラムを探すこともおすすめします）と言っている。女性は、"...I recommend applying early."（…早めに申し込むことをおすすめします）とは言っているが、申込書について言及してはいないので(C)は不可。

34. 正解（C） ⭐

男性は会話の最後に、"I understand. Thanks so much for your help."（わかりました。助けていただいてありがとうございました）と述べていることから、女性の説明がよく理解でき、女性に感謝していることがわかる。

Part B

スクリプト

Questions 31 through 34. Listen to a conversation at the student services office.

W : Hi, how can I help you?
M : Yes, I heard this is where I can sign up to be (Q31) a volunteer.
W : You came to the right place. What kind of volunteer work were you thinking?
M : Well, (Q31) I really like working with kids, and (Q32) I am majoring in education, so I thought it would be good to help out in a school or daycare maybe once a week. I am also interested in special programs on weekends and during the university holidays.
W : Wonderful! Well, there are many internships available in local elementary schools. There are also camp counseling jobs in the summer that are popular with university students.
M : Great! How do I find a program that fits my schedule?
W : (Q33) Please take a look through our brochures on the table there. I also recommend searching the database on the computers there to find various programs specific to your interests.
M : I see. There're a lot of options, then.
W : True there are many volunteer opportunities, but they are usually quite competitive, so I recommend applying early.
M : (Q34) I understand. Thanks so much for your help.

スクリプトの訳

学生サービス室での会話を聞きなさい。

女性：こんにちは、どうしましたか。
男性：はい、ここでボランティア活動に申し込むことができると聞いたのですが。
女性：ここで正しいですよ。どのようなボランティア活動に興味がありますか。
男性：そうですね、僕は子どもと何かをするのが大好きですし、教育学専攻なので、一週間に一度ほど学校かデイケアセンターで支援をするのがいいと思っていました。週末や大学が休みの間に行われる特別プログラムにも興味があります。
女性：すばらしいですね！ 地元の小学校でのインターンシップの機会がたくさんありますよ。大学生に人気がある、夏のキャンプでのカウンセリングに関する仕事もあります。
男性：いいですね！ 僕の時間割に合うプログラムを見つけるにはどうすればいいですか。
女性：あそこのテーブルの上にあるパンフレットを見てください。あちらにあるコンピ

Section 1

ュータのデータベースで、あなたの興味に合ったさまざまなプログラムを探すこ
ともおすすめします。
男性：わかりました。たくさんの選択肢があるということですね。
女性：ボランティア活動の機会はたくさんありますが、通常、競争率もかなり高いので、早めに申し込むことをおすすめします。
男性：わかりました。助けていただいてありがとうございました。

質問・選択肢の訳

31. What is the topic of this conversation?
この会話の主題は何か。
- (A) 小学校での仕事の機会。
- (B) 小さい子どもと関わる、無報酬の仕事。
- (C) 学生サービス室のスケジュール。
- (D) デイケアまたはキャンプで風船をシェアすること。

32. Why is the man interested in doing such work?
なぜ男性はそのような活動を行うことに興味があるのか。
- (A) 大学でさらに良い教育を受けたいから。
- (B) 女性が夏の間に新しいカウンセラーを必要としているから。
- (C) 彼のような専攻をしている学生にとって、良い経験となるから。
- (D) 船上で働くことが最近、学生に人気があるから。

33. What does the woman recommend the man do first?
女性は、男性に最初に何をするようにすすめているか。
- (A) 最初の面接の予定を決めること。
- (B) 必要な書類に署名すること。
- (C) 申込書に書き込むこと。
- (D) 興味のあるプログラムを探すこと。

34. How does the man respond to the woman's explanation?
男性は女性の説明についてどのような反応をしているか。
- (A) 彼はそれを不十分だと思っている。
- (B) 彼はそれによってすこし腹を立てている。
- (C) 彼はそれに大変満足している。
- (D) 彼は驚いていると述べている。

Part B

> **重要語句**
> ☐ **sign up** 申し込む ☐ **major in** 〜を専攻する
> ☐ **education** 图 教育；教育学 ☐ **brochure** 图 パンフレット；案内書
> ☐ **satisfactory** 形 申し分のない；十分な

▶▶ Questions 35-38

35. 正解（D）★

解説 話し手たちは同じ物理の試験について感想を述べているので、物理のクラスのクラスメートであることがわかる。

36. 正解（D）★★

解説 女性が、"I think I totally bombed it!"（完全に失敗したと思うわ！）と言ったのに対し、男性も "Yeah, I agree."（ああ、僕もそう思うよ）と答えていることから、ふたりとも試験で失敗したと考えていることがわかる。

37. 正解（B）★

解説 男性は、"I really need to pass this class this semester because it's a required course for my major."（僕の専攻では必修クラスだから、どうしても今学期合格しなければいけないんだ）と言っていることから、落第の可能性について心配していることがわかる。男性は、ほかの学生と勉強会をすることについては賛成しているので(A)は不可。追加の点数のための課題をすることは、男性が望んでいることであるので(C)も不適当。

38. 正解（C）★★★

解説 男性は、"I know a few others in the class who might be interested in that, as well. I'll check with them…"（クラスの中で興味を持ちそうな人を何人か知っているよ。彼らと話して…）と言っているので、勉強会に興味がありそうなほかのクラスメートに声をかけようとしていることがわかる。男性が女性に連絡するのは、ほかのクラスメートと話した後であるので(A)は不可。

> **スクリプト**

Questions 35 through 38. Listen to a conversation between a man and a woman.
M ： Hi, Carol. How'd you do on the physics test?
W ： (Q36) I think I totally bombed it! The last few questions were particularly

Section 1

M	: (Q36) Yeah, I agree. I didn't understand the last one at all. Was it asking us to calculate the velocity or acceleration of the particle?
W	: I think both. We have to figure out the velocity first in order to calculate the acceleration. But once I did that my answer seemed way off. I must have gotten the formula wrong or something.
M	: Yeah, I always screw up the formulas somehow. Oh well… Maybe the instructor will let us do an extra credit assignment to make up our grade.
W	: Well, we can ask, but I don't think it's an option. I hear the instructor is really strict.
M	: Gosh, I hope not. (Q37) I really need to pass this class this semester because it's a required course for my major.
W	: Me, too. How about we start a study group to better prepare for the next test?
M	: Yeah, I'd like to. (Q38) I know a few others in the class who might be interested in that, as well. I'll check with them and get back to you about possible days and times.
W	: Sounds good!

> **スクリプトの訳**

男性と女性の会話を聞きなさい。

男性：やあ、Carol。物理の試験はどうだった？

女性：完全に失敗したと思うわ！ 最後のいくつかの問題は特に難しかったわね。

男性：ああ、僕もそう思うよ。最後のはまったくわからなかった。あれは粒子の速度を計算するべきだったの、それとも加速度？

女性：両方だと思うわ。まず加速度を計算するためには、まず速度を計算しなければいけないもの。でも、そうしてみたら、私の答はまったく間違っているように見えたの。きっと、公式を間違えたか何かだと思う。

男性：うん、僕もいつもなぜか公式がわからなくなるんだ。多分、先生は成績の埋め合わせのために、追加の点数をもらえる課題をやらせてくれるよ。

女性：そうね、お願いしてみることはできるけど、それは無理だと思うわ。先生はすごく厳しいって聞いたもの。

男性：そうじゃないことを祈るよ。僕の専攻では必修クラスだから、どうしても今学期合格しなければいけないんだ。

女性：私もよ。次のテストの準備をもっときちんとできるように、勉強会をするのはどう？

男性：いいね。クラスの中で興味を持ちそうな人を何人か知っているよ。彼らと話し

Part B

て、どの日時にできそうかを知らせるよ。
女性：了解！

> 質問・選択肢の訳

35. What is the apparent relationship between the speakers?
話し手たちはどのような関係か。
(A) 恋人関係。
(B) まったく知らない者どうし。
(C) 先生と生徒。
(D) クラスメイト。

36. How did the speakers think they did on the test?
話し手たちは、試験について何と考えているか。
(A) ふたりともうまくいったと考えている。
(B) 男性はうまくいったと考えているが、女性は思わしくなかったと考えている。
(C) 女性はうまくいったと考えているが、男性は思わしくなかったと考えている。
(D) ふたりとも思わしくなかったと考えている。

37. What possibility is the man worried about?
男性はどのような可能性について心配しているか。
(A) ほかの人と勉強すること。
(B) クラスを落第すること。
(C) 追加の点数のための課題をすること。
(D) 厳しい先生になること。

38. Who is the man most likely to talk to next?
男性が次に話すと思われるのは誰か。
(A) この女性。
(B) 先生。
(C) ほかのクラスメート。
(D) 彼が好意をもっている女性。

> 重要語句

□ **bomb** 自 失敗に終わる　　□ **involved** 形 関係がある

> **TIPS** 話し手が次に何をすると思われるか、という問題はよく出る。会話を聞くときは時間軸を意識して理解しよう。

Section 1

Part C

▶▶ **Questions 39-42**

39. 正解（D） ★★

解説　講義では最初から最後まで課題のレポートがどういうものであるかについて説明されている。(A)のpeer review（相互評価）は次回の授業中に行われる授業活動。レポートが5つのパラグラフから成り立つべきであるとは言っているが、どのようにパラグラフを書くかについての説明はないので(C)は不可。

40. 正解（C） ★★

解説　講師は、"Some of you have struggled to find logical ways to arrange those paragraphs and the sentences in them."（皆さんのうちの何人かは、これらのパラグラフやパラグラフ内の文を論理的に構成する方法を見つけるのに苦労しているようですね）と言っている。

41. 正解（C） ★★★

解説　講師は、"...please remember that the essays are supposed to be 5 paragraphs, no more, no less."（…このレポートは5つのパラグラフから成り立っているべきで、それ以上でも以下でもないことを覚えておいてください）と言っているので、(C)の内容は勧めていない。「少なくとも5つのパラグラフからなるレポートを書くこと」というのは、パラグラフが6つ以上になる可能性を許容しているということである。

42. 正解（C） ★★★

解説　消去法によって正解を導き出すことが可能。講師は "The comments I gave you on your first drafts and outlines should help..."（私が皆さんの第1草稿とアウトラインにつけたコメントが助けになると思いますが…）と言っているので、レポートの第1草稿とアウトラインはすでに提出された課題であることがわかり、(A)と(D)は不可。レポートの第2草稿は次回の授業の最初が締切となっているため(B)は不適当。そして、次回の授業中に相互評価が行われるので、その後の課題となりうるのは(C)のみである。

スクリプト

Questions 39 through 42. Listen to a talk given by a university instructor.

This is just a reminder that your second drafts of the cultural differences essay are

Part C

due at the beginning of the next class. Please refer to your assignment sheets. You will see that the total word count should be 1,000 to 1,200 words, and this applies to both your second and third or final drafts. Also, (Q41) please remember that the essays are supposed to be 5 paragraphs, no more, no less. (Q40) Some of you have struggled to find logical ways to arrange those paragraphs and the sentences in them. (Q42) The comments I gave you on your first drafts and outlines should help, but if you are still confused about how to reorganize your papers, please come talk to me as soon as possible.

Furthermore, you will see on the schedule that we will do a peer review during the next class. If you do not bring your completed second draft to class that day, you will not be able to participate in the peer review activity, so it is important to stick to the deadline. As always, if you have any questions or concerns, please see me after class, during my office hours or discuss them with me via email.
Good luck!

スクリプトの訳

大学の講師による講義を聞きなさい。
　文化差に関するレポートの第2草稿は、次の授業が始まるときが提出期限だということを念のために確認しておきたいと思います。課題の説明書を参照してください。単語数の合計は1000から1200で、これは第2草稿、第3草稿または最終稿にも当てはまります。また、このレポートは5つのパラグラフから成り立っているべきで、それ以上でも以下でもないことを覚えておいてください。皆さんのうちの何人かは、これらのパラグラフやパラグラフ内の文を論理的に構成する方法を見つけるのに苦労しているようですね。私が皆さんの第1草稿とアウトラインにつけたコメントが助けになると思いますが、どのようにレポートを再構成するかについて今も混乱しているのであれば、なるべく早くに私と話をしに来てください。
　また、予定表にあるように、次の授業中に学生どうしで第2草稿の相互評価を行います。もし、その日に完成した第2草稿を持って来なかった場合は、相互評価に参加することができませんから締切を守ることが大切です。いつものように、何か質問や心配事があったら授業の後か私のオフィスアワーに会うか、メールで話し合いましょう。
では頑張って！

質問・選択肢の訳

39. What is the main topic of the talk?
この講義の主題は何か。

Section 1

(A) 相互評価の予定について。
(B) 異なる文化について。
(C) どのようにパラグラフを書くかについて。
(D) 課題レポートについて。

40. According to the teacher, with what have some students had difficulty?
講師によると、数人かの学生は何について困難を感じているか。
(A) レポートの主題を理解すること。
(B) 締切を守ること。
(C) パラグラフの構成について。
(D) 必要な単語数を満たすこと。

41. What does the instructor NOT encourage the students to do?
講師が学生に勧めていないことはどれか。
(A) 第2草稿を時間どおりに提出すること。
(B) 講師のコメントを理解すること。
(C) 少なくとも5つのパラグラフから成るレポートを書くこと。
(D) 質問があったら講師に連絡すること。

42. What will probably be the assignment after the peer review?
相互評価の後の課題は何になると思われるか
(A) レポートの第1草稿。
(B) レポートの第2草稿。
(C) レポートの第3草稿。
(D) レポートのアウトライン。

重要語句

- **reminder** 名 [思い出させるための] 注意；合図
- **draft** 名 下書き；草稿
- **logical** 形 論理的な
- **struggle** 自 もがく；悪戦苦闘する
- **arrange** 他 整える；配置する

▶▶ Questions 43-46

43. 正解（C） ★★

解説 講義では、紙とプラスチックという素材それぞれの利点と欠点が述べられている。(A)についても述べられてはいるが、紙素材の問題点として挙げられているのみで、講義の主題ではない。

44. 正解（B）★★

解説 プラスチック素材には発ガン性物質が含まれていると述べられている。

45. 正解（A）★

解説 versatility とは「多用途性」を意味する。"versatility" の意味を知らなくても、その直後に出てきた "This multi-purpose quality of plastic..."（このさまざまな目的に使用できるというプラスチックの性質は…）という箇所を注意して聞いていれば正解が選べる。難しい単語が出てきた場合は、直後に定義・説明がなされる場合が多いので、諦めずに聞こう。

46. 正解（A）★★★

解説 最近の研究によりプラスチックには発ガン性物質が含まれていることがわかり、その結果、"This limits...the number of times plastic can be reused, thus voiding any long-term benefit of plastic's durability..."（これにより…プラスチックが再利用される回数が制限されました。つまり、プラスチックの耐久性からもたらされる長期的利点がなくなってしまい…）と述べられている。

スクリプト

Questions 43 through 46. Listen to a lecture given in an environmental studies class.

When asked the question at the supermarket, "Paper or plastic?", which do you choose? There are actually benefits and drawbacks to each material, and they are important to consider for economic, environmental, and health reasons.

Everyone knows that paper products come from trees, but fewer are aware that some paper products also come from cotton. Granted trees and cotton are natural, and exposure to them typically does not pose any health threats, both deforestation and the rise in cotton farming are concerns for environmentalists everywhere. The prices of paper products have for the most part remained reasonably low for now, but as natural resources become more scarce over time, the costs will likely rise for both manufacturers and consumers.

Modern technology has embraced plastic manufacturing due to its (Q45) versatility. This multi-purpose quality of plastic has led to the higher demand for and mass production of the material, which ultimately yields higher profits for the

Section 1

manufacturers. Too good to be true? Unfortunately, recent scientific studies have shown that plastic contains carcinogens, which can leak into food via packaging, especially at higher temperatures, such as in a microwave or even under the hot sun. (Q46) This limits the way consumers can use the containers risk-free and the number of times plastic can be reused, thus voiding any long-term benefit of plastic's durability and making it environmentally unfriendly.

スクリプトの訳

環境学の授業で行われた講義を聞きなさい。

　スーパーマーケットで「紙袋にしますか、それともビニール袋にしますか」と聞かれたら、どちらを選びますか。実際、どの素材にも利点と欠点があり、それらは経済、環境、健康の観点から考慮されることが重要です。

　紙製品が木からできているということについては、皆知っていますね、でも、一部の紙製品は綿花からできていることを知っている人はあまり多くありません。木も綿花も自然のものなので、これらに触れていても通常健康への害はありませんが、森林破壊と綿花栽培の増加はさまざまな場所の環境保護論者たちに懸念されています。紙製品の価格は今のところ、大部分においてある程度低く抑えられていますが、自然資源が時間とともに減少していくと、製造者にとっても消費者にとっても価格は上がっていくでしょう。

　現代の科学技術は、その用途の広さによってプラスチックを重宝してきました。この、さまざまな目的に使用できるというプラスチックの性質は、より多くの需要とこの素材の大量生産をもたらし、最終的には製造者により多くの利益をもたらしました。都合がよすぎて信じられませんか。残念なことに、最近の科学的研究によると、プラスチックは発ガン性物質を含んでおり、特に高温になったとき、たとえば電子レンジや太陽に晒されただけでも、それがパッケージを通じて食べ物に漏れ出す可能性があるということです。これにより、消費者がリスクを負うことなくこのような容器を使ったり、プラスチックが再利用される回数が制限されました。つまり、プラスチックの耐久性からもたらされる長期的利点がなくなってしまい、プラスチックは環境に優しくない素材となったのです。

質問・選択肢の訳

43. What is the lecture mainly about?
　　この講義の主題は何か。
(A) 森林破壊と綿花栽培の増加。
(B) 紙ゴミとプラスチックゴミの清掃。
(C) 製品素材の利点と欠点。
(D) 買い物中の節約。

Part C

44. According to the lecture, which product can be thought of as a health risk?
講義によると、何でできた製品が健康上のリスクであると考えられるか。
(A) 紙。
(B) プラスチック。
(C) どちらでもない。
(D) 両方。

45. What is the meaning of "versatility"?
"versatility" とは何を意味しているか。
(A) 多くの機能や目的をもっていること。
(B) 環境に対して優しいこと。
(C) 安価であること、または手頃な価格であること。
(D) 人の健康によいこと。

46. According to the lecture, why is plastic's durability "voided"?
講義によると、なぜプラスチックの耐久性は「無効に」なったのか。
(A) それは何回も再利用されるべきではないので、耐久性を持つ必要がない。
(B) プラスチックは耐久性があるので、われわれはプラスチックを避けるべきだ。
(C) プラスチックは、電子レンジまたは太陽によって熱されると、もはや耐久的ではない。
(D) 素材に耐久性があるということは健康に対するリスクがあるということである。

重要語句

- **deforestation** 名 森林破壊
- **embrace** 他 〜を受け入れる；〜を採用する
- **versatility** 名 多用途性
- **void** 他 〜を取り消す；〜を無効にする
- **manufacturer** 名 製造業者
- **carcinogen** 名 発がん物質
- **durability** 名 耐久性

TIPS 難しい単語が出てきても、たいてい直後に易しい表現で言い換えられる。あきらめずに聞き続けよう。

▶▶ Questions 47-50

47. 正解（B）★★

解説 経済学を専攻としている学生に対するトークであるが、内容が初歩的なので (B) が正解。アメリカの大学では、1年生を freshman、2年生を sophomore、3年生を junior、4年生を senior と呼ぶ。

Section 1

48. 正解（D） ★★

解説 オフィスの役割について述べた箇所である "We are not just here to explain the Economics major requirements, but we also recommend courses, assist with difficulties you may have in choosing courses, and discuss internships and career opportunities with you."（私たちは経済学専攻の必要要件について説明するためだけにここにいるわけではなく、クラスを推薦したり、クラスを選ぶときの問題を解決するための助けとなったり、インターンシップや就業機会について議論したりします）の career opportunities が正解(D)で future jobs と言い換えられている。

49. 正解（A） ★★★

解説 消去法で考えよう。"You may already be aware that you need 120 credits to graduate with a Bachelor's degree in Economics."（皆さんはすでに、経済学の学士号を取得して卒業するためには、120単位が必要であるということに気づいているかもしれませんね）とあるので(B)は不可。"...you must maintain an overall grade point average of at least 2.0 to graduate."（…卒業するためには、全体として最低でも2.0の成績平均点を維持しなければなりません）とあるので(C)も内容通り。"Since you have declared your major as Economics, you will be coming to this office for mandatory academic advising..."（皆さんは経済学を専攻することに決めたわけですから…必須となっているアカデミックアドバイジングを受けるために、このオフィスに来ることになります）とあるため(D)もパッセージの情報と合致する。アカデミックアドバイジングが mandatory（義務的な）であることを注意して聞き取ろう。

50. 正解（D） ★★

解説 次に何を行うと思われるか問う問題の答えは、トークの最後の部分にある可能性が高い。トークの最後の部分で "Take a look through the course catalog and this handout..."（コースカタログ…を読んでください）と述べているので、そのためにはまずコースカタログを配布しなければならない。

スクリプト

Questions 47 through 50. Listen to a talk by an academic advisor.

Hello, and welcome. (Q49) Since you have declared your major as Economics, you will be coming to this office for mandatory academic advising for the next four years. (Q48) We are not just here to explain the Economics major requirements, but we also recommend courses, assist with difficulties you may have in choosing courses, and discuss internships and career opportunities with you.

Part C

You may already be aware that (Q49) you need 120 credits to graduate with a bachelor's degree in Economics. That means taking on average 15 credits per semester, 30 credits per year. In addition, simply signing up for and attending these courses is not enough. (Q49) Usually a "C" grade—not C minus—is required to get credit. And you must maintain an overall grade point average of at least 2.0 to graduate.

(Q50) Take a look through the course catalog and this handout that explains the core courses for Economics majors. Then, let's sit down and map out your plan for the next four years. Hopefully, by the time you leave here today, you will have registered for your fall term courses and have a good idea of what to expect as an Economics major.

スクリプトの訳

アカデミックアドバイザーによるトークを聞きなさい。

　こんにちは、そしてようこそ。皆さんは経済学を専攻することに決めたわけですから、これから4年間、必須となっているアカデミックアドバイジングを受けるために、このオフィスに来ることになります。私たちは経済学専攻の必要要件について説明するためだけにここにいるわけではなく、クラスを推薦したり、クラスを選ぶときの問題を解決するための助けとなったり、インターンシップや就業機会について議論したりします。

　皆さんはすでに、経済学の学士号を取得して卒業するためには、120単位が必要であるということに気づいているかもしれませんね。これは、平均して1学期間に15単位を、そして1年間に30単位を履修するということです。それに、クラスにただ登録して出席するだけでは十分ではありません。通常、単位を取得するためにはC評定が――Cマイナスではありませんよ――必要なのです。そして、卒業するためには、全体として最低でも2.0の成績平均点を維持しなければなりません。

　コースカタログと経済学専攻のコアコースについて説明したこの資料を読んでください。その後、座って、皆さんのこれからの4年間について計画しましょう。願わくば、今日皆さんがここから出ていくまでには、秋学期のコースについて登録をすませ、経済学専攻の学生として何をしなければいけないかについて理解できているといいですね。

質問・選択肢の訳

47. For whom is this talk most likely intended?
　　このトークは誰のためのものと思われるか。

Section 1

(A) 生態学専攻の学生。
(B) 大学1年生。
(C) アドバイスを行う教授。
(D) 大学院生。

48. What does the office referred to in the talk offer students?
トークの中で言及されているオフィスは学生に何を提供するか。
(A) キャンパス内のすべてのプログラムについての情報。
(B) 勉強についていけない場合の、経済学に関するチュータリング。
(C) 最低限の努力で評定Cを取得するためのコツ。
(D) 将来の仕事を見つけるための支援。

49. Which of the following is NOT mentioned as a requirement for Economics majors?
経済学専攻において必要要件とされていないのは以下のどれか。
(A) 有給のインターンシップの経験。
(B) 合計で120単位。
(C) 平均合格点。
(D) アカデミックアドバイジングのセッション。

50. What will the speaker most likely do next?
話し手が次に行うと思われることは何か。
(A) 聴衆に別れの挨拶をする。
(B) 彼のオフィスに戻る。
(C) 紹介のスピーチをする。
(D) コースカタログを配る。

重要語句

- **declare** 他 宣言する
- **handout** 名 資料
- **mandatory** 形 義務的な

Section 2
Structure

1. 正解（A）★★

解説 空欄はwithから始まる前置詞句の中にあるので、ここに動詞を入れて節を作ることはできない。(A)を選択し、「勝者となったフランス」という意味を作る。thatは、関係代名詞節または名詞節を導く接続詞なので(D)は不可。

完成文と訳

Most European countries were involved in the Napoleonic Wars at the beginning of the 19th Century, and with France as the victor, Napoleon was able to secure ruling positions across the continent for his friends and family.

19世紀初頭、多くのヨーロッパの国々がナポレオン戦争に関わったが、フランスが勝者となったので、ナポレオンは大陸全体の支配者としての地位を友人と友達のために確保することができた。

重要語句
- **victor** 名 征服者

2. 正解（B）★

解説 with the exception of...は「〜を例外として」という意味の定型表現。of以下には名詞が入る。

完成文と訳

With the exception of the Galapagos penguin, wild penguins live primarily in the colder regions of the Southern Hemisphere.

ガラパゴスペンギンを例外として、野生のペンギンは主に南半球の寒い地域に暮らしている。

重要語句
- **Southern Hemisphere** 南半球

3. 正解（A）★★

解説 副詞節を導く接続詞whileから文が始まっているので、空欄以降には主節が必要である。すでにcomposesという動詞があるので、空欄には主語となりうる(A)を入

れる。(B)、(C)、(D) はすべて接続詞から始まっているので不可。

> 完成文と訳

While life and the activity of living creatures occurs on or within the rocky crust of the Earth, the crust only composes 1% of the Earth's volume, and the fiery mantle and core below it compose the other 99%.

生命体が存在し、その活動が行われているのは、地球上の岩でできている地殻の上かその内側でのことだが、この地殻は地球全体の容積の1パーセントでしかなく、燃えさかるマントルとその下にある地核がその他の99パーセントを占めているのである。

> 重要語句
> □ **crust** 名 地殻　　□ **mantle** 名 マントル

4. 正解（D）★★★

解説 関係代名詞に関わる問題。「その当時の数百の法律の影響」という意味にしたいので、関係代名詞の直前に前置詞ofが必要である。物が先行詞の場合の関係代名詞は、通常whichでもthatでも使用可能であるが、前置詞の直後に関係代名詞が来る場合はwhichしか使えない。

> 完成文と訳

The Babylonian Code of Hammurabi was written on clay tablets around 1772 BC. and documents a few hundred laws of that time, some traces of which are still evident in the current American legal system.

紀元前1772年頃、粘土板に書かれた、バビロニアのハムラビ法典はその当時の数百の法律を記録しているが、現在のアメリカの法体制においても未だ、その影響が見られる。

5. 正解（D）★

解説 「〜することの理由は」はthe reason for＋動詞の現在分詞（-ing形）で表されるので正解は(D)。(A)は副詞節または名詞節を導く接続詞、(B)は名詞節を導く接続詞。問題文にはすでに "when people would carve turnips and potatoes into scary faces to ward away evil" という副詞節があるので、空欄を含んだ文の前半部分は主節でなければならない。(C)のdateは「日付；時代」の意味で、これを選択すると文の意味が通らなくなる。

> 完成文と訳

The reason for carving pumpkins into jack-o-lanterns at Halloween dates back to centuries ago in Ireland and Scotland when people would carve turnips and potatoes into scary faces to ward away evil.

ハロウィーンにかぼちゃを顔のついたちょうちんになるようにくりぬく理由は、数世紀前、アイルランドとスコットランドで、人々が邪悪なものを振り払うためにカブとじゃがいもを不気味な表情にくりぬいていたことに遡る。

重要語句
- ward 他 〜を避ける

6. 正解（B）★

解説 空欄以降は pizza を詳しく説明する分詞構文。(A) は動詞 name（〜を名付ける）の現在分詞、(B) は過去分詞。どちらも分詞であるが、ピザは「名付けられた」ので、受動態の意味をもつ過去分詞がふさわしい。(C) は "that is named" と受動態を含んだ関係代名詞節になっていれば正解となりうる。(D) も "which is named" であれば正解となりうる。

完成文と訳

Margherita of Savoy reigned as Queen of Italy from 1878 to 1900 and has a pizza named after her in the colors of the Italian flag: tomatoes for red, basil for green and mozzarella cheese for white.

Margherita of Savoy は 1878 年から 1900 年までイタリアの女王として君臨し、赤いトマト、緑のバジル、白いモッツァレラチーズがのっている、イタリアの国旗の色をしたピザは彼女にちなんで名づけられた。

重要語句
- reign 自 支配する

7. 正解（B）★

解説 空欄に動名詞である (B) を入れることによって、空欄から "the South Korean College Scholastic Ability Test" を文の主語とする。動名詞には通常、冠詞はつかないので (C) は不可。

完成文と訳

Passing the South Korean College Scholastic Ability Test, or "suneung", is so crucial to a South Korean's future that the pressure to do well has made the suicide rate of these young adults the highest in the world.

Section 2

韓国の大学入学適性試験"suneung"に合格することは、韓国人の将来にとって極めて重大であり、合格しなければならないというプレッシャーが若者の自殺率を世界一にしたほどである。

重要語句
- crucial 形 極めて重要な

TIPS 動名詞には通常、冠詞はつかない。

8. 正解（C）☆

解説 空欄はbe動詞の直後なので、形容詞endlessを入れる。(D)は、the processが単数であるため、ending（終わり）が複数であるのは間違い。without an endingと単数であれば正解となりうる。

完成文と訳

A real number is finite and, therefore, different from infinity (i), but the sequence of real numbers is infinite because the process of counting real numbers can be endless.

実数は有限であるので、無限 (i) ではないが、実数を数える過程には終わりがないので、実数から成る数列は無限である。

重要語句
- finite 形 限界のある
- sequence 名 数列

9. 正解（C）☆

解説 not only A but also Bで「AばかりでなくBも」の意味。主語はriseと単数であるので、(C)が正解。空欄直前にある複数名詞sitesに引きずられて(D)を選ばないよう注意。

完成文と訳

The rise in social networking sites have not only been beneficial to those looking to make friends or market their business skills, but it has also aided human traffickers in building the second-most lucrative industry in the world.

ソーシャルネットワーキングサイトの増加は友人を作ったり、自らの経営技術を売り込んだりしたいと思っている人々に有益であるだけでなく、人身売買業者が世界で2番目に利益の大きな産業を成立させる助けにもなっている。

Structure

> **重要語句**
> □ **lucrative** 形 もうかる；金になる

10. 正解（D）⭐

解説 空欄の直前に前置詞ofがあるので、空欄には名詞または名詞相当句を入れる必要がある。選択肢の中で名詞の代わりになるのは動名詞の(D)のみである。

完成文と訳

Existentialism involves both the self-concerned exploration into one's own actions and the selfless notion of being responsible for one's own actions.

実存主義は、自己中心的に自分の行動を解釈したり、逆に無私無欲に自分の行動に対し責任を持ったりすることである。

> **重要語句**
> □ **notion** 名 観念

11. 正解（C）⭐⭐

解説 選択肢はすべて動詞。"the basic content the paper will cover" と "the overall direction the paper ＿＿＿＿" が接続詞andで結ばれているので、並列構造を作るようにする。

完成文と訳

The purpose of an essay map in the introduction paragraph is to show readers the basic content the paper will cover and the overall direction the paper will take.

エッセイの導入部で、エッセイの内容を紹介する目的は、エッセイの基本的な内容と全体的な方向性について読者に伝えることである。

> **TIPS** 接続詞and、but、orなどの前後には、並列構造をつくる。

12. 正解（C）⭐

解説 空欄には動詞が必要であるが、まず文の前半部分の主語がconceptと単数になっていることを確認し、ここで選択肢(B)と(D)を除外する。次に時制の確認であるが、蒸気機関の概念は「数千年の間」つまり過去から現在にわたって存在しているということなので、現在形の(A)ではなく、現在完了形の(C)が正解。

TEST 3

Section 2

完成文と訳

The concept of steam engines has been around for thousands of years, but Thomas Newcomen was responsible for creating a version in 1712 that eventually made the Industrial Revolution possible.

蒸気機関の概念は数千年の間存在しているが、最終的に産業革命を可能にしたのは、1712年にThomas Newcomenが責任者として創った型である。

重要語句

☐ **Industrial Revolution** 産業革命

TIPS 現在完了形は現在と過去を結ぶ。

---

13. 正解（D） ☆

解説 主語はinvestigations、動詞はareとして文がすでに成立しているので、空欄には(A)や(B)の動詞を入れることはできない。意味に注意しながら読むと、空欄以降 "Kiribati land theories" までは、The investigationsの具体例であることがわかるので、例を挙げるときに使う表現である(D)を選択する。(C)は、The investigationsに数を一致させたwhich areであれば正解になりうる。

完成文と訳

The investigations into the disappearance of Amelia Earhart, such as the crash and sink and Kiribati land theories, are as famous as her status as the first female pilot to fly solo across the Atlantic Ocean.

行方不明になったAmelia Earhartの捜索中に唱えられた、「墜落したのではないか」、「不時着水したのではないか」、または「キリバスに到着したのではないか」といった仮説は、大西洋を単独飛行した最初の女性パイロットである彼女自身と同じくらい有名である。

重要語句

☐ **investigation** 名 捜査

TIPS such as...は具体例を挙げるときに使う。

---

14. 正解（A） ☆

解説 in returnは「お返しに」という定型表現。(B)と(D)を選ぶと空欄後の動詞

receiveにつながらない。(C)を選択すると、"the fungi protect the algal cells"という節の直後に、接続詞もないまま動詞をつなげることになってしまうので不可。

> 完成文と訳

Lichens are the symbiotic relationships formed between fungi and algae, so the fungi protect the algal cells <mark>and in return</mark> receive photosynthetic energy from the algae.

地衣類とは、菌類と藻類との間で築かれる共生的関係のことで、菌類は藻細胞を保護し、その代わりに藻類から光合成によるエネルギーを受け取る。

> 重要語句
> - lichen 名 地衣類
> - fungus 名 菌類［複数形：fungi］
> - algal 形 藻（類）の
> - symbiotic 形 共生の
> - alga 名 藻［複数形：algae］
> - photosynthetic 形 光合成の

TIPS 英語には、不規則な複数形も多く存在する。出会うたびに覚えよう。

15. 正解（B）★★

解説 空欄の前に前置詞onがあること、空欄後に主語と動詞があることから、空欄には名詞節を導く接続詞が必要。選択肢はすべて名詞節を導く接続詞となりうるが、「どこで発生したか」という意味になるように(B)を選択する。

> 完成文と訳

Typhoons, hurricanes and cyclones are all thunderstorms of rotating wind and a calm center or "eye", but the distinction between these three storms is based on <mark>where</mark> they originate.

台風、ハリケーン、温帯性低気圧はすべて回転性の風と静かな中心または「目」をもつ激しい雷雨であり、これら3種類の雷雨は、どこで発生したかによって区別される。

TIPS 前置詞の直後にある節は名詞節。

Written Expression

16. 正解（D） consumed → are consumed ★

解説 カロリーは「消費される」ので、(D)はbe動詞を足して、受動態を作る。

Section 2

正しい文と訳

Regardless of the fact that fructose and sucrose are calorically equal, because fructose tastes sweeter than sucrose, less fructose is required, and therefore, fewer calories <mark>are consumed</mark>.

果糖とショ糖のカロリーは等しいが、果糖のほうがショ糖よりも甘く感じるので、必要量が少なくてすみ、その結果消費カロリーも少なくなる。

重要語句

- □ **regardless of** 〜にかかわらず
- □ **fructose** 名 果糖
- □ **sucrose** 名 ショ糖

17. 正解（D） is bradycardia → is said to have bradycardia ★★

解説 "over 100 beats a minute is said to have tachycardia" と "below 60 beats a minute..." が接続詞 and でつながれているので、<mark>並列構造が必要となる。</mark>

正しい文と訳

An adult with a resting heart rate of over 100 beats a minute is said to have tachycardia and below 60 beats a minute <mark>is said to have bradycardia</mark>.

安静時の心拍数が1分間に100以上の成人は、頻脈であると評価され、1分間に60以下の場合は徐脈であると評価される。

18. 正解（C） who's → whose ★

解説 mission（使命）は "well-known actors...or athletes" が持っているものなので、<mark>所有格の関係代名詞 whose が必要。</mark>who's と発音が同じなので、混乱しないように。

正しい文と訳

The United Nations Goodwill Ambassadors, or "Messengers of Peace", are generally well-known actors, musicians, artists, writers or athletes <mark>whose</mark> mission is to engage in international friendships, humanitarian relief and other diplomatic relations.

国連の親善大使、または「平和の使者」は通常、有名な俳優、音楽家、芸術家、作家、またはスポーツ選手で、彼らの使命は国際親善、人道援助、そしてその他の国際関係に従事することである。

重要語句

- □ **humanitarian relief** 人道援助
- □ **diplomatic** 形 外交の

Written Expression

> **TIPS** Written Expressionには発音に関する「ひっかけ」も存在する。

19. 正解（D）is part → is partly ★

解説 (D)はis to blame（〜の原因である）という動詞を修飾しているので、副詞が必要である。

正しい文と訳

Never has the average cost of college tuition in America been this high, and the lack of government funding is partly to blame.

アメリカの大学の平均授業料がこれほど高額であったことはかつてないが、政府の財政援助不足がその一因である。

20. 正解（C）when the renowned → where the renowned ★★

解説 関係代名詞節 "the renowned Masters Tournament is held annually" の先行詞は "Augusta National Golf Club in Georgia" という「場所」なので、関係代名詞はwhereが必要。

正しい文と訳

In October of 2012, Condoleezza Rice and Darla Moore became the first two female members of the 80-year-old Augusta National Golf Club in Georgia, where the renowned Masters Tournament is held annually.

2012年10月、Condoleezza RiceとDarla Mooreのふたりは、有名なマスターズ・トーナメントが毎年開催されている、ジョージア州で80年の歴史を持つAugusta National Golf Clubの初めての女性会員となった。

重要語句
- □ renowned 形 名高い

> **TIPS** 先行詞が「場所」の場合の関係代名詞はwhere。

21. 正解（B）the world population is ever-increasing → the ever-increasing world population ★★

解説 considering という単語の後、「これまでになく増加している世界の人口」、the advanced societies' dependence on oil、the evidence という3つの要素を並列にする必要がある。最後の2つが名詞なので、1つ目も名詞にするためにever-increasing

Section 2

world population と修正する。

正しい文と訳

The concern about the Earth's oil supply running dry is valid considering the ever-increasing world population, the advanced societies' dependence on oil and the evidence that some areas have already surpassed their peak oil levels.

世界の人口がこれまでになく増加していること、発展した社会が石油に依存していること、そして一部の地域ですでにピーク水準を超える石油が消費されているという証拠があることから考えると、地球の石油の供給が渇枯するのではないかという懸念があるのはもっともである。

---

22. 正解（B）costed → cost ☆

解説 動詞costは不規則動詞であり、過去分詞はcostedではなくcostである。

正しい文と訳

There has been a rise in piracy near the coast of Somalia, which has cost international shipping companies an estimated 6 to 7 billion dollars a year.

ソマリア沖での海賊行為が増加したので、国際的な輸送会社には1年に約60億から70億ドルの負担がかかっている。

重要語句

☐ **piracy** 名 海賊行為；著作権侵害

---

23. 正解（D）was born → were born ☆☆

解説 文の最後の部分の主語はnoneであるが、その後にthemという複数を表す代名詞がofによってつながっている。このような場合、文法的には主語のnoneも複数であると捉えるので、動詞はwereとなる。

正しい文と訳

In 1950, around 50% of Little Italy residents identified as Italian-Americans, and around 20% of them were born in Italy, but by 2010, only 5% of the residents identified as Italian-Americans, and none of them were born in Italy.

1950年には、イタリア人街の住民の約50パーセントはイタリア系アメリカ人であり、その約20パーセントはイタリアで生まれていたが、2010年には、住民の5パーセントのみがイタリア系アメリカ人とされ、そのうちイタリアで生まれた者は誰もいなかった。

Written Expression

> **TIPS** 代名詞noneにof＋名詞が続いた場合、その名詞が不可算か、単数か、複数かによってnoneが影響を受ける。

24. 正解（B）easy → easily ★

解説 (B)は is...spread という受動態の動詞を修飾しているので、形容詞easyではなく副詞easilyに修正する。

正しい文と訳

The bubonic plague is a bacterial infection, which is easily spread by rats and fleas, and it was probably the cause of the Black Death epidemic in Europe in the 14th century that killed around half of all Europeans living at that time.

腺ペストは細菌感染であるが、それはネズミとノミによって容易に伝播され、14世紀のヨーロッパで当時暮らしていたヨーロッパ人の約半数を殺した、黒死病の流行の原因になったのではないかと考えられている。

重要語句
- bacterial 形 細菌の
- flea 名 ノミ
- epidemic 名 流行；疫病

25. 正解（B）honors → honor ★★

解説 定冠詞the＋国名を表す形容詞で「〜人」の意味となり、その国の国民全体を指すので、文法的には複数形の扱いとなる。(B)の動詞honor（〜をたたえる）は複数形の主語に一致させる。

正しい文と訳

St. Patrick lived around 500 AD, and the Irish still honor him on St. Patrick's Day in March, but before priesthood he was originally British and taken to Ireland as a slave.

聖パトリックはキリスト紀元500年頃に生存しており、アイルランド人は現代でも3月の聖パトリックの日に彼を称えるが、聖職に就く以前の彼はイギリス人であり、アイルランドに奴隷として連れて来られたのであった。

> **TIPS** the＋国名を表す形容詞＝複数名詞

26. 正解（C）like → alike ★★

解説 「似ている」という意味の形容詞を連結動詞（be動詞や知覚動詞など）の後に

Section 2

もってくる場合はlikeではなくalikeを使う。これに対し、名詞の前にこの意味の形容詞をつける場合はalikeではなくlikeを使用する。

正しい文と訳

In the human body are approximately 500 amino acids, which are all alike in that they contain carbon, hydrogen, nitrogen, and oxygen.

人間の体には約500のアミノ酸があるが、すべてのアミノ酸は炭素、水素、窒素、そして酸素を含んでいるという意味で互いに似通っている。

重要語句

- □ **amino acid** アミノ酸
- □ **carbon** 名 炭素
- □ **hydrogen** 名 水素
- □ **nitrogen** 名 窒素
- □ **oxygen** 名 酸素

TIPS 形容詞alikeは連結動詞の後に来る。名詞の前には来ない。

---

27. 正解（C）either → both ★

解説 both A and Bで「AとBの両方」という意味になる。eitherを使う場合は、either A or Bとなり「AまたはB」という意味になる。

正しい文と訳

Established by the Communications Act of 1934, the Federal Communications Commission, or FCC, is an independent U.S. government agency that regulates both domestic and international radio, TV, cable, wire, and satellite communications.

1934年の通信法により設立された連邦通信委員会またはFCCは、独立した政府機関で、国内外のラジオ、テレビ、ケーブルテレビ、電信、そして人口衛星による通信を規制している。

---

28. 正解（C）vessel disk-shaped → disk-shaped vessel ★

解説 disk-shapedは形容詞なので、名詞vesselの前に置く。

正しい文と訳

With the help of sonar technology, a yet to be identified disk-shaped vessel measuring 197 feet in diameter was discovered in the Baltic Sea, 275 feet below the water's surface.

ソーナー技術の助けにより、未だ発見されていなかった、直径197フィートのディスク

型をした船がバルチック海の海面下275フィートで発見された。

29. 正解（D）their → its ⭐

解説 文意から考えると、(D)の代名詞theirは「クモの」を意味している。問題文では「クモ」は単数で表されているので、itsと修正する。

正しい文と訳

A spider's silk, used to make webs and trap prey, is released from its spinneret glands on its abdomen.

巣を作り、餌を捕まえるのに使われるクモの糸は、クモの腹部にある出糸突起から吐き出される。

重要語句
- **prey** 名 餌食；犠牲者
- **abdomen** 名 腹部

TIPS 代名詞に下線がひかれている場合は、必ずそれが何を意味しているかを考え、正しい代名詞となっていることを確認する癖をつけよう。

30. 正解（A）greater → greatest ⭐

解説 比較級を使用するためには、比較する対象が2つ必要である。ここでは、「ピーターパン」のことのみを述べているので、最上級に変更する。

正しい文と訳

James Barrie's greatest work, *Peter Pan*, was a novel inspired by some neighborhood boys that Barrie befriended and later adopted.

James Barrieの最高作である「ピーターパン」は、Barrieが友達になり、その後養子とした、近所の少年数人に触発されてできた小説であった。

重要語句
- **befriend** 他 〜と友人になる
- **adopt** 他 〜を養子にする

TIPS 比較級を使うためには、比較の対象が2つ必要。

31. 正解（B）both → either ⭐

解説 bas-reliefの後にorがあるので、bothをeitherに修正しeither A or B（AまたはB）の意味にする。bothを使用する場合はboth A and Bで「AとBの両方」という

意味になる。

> 正しい文と訳

When the carving is not deep, a sculpture is referred to as either bas-relief or low relief, which is in contrast to a high relief sculpture that stands out farther from the surface.

彫りが浅い彫刻は、浅浮彫りまたは薄浮彫りと称され、表面から大きく飛び出たように見える高浮彫り彫刻と比較される。

> 重要語句
> □ **relief** 名 レリーフ；浮き彫り

32. 正解（C）do → make ★★

解説 「たくさんの壁から1つの大きな壁を作ろうとした」わけなので、動詞はdoではなくmakeが必要。TOEFL®には動詞doとmakeの使い分けを尋ねる問題がよく出るので、これらの動詞に下線が引かれている場合は注意する。たとえば、「返事をする」はmake a responseでdo a responseではない。日本語を直訳すると間違えることもあるので気をつけよう。

> 正しい文と訳

The Great Wall of China was once many different walls bordering individual states until Emperor Qin Shihuang came to power and decided to make the walls as one.

秦の始皇帝が権力者となり、ひとつの壁を作ろうと決めるまで、中国の万里の長城はそれぞれの国の国境となる数多くの異なる壁だった。

> **TIPS** doとmakeに下線が引かれている場合は、使い分けに注意。

33. 正解（A）longly → long / longer ★★

解説 動詞appearは連結動詞なので、直後に副詞ではなく形容詞を必要とする。(A)をlongに修正するか、longerと比較級にするかはこの問題からは判断できない。

> 正しい文と訳

While they make the neck appear long / longer, the distinctively high brass neck rings of the Kayan women actually push the collar bone down, not lengthen the neck.

Written Expression

それによって首が長く／より長く見えるが、カヤン族の女性の幅が非常に大きい真鍮の首飾りは実際には鎖骨を下げているのであって、首を長くしているわけではない。

重要語句
- collar bone　鎖骨

TIPS 連結動詞（be、appearなど）の後には形容詞が必要。

34. 正解（B）needing → needed ★★

解説　voiced sounds は oral communication のために「必要とされている」ので、need は受動態の意味となる過去分詞 needed に修正する。

正しい文と訳

Given that chimpanzees are physically incapable of producing voiced sounds **needed** for oral communication, scientists are teaching them American Sign Language, and the first of such chimpanzees, Washoe, learned up to 350 ASL words.

チンパンジーは身体的に、口頭によるコミュニケーションに必要な有声音を作り出すことができないので、科学者たちは彼らにアメリカ手話を教えており、それらのチンパンジーの第一号であるWashoeは350のアメリカ手話の単語を学んだ。

TIPS 動詞の分詞が形容詞として使われている場合、能動態（現在分詞）と受動態（過去分詞）の違いに注意。

35. 正解（A）some most → some of the most ★

解説　「もっとも有名な歴史的建造物」は最上級であるので、most の前に定冠詞 the をつけ、その前の Some とつなげるために前置詞 of を入れる。

正しい文と訳

Some of the most famous landmarks in the world, such as the Pyramids of Giza, Westminster Abbey and the Taj Mahal, are tombs.

ギザのピラミッドや、ウエストミンスター寺院や、タージ・マハルといった世界でもっとも有名な歴史的建造物のいくつかは、墓である。

重要語句
- tomb　名 墓

Section 2

36. 正解（C）gets → get ⭐

解説 canのような助動詞の後にくる動詞は主語に関わらず、常に原形である。

正しい文と訳

In addition to the high levels of vitamins A, C, K, E and folic acid that one can get from raw tomatoes, cooked tomatoes contain even higher levels of carotenoids and flavonoids.

生のトマトから得ることができる高濃度のビタミンA、C、K、Eと葉酸に加え、調理されたトマトはそれよりさらに高濃度のカロテノイドとフラボノイドを含んでいる。

重要語句
- □ **vitamin** 名 ビタミン

---

37. 正解（C）its → their ⭐

解説 ユーロを通貨として使用してきたのは17カ国なので、代名詞itsはtheirに修正する。

正しい文と訳

Since the 1992 Maastricht Treaty, 17 out of the 27 European Union countries have used the euro as their official currency, though the name "euro" was not adopted until 1995.

「ユーロ」という名称は1995年まで採用されなかったが、1992年のマーストリヒト条約以降、27の欧州連合の国々のうちの17カ国は、ユーロを通貨として使用してきた。

重要語句
- □ **currency** 名 通貨

---

38. 正解（B）know → knows ⭐

解説 主語のeveryoneは、意味的には「すべての人々」を指すが、文法的には単数扱いとなるため、動詞の一致が必要である。

正しい文と訳

Not everyone knows the ABCDE in determining if a mole could be cancerous: asymmetry, border, color, diameter, and evolving.

ほくろがガン性かどうかを見極めるためのABCDEをすべての人が知っているわけではない——つまり、ガン性のほくろの特徴は、非対称で（asymmetry）、皮膚との境目が曖昧で（border）、色が均一ではなく（color）、直径が大きく（diameter）、成長する（evolving）ということである。

> **TIPS** everyone、someone、anyoneなどは文法的には単数扱い。

39. 正解（A）They → 不要 ☆

解説 文の前半部分の主語はcountriesなので、(A)のTheyは不要。

正しい文と訳

Not all Islamic countries have the custom of female circumcision, and not all non-Islamic countries refrain from the practice.

イスラム教国のすべてに、陰核切除の習慣があるわけではなく、すべての非イスラム教国がこの習慣を行っていないわけでもない。

> **TIPS** 問題文に不必要な主語（double-subject）がないかどうか確認しよう。

40. 正解（A）painfully → painful ☆

解説 Disorder（疾患）という名詞の前にgenetic（遺伝性の）という形容詞がついているために、その前にはpainfullyという副詞がついていても構わないと考えてしまいがちであるが、painful（痛みを伴う）はgeneticだけでなくgenetic disorderという表現全体を修飾しているので、形容詞でなければならない。つまり、genetic disorderは2語で「遺伝性疾患」という意味の名詞となっている。

正しい文と訳

Sickle cell anemia is a painful genetic disorder caused by an abnormal type of hemoglobin that alters the shape of red blood cells and deprives the tissues of oxygen.

鎌状赤血球貧血は、異常なヘモグロビンが赤血球の形を変え、組織に酸素を与えないことによって引き起こされる、痛みを伴う遺伝性疾患である。

重要語句

- **anemia** 名 貧血
- **genetic** 形 遺伝の
- **alter** 他 〜を変える

Section 3

Section 3

▶▶ **Questions1-10**

1. 正解（D） ★★

解説 「主に論じている」トピックとは、パッセージ全体で論じられているトピックのことである。(A)は第1パラグラフでしか述べられていない。Alcottの小説については*Little Women*についてしか述べられていないので(B)は不可。登場人物については、主人公のJoについてしか述べられていないので(C)も不適当。

---

2. 正解（B） ★

解説 1行目から4行目を読むと、*Little Women*がLouisa May Alcottによって書かれたことがわかり、彼女が作家であったことがわかる。

---

3. 正解（A） ★★★

解説 消去法で解いていく必要がある。4行目に "At this time women were... adamant on changing the 15th Amendment to the U.S. Constitution to include women's right to vote. Therefore...the National Woman Suffrage Association was established."（…女性は、米国憲法修正第15条が女性の参政権を認めるように変更されることについて断固とした働きかけを行っていた。その結果…女性参政権協会が設立されたのである）とあるので(B)はOK。(C)と(D)については、3行目に "...the two-volume novel was published in 1868 and 1869, respectively. At this time women were increasingly unhappy with their lack of rights and specifically adamant on changing the 15th Amendment to the U.S. Constitution to include women's right to vote."（…1868年に第1巻が、そして1869年に第2巻がそれぞれ出版された。当時、さまざまな権利が認められていなかったために不満をつのらせていた女性は、米国憲法修正第15条が女性の参政権を認めるように変更されることについて断固とした働きかけを行っていた）とある。当時女性は、米国憲法に対する修正第15を変更するよう求めていたということを、きちんと読み取ること。

---

4. 正解（C） ★

解説 当時、女性に参政権を含めた人権が認められていなかったこと、男性は女性が自分たちに依存することを望んでいたということ、などから当時は男性が女性より多くの力を持つ、男性中心の社会であったということがわかる。

---

5. 正解（B） ★★

解説 設問にあるinferとは「暗示する」という意味の動詞なので、パッセージ中にはっきりとは書かれていないものの、そこから論理的に推測できる内容について尋ねている設問である。11行目に"Alcott portrays each sister as very different from another, but collectively portrays the many different sides of women in that era, not simply the dependent wives, mothers and daughters men wanted them to be."（ひとりひとりの少女を描き分けることによって、男性が女性に対して望んでいたような、男性に依存して生きる妻や母や娘としてではなく、小説全体として当時の女性が持っていたさまざまな側面を描き出したのである）とあることから、登場人物の少女の一部は妻と母親以外の役割を持っているように描かれていたであろうことが暗示されている。

6. 正解（B）★

解説 13行目の"The main character Jo is patterned after the author, and the novel follows her through her trials and tribulations as an aspiring writer in a man's world."（主人公のJoは作者自身をモデルとしており、小説は、男性中心の社会で作家になろうとした彼女の、試練と苦難に満ちた人生を描いている）が、主人公であるJoについて詳細に述べている。

7. 正解（B）★

解説 genderは「性別」のこと。また、21行目の"both genders and all ages"という表現から、推測することも可能である。

8. 正解（B）★

解説 13行目の"...wives, mothers and daughters..."の部分が19世紀の女性の役割について述べており、これは第2パラグラフに含まれている。

9. 正解（C）★

解説 (D)のsuffrageは「参政権」を意味する。

10. 正解（D）★

解説 パッセージの最後となる第3パラグラフはLittle Womenが世界的な名声を得、多くの読者を獲得したことが述べられていることから、作者がLittle WomenまたはAlcottのことを称賛していることがわかる。

パッセージの訳

(1) (Q2) Little Womenは、通常女性が作家になることも文学作品の主人公になることも

Section 3

　　ない時代であった19世紀に、女性によって、女性について書かれた物語である。それはLouisa May Alcottによって書かれた小説で、1868年に第1巻が、そして1869年に第2巻がそれぞれ出版された。当時、さまざまな権利が認められていなかったために不満をつのらせていた女性は、米国憲法修正第15条が女性の参政権を認めるように変更されることについて断固とした働きかけを行っていた。その結果、偶然の一致であったかもしれないが、*Little Women*の第2巻が出版されたのと同じ年に、女性参政権協会が設立されたのである。

(2) この小説はフィクションではあるが、一部は、コネチカット州で3人の姉妹と育った作家自身の子ども時代の出来事が元となっており、4姉妹が少女から女性へと育ってゆく過程を描いている。Alcottは、(Q5)ひとりひとりの少女を描き分けることによって、男性が女性に対して望んでいたような、男性に依存して生きる(Q8)妻や母や娘としてではなく、当時の女性が持っていたさまざまな側面を小説全体として描き出したのである。(Q6)主人公のJoは作者自身をモデルとしており、小説は、男性中心の社会で作家になろうとした彼女の、試練と苦難に満ちた人生を描いている。物語の中のJoのように、Louisa May Alcott自身も、出版社を納得させ、売り上げを保証するために、男性の名前をペンネームとして自らの本を出版しなければならなかった。これら姉妹の登場人物を通して、Alcottは家の中と外での女性の人生について描き出したが、後者は19世紀にはめったに語られなかった内容であり、語られたとしても決して肯定的に見られることはなかった内容であった。

(3) *Little Women*は国際的な名声と「古典文学」としての地位を得た。それは老若男女の読者に影響を与え、多くの人によってフェミニスト文学の良い例であると考えられている。

質問・選択肢の訳

1. このパッセージで筆者が主に論じているのは何か。
(A) 女性の権利と憲法に反対する運動
(B) Louisa May Alcottによる、姉妹に関する数多くの小説
(C) *Little Women*の登場人物と作者が誰かについて
(D) 小説*Little Women*とフェミニズム

2. パッセージによると、Luisa May Alcottとは誰か。
(A) 出版社
(B) 作家
(C) 活動家
(D) 有権者

3. 憲法修正第15条に関して述べられていないのは以下のどれか。
(A) それは女性と男性の両方に参政権を与えた。
(B) それは女性参政権協会が作られた理由となった。
(C) それは *Little Women* が出版された当時、議論を呼んでいた問題であった。
(D) それは1869年に多くの女性が不満を持った修正だった。

4. 15行目の "man's world" という表現が意味しているのは当時
(A) 世界は強力な男性によってコントロールされていた。
(B) 女性は男性ほど良い小説を書いていなかった。
(C) 男性は女性より多くの権利と権力を持っていた。
(D) 地球上には女性より男性が多く暮らしていた。

5. パッセージによって暗示されているのは？
(A) 女性は、*Little Women* が書かれたすぐ後に参政権を得た。
(B) *Little Women* の登場人物の何人かは妻と母親以外の役割を持っていた。
(C) *Little Women* という題名は、登場人物の背が高くなかったことによって説明がつく。
(D) 彼女のペンネームのせいで、今日でも人々はAlcottが男性だと信じている。

6. 筆者が登場人物の詳細について述べているのはパッセージのどこか。
(A) 4行目から6行目
(B) 13行目から15行目
(C) 17行目から19行目
(D) 20行目から22行目

7. 21行目の "genders" という単語を言い換えるのにもっともふさわしいのは以下のどれか。
(A) 年齢
(B) 性別
(C) 水準
(D) 民族性

8. 19世紀のアメリカ社会における女性のさまざまな役割について述べているパラグラフはどれか。
(A) 第1パラグラフ
(B) 第2パラグラフ

Section 3

(C) 第3パラグラフ
(D) 3つすべてのパラグラフ

9. パッセージでなされている議論に関係がないテーマは以下のどれか。
(A) フェミニスト理論
(B) アメリカ文学
(C) 植物の保護
(D) 女性の参政権

10. パッセージの最後の部分のトーンをもっともよく表しているのは
(A) 皮肉な。
(B) 繊細な。
(C) 恐ろしげな。
(D) 称賛するような。

> **重要語句**
> □ **adamant** 形 断固とした
> □ **coincidentally** 副 偶然に一致して；同時に発生して
> □ **tribulation** 名 苦痛   □ **aspiring** 形 向上心に燃える
> □ **pseudonym** 名 ペンネーム   □ **gender** 名 性

▶▶ Questions 11-20

11. 正解（C）★★

解説 すべてのパラグラフを読むと、筆者は世界中で魚の個体数が減ってきていることを懸念している。(A)のタラや(B)のクロマグロは例でしかない。(D)については言及されていない。

12. 正解（B）★

解説 2行目に "…by 1990, the cod had practically been fished out of existence, and there was a fishing ban set in 1992." （…1990年には事実上捕り尽くされて絶滅しており、1992年には禁漁となった）とあり、タラが絶滅したのがタラ漁が禁止された理由だとわかる。

13. 正解（A）★★

解説 タラ漁が禁止されたのは1992年であるが、4行目に "By 2003, the moratorium

on cod fishing had proven unsuccessful because the cod stocks had still not returned."（2003年になっても、タラ資源が回復することはなかったため、タラ漁の一時禁止が失敗に終わったことが証明された）とあることから、10年たってもタラ資源が回復していなかったことがわかる。

14. 正解（B）★★

解説 stockには「在庫；スープの素；資源」などさまざまな意味があるが、"...the moratorium on cod fishing had proven unsuccessful because the cod stocks had still not returned."（…タラ資源が回復することはなかったため、タラ漁の一時禁止が失敗に終わったことが証明された）という文脈から、ここではタラの「個体数」を意味していることがわかる。

15. 正解（B）★★

解説 8行目に "After the collapse of the North Atlantic cod fishing industry, scientists began to study fish populations all over the world."（北大西洋におけるタラ漁の産業が崩壊した後、科学者たちは、世界中の魚の個体数について研究し始めた）とあることから、北大西洋におけるタラ漁産業の崩壊後、研究が進んだことがわかる。

16. 正解（C）★★

解説 10行目に "While scientists have recommended a limit be placed on bluefin fishing at 15,000 tons a year, the European Union has set the legal limit at 30,000 tons."（科学者たちは、クロマグロの漁業制限を1年間で1万5000トンにすべきと推奨しているが、欧州連合は法定制限を3万トンとしている）とあることから、科学者たちは欧州連合による規制が十分ではないと考えているであろうことが推測できる。

17. 正解（C）★

解説 第3パラグラフで筆者は、アラスカ州の試み、海洋管理協議会のエコラベル、海洋保護区などについて紹介しており、これらが魚の個体数の減少に歯止めをかける助けとなるであろうと述べている。

18. 正解（B）★★

解説 sustainableは「持続可能な」という意味の形容詞、sourceは「資源」という意味の名詞。また "...the seafood comes from sustainable sources, not populations that are endangered."（…その海産物が、絶滅の危機に瀕した魚類ではなく、持続可能な資源によって作られている…）という文を読めば、「絶滅の危機に瀕した魚類ではな

Section 3

い」のが "sustainable sources" であることがわかる。

19. 正解（C） ☆

解説 (A)の海洋管理協議会はエコラベルによって魚を保護しようとしている。(B)の The Mitsubishi Corporation はクロマグロの産出量を支配している。(D)の欧州連合はクロマグロの漁獲量を制限している。(C)のアメリカ合衆国議会についての言及はない。

20. 正解（D） ☆

解説 筆者は世界中で魚の個体数が減っていることに対して警告を発しており、なんらかの対策をとることを推奨している。

パッセージの訳

(1) 歴史的には、カナダのニューファンドランドにはタラが豊富に存在していたが、(Q12) 1990年には事実上捕り尽くされて絶滅しており、1992年には禁漁となった。生計を立てる手段であったタラ漁が違法となったため、一夜にして4万人もの人々が職を失ったのである。(Q13) 2003年になっても、タラ資源が回復することはなかったため、タラ漁の一時禁止が失敗に終わったことが証明された。手遅れになるまで問題に気付かなかったせいで、カナダ東部では収益が出ていた産業が失われ、多くの国民が国の福祉制度に依存することになってしまったのだ。

(2) (Q15) 北大西洋におけるタラ漁の産業が崩壊した後、科学者たちは、世界中の魚の個体数について研究し始めた。もっとも珍重されており、もっとも枯渇しているクロマグロが、すべての魚類の中で最大の懸念である。(Q16) 科学者たちは、クロマグロの漁業制限を1年間で1万5000トンにすべきと推奨しているが、欧州連合は法定制限を3万トンとしている。このような制限にも関わらず、現実的には地中海のクロマグロ産業は、世界中のクロマグロの3分の1にあたる6万1000トンを毎年捕まえており、現在の規制が無視されていることは明らかである。実際には、世界のマグロ取引の中心は地中海ではなく、東京であり、特にMitsubishi Corporationは大西洋と地中海全体の北クロマグロ産出量の約60パーセントを支配している。

(3) 国連によって蓄積されたデータによると、2003年までにすべての魚類の個体数の総計の3分の1が破壊されたという。この調子では、現在人間が食べている魚種資源は今世紀末には枯渇することとなる。自らの魚類個体数を保護し、結果として漁業を保護するために、アラスカ州は200マイルの漁業域を厳しく守っている。これらの海域では、漁業従事者には割当量を満たすための時間制限が与えられており、漁獲制限は魚の個体数が補充されるスピードに十分間に合うように定められてい

る。また別の好ましい変化の兆しが、1997年にロンドンで設立された海洋管理協議会（MSC）である。この非営利組織のエコラベルは74カ国で数多くの海産物につけられている。これらのラベルは、その海産物が、絶滅の危機に瀕した魚類ではなく、持続可能な資源によって作られていることを保証しているのである。また、バハマのExuma Cays Sea and Land Parkのように、商業漁業が完全に禁止されている海洋保護区もある。しかし、未だ99パーセントの海で合法的に漁ができることを考えると、より多くの海洋保護区を制定することが絶滅しようとしている魚の個体数を復活させる助けとなることだろう。

質問・選択肢の訳

11. 筆者が主に懸念していることは何か。
(A) 北大西洋のタラの個体数
(B) 地中海のクロマグロ産業
(C) 世界的に魚の不足が広がっていること
(D) 世界の漁業の成功

12. パッセージによると、1990年代初頭にカナダ東部で多くの人々が職を失ったのはなぜか。
(A) ヨーロッパとアジアの競争相手がタラ漁産業を乗っ取った。
(B) 十分な魚が残っていなかったので、タラ漁産業は中止されなければならなかった。
(C) カナダではタラ漁業がうまくいっていなかったので、彼らは廃業した。
(D) 不法行為をはたらいたために、漁業従事者たちは解雇された。

13. 北大西洋のタラ漁の禁止に関して真実でないのは以下のどれか。
(A) それは10年後にタラ資源を再生させた。
(B) 2003年になっても、それはまだタラの個体数を増加させていなかった。
(C) 多くの人々はそれにより福祉を受けることとなった。
(D) それはすばやく、警告がほとんどないまま決定された。

14. 5行目の"stock"という単語にもっとも意味が近いのは
(A) スープ。
(B) 個体数。
(C) 消費。
(D) 一時中止。

15. クロマグロの個体数についての研究を促進させたのは以下のどれか。
(A) 欧州連合が法定制限を3万トンとしたこと

Section 3

- (B) 北大西洋におけるタラ漁産業の崩壊
- (C) 科学者による世界の魚の個体数に関する研究
- (D) Exuma Cays Sea and Land Parkにおける禁漁

16. パッセージの中で暗示されているのは以下のどれか。
- (A) クロマグロの個体数は北大西洋のタラの個体数に比べると、問題ではない。
- (B) Mitsubishi Corporationが関係があるのはクロマグロであり、ほかの魚種の産出量には何の関係もない。
- (C) 科学者たちはクロマグロの漁獲量に対する欧州連合の規制は十分ではないと考えている。
- (D) すべての人が、クロマグロの乱獲は深刻な問題であり、やめさせなければならないと思っている。

17. 筆者が魚の個体数の減少に対する解決策を提示しているのはパッセージのどこか。
- (A) 第1パラグラフ
- (B) 第2パラグラフ
- (C) 第3パラグラフ
- (D) すべてのパラグラフ

18. 27行目の"sustainable sources"という表現が意味しているのは
- (A) ビタミンとミネラルとタンパク質が海産物に含まれているかどうか。
- (B) 海産物が環境に優しい方法で製造されているかどうか。
- (C) 海産物産業が好まれているか、または社会的に受け入れられているかどうか。
- (D) 特定の海産物が現在の経済状況で購入可能かどうか。

19. 世界の魚の個体数に影響を与える存在して、このパッセージの中で言及されていないのは誰か。
- (A) 海洋管理協議会
- (B) Mitsubishi Corporation
- (C) アメリカ合衆国議会
- (D) 欧州連合

20. このパッセージのトーンをもっともよく表しているのはどれか。
- (A) 疑っている
- (B) 形式張らない
- (C) 面白がっている
- (D) 警告するような

Reading

重要語句

- □ **cod** 名 タラ
- □ **industry** 名 産業；〜産業
- □ **collapse** 名 崩壊；失敗；挫折
- □ **Mediterranean** 名 [the] 地中海
- □ **sustainable** 形 継続維持できる
- □ **moratorium** 名 一時禁止[停止]；モラトリアム
- □ **welfare** 名 福祉制度；生活保護
- □ **depleted** 形 枯渇した
- □ **replenish** 他 〜を満たす
- □ **commercial** 形 商売の；営利目的の

▶▶ Questions 21-30

21. 正解（B）★

解説 塩の彫刻については、すべてのパラグラフで論じられている。(A)は、岩塩の採掘の歴史については第2パラグラフで触れられてはいるが、論じられているわけではない。(C)は、ヴィエリチカ岩塩坑にある塩の彫刻の例の1つである。(D)の塩の彫刻の劣化については第3パラグラフで触れられているが、塩の劣化については言及されていない。

22. 正解（C）★★

解説 2行目に "Located in a town in Poland with the same name..."（同じ名をもつポーランドの町にある…）とあり、つまり岩塩坑とそれがある町の名前が同じであることがわかる。

23. 正解（B）★

解説 1行目には "The Wieliczka Salt Mine was constructed in the 13th century, but its current appearance is far grander than what it was in Middle Ages."（ヴィエリチカ岩塩坑は13世紀に建設されたが、現在の外観は中世のそれよりはるかに雄大である）とある。つまり、ここでの "Middle Ages" は、ヴィエリチカ岩塩坑が建設された13世紀頃を意味している。

24. 正解（D）★

解説 ヴィエリチカ岩塩坑の有名な塩の彫刻は、鉱山労働者によるものであることから、彼らの一部は非常に創造的で芸術的であったことがわかる。

25. 正解（A）★★

解説 25行目に "...Wieliczka has been taken off the endangered list."（…ヴィエリチカ岩塩坑は危機遺産リストからはずされた）とあるので、(A)は真実ではない。(B)は、

保護される以前に湿気により塩の彫刻に多少の劣化があったので真実。(C)は塩でできたチャペルで結婚することが可能である。(D)は地底湖がある。

26. 正解（A）★★

解説 坑道の中にはさまざまな観光スポットがあり、観光客がそれらを巡ることができると考えられるため(A)が正解。(B)は湖とチャペルは坑道の中にあるので、坑道に入る前にそれらを見ることはできない。(C)は国際的に有名な観光地であるので、世界中から観光客が訪れると考えられる。(D)は観光客が塩の彫刻を傷つけることがないように保護されている。

27. 正解（B）★

解説 functioningは「機能している」という意味。塩のチャペルで、人々が結婚式や祭事を行うという説明もあることから、塩のチャペルは実際に機能し、操業しているということがわかる。

28. 正解（A）★

解説 3行目からの"...this 1,000 feet deep, 200 mile long salt mine..."が答えである。

29. 正解（A）★

解説 パッセージでは観光地として、世界遺産であるヴィエリチカ岩塩坑を論じている。このことに関連があると思われる(B)、(C)、(D)については次のパラグラフで論じられる可能性はあるものの、海塩の栄養価に関する記述はまったくなされていないので、次のパラグラフでも論じられる可能性は極めて低いと考えられる。

30. 正解（C）★

解説 パッセージでは、世界遺産であるヴィエリチカ岩塩坑の観光地としての価値が述べられている。

パッセージの訳

(1) (Q23) ヴィエリチカ岩塩坑は13世紀に建設されたが、現在の外観は中世のそれよりはるかに雄大である。(Q22) 同じ名をもつポーランドの町にある、(Q28) この1,000フィートの深さと200マイルの長さを持つ岩塩坑はもはや通常の掘削地ではない。ここでは塩が21世紀初頭まで製造されており、それにより世界でもっとも長い歴史を持った企業となった。現在、それはユネスコの世界遺産となっており、世界的に

有名な観光地となっている。

(2) この岩塩坑の魅力は塩または坑道それ自体ではなく、数世紀をかけ、鉱山労働者たちが坑道に彫った2マイルにもわたる彫刻である。これらすべての彫刻はヴィエリチカ岩塩坑から掘り出された、灰色がかった塩に彫られている。坑道では、多くの浅浮き彫り彫刻や実物大の像に加えて、きらきら光るクリスタルのシャンデリア――驚くべきことにこれも塩でできている――を見ることができる。もっとも印象的な作品は、実際に機能している「祝福された王のチャペル」と呼ばれているチャペルであり、これもすべて岩塩に彫られている。人々は現在でも、このチャペルを結婚式や祭事に使用している。毎年何百万人という観光客が訪れることによって有名になったので、近年ではプロの芸術家もここに彫刻するようになった。ヴィエリチカ岩塩坑を訪れる人はまた、地底湖や、ヴィエリチカ岩塩坑が操業していた何世紀もの間の、岩塩の採掘についての歴史や発展に関係する展示品を坑道で見ることができる。

(3) 1980年代、塩の彫刻が湿気により劣化したため、ヴィエリチカ岩塩坑は危機遺産リストに載せられた。坑道の湿気は、喚起装置、地底湖、そして毎日彫刻にかけられる観光客の呼気、などから来ている。塩の彫刻を保護するために、Maria Sklodowska-Curie Joint Fund IIとユネスコからの研究費を使って、坑道のための巨大な除湿乾燥システムが設計され、1998年以来機能している。それ以降、坑道の状態は、塩の彫刻の保護に比較的適したものとなったので、(Q25) ヴィエリチカ岩塩坑は危機遺産リストからはずされた。

> 質問・選択肢の訳

21. このパッセージが主に論じているのはヴィエリチカ岩塩坑の
(A) 岩塩の採掘の歴史。
(B) 有名な塩の彫刻。
(C) 塩でできたチャペル。
(D) 塩の劣化。

22. ヴィエリチカ岩塩坑がある町の名は何か。
(A) 中世
(B) ポーランド
(C) ヴィエリチカ
(D) ユネスコ

23. 2行目の"Middle Ages"と同じであると考えられるのは以下のどれか。

(A) 岩塩坑が建設される以前の時代。
(B) 13世紀頃。
(C) 人々が若くもないが年老いてもいない頃。
(D) 現代。

24. パッセージによると、ヴィエリチカ岩塩坑の鉱山労働者について何が言えるか。
(A) 彼らの全員が「祝福された王のチャペル」で結婚した。
(B) 彼らの多くは岩塩をうまく掘り出したが、一部はそうではなかった。
(C) 彼らは塩のみでできた彫刻を買えるほど豊かだった。
(D) 彼らの一部は創造的で芸術的な傾向にあった。

25. ヴィエリチカ岩塩坑について真実でないのは以下のどれか。
(A) それは現在、危機にさらされた世界遺産である。
(B) 塩の彫刻には多少の損傷がある。
(C) 人々はそこで結婚することができる。
(D) 坑道の中には水塊がある。

26. パッセージによると、観光客は
(A) 坑道の中のさまざまな観光スポット巡りをすることができる。
(B) 坑道に入る前に、湖とチャペルを見る。
(C) ポーランドからのみ来ていて、ほかの国や大陸からは来ない。
(D) 塩の彫刻を傷つける可能性があるので、歓迎されていない。

27. 12行目の "functioning" という単語が意味しているのは
(A) 歴史的な。
(B) 操業中の。
(C) 美しい。
(D) 巨大な。

28. 筆者がヴィエリチカ岩塩坑の大きさについて読み手に説明しているのはパッセージのどこか。
(A) 2行目から4行目
(B) 7行目から8行目
(C) 14行目から15行目
(D) 21行目から24行目

29. このパッセージの次にくるパラグラフで論じられることがないと考えられるのは

(A) 海塩の栄養価と、それを使ったレシピ。
(B) ヴィエリチカ岩塩坑を訪ねるのに必要な情報。
(C) ほかの世界遺産についての詳しい説明。
(D) ポーランドのその地域にあるほかの有名な観光地についての言及。

30. 与えられている情報によると、このパッセージの題名としてもっともふさわしいのはどれか。
(A) ポーランドにおける塩の採掘の歴史
(B) 危険な世界遺産
(C) ヴィエリチカの秘宝
(D) 塩の彫刻の作り方

重要語句

- **grand** 形 壮大な；雄大な
- **extract** 他 ～を摘出する；～を抽出する
- **deterioration** 名 悪化；劣化
- **subterranean** 形 地下にある
- **mine** 名 採掘坑
- **ventilation** 名 換気
- **dehumidification** 名 除湿

▶▶ Questions 31-40

31. 正解（B）★

解説 主旨となるためには、パッセージ全体で論じられている必要がある。第1パラグラフでも第2パラグラフでもバイリンガルのこどもについて議論されている。(C)は第1パラグラフのみで言及されている。(A)、(D)についてはパッセージでは言及されていない。

32. 正解（B）★★

解説 5行目に "...bilinguals often exhibit greater problem solving skills and cross-cultural understanding than their monolingual peers."（…バイリンガルの子どもは…モノリンガルの子どもより高い問題解決能力と異文化理解能力を持っていることを示している）とある。この "cross-cultural understanding" が(B)で言い換えられている。

33. 正解（C）★★★

解説 17行目に "If a teacher, parent or others in the community treat one language as dominant over the other, then the child could develop a negative

Section 3

connotation of one language..."（教師、親、または地域の人々が1つの言語をもう1つの言語より重要であるように扱えば、子どもは1つの言語…に対して否定的な意味合いを持つようになる）とある。この "a negative connotation" が(C)で言い換えられている。

34. 正解（D）★★

解説 第1パラグラフも第2パラグラフもバイリンガルの子どもについて論じているが、第1パラグラフでは学力について、そして第2パラグラフでは情動的側面について述べられている。

35. 正解（C）★

解説 尋ねられている "that" は、"However, their understanding of grammatical structures in each language is often stronger than that of monolingual children in their one language." という文の中にある。文意を考えると、「バイリンガルのこどもの文法に対する理解力は、モノリンガルのこどもの『それ』よりも高い」ということなので、「それ」はunderstanding（理解力）を指していることがわかる。

36. 正解（D）★

解説 第2言語を学ぶのに適した時期がいつかについてはパッセージでは触れられていない。

37. 正解（D）★

解説 20行目の "…if conditions for learning both languages are nurturing and positive…, then children generally do not distinguish one language as positive and one language as negative."（…両方の言語を学ぶ環境が養育的で、肯定的なものであれば…）が、筆者が子どもが複数の言語を学ぶべき状況について述べている箇所である。

38. 正解（A）★★

解説 connotationには「意味づけ；暗示的意味」という意味である。17～20行目では、子どもが大人の態度から、2つの言語のうちの1つに否定的な意味合いを持たせてしまう可能性があることについて論じられている。つまり、子どもがある言語と否定的な意味を関連づける、ということである。(B)のallocationと(C)のappropriationにはどちらも「割り当て」という意味があり、このことから(B)と(C)を消去して考えることもできる。

39. 正解（A）⭐

解説 (B)は子どもの心理について、(C)は社会と言語の関係について、(D)は言語の教育方法についての記載がそれぞれある。しかし、(A)の天体物理学に関係していると思われるような記載はまったくない。

---

40. 正解（B）⭐

解説 第1パラグラフでは、バイリンガルの子ども（つまり、2つの第1言語を持つ子ども）の学習能力における利点について、第2パラグラフでは彼らの情動面における利点について述べられていることから、筆者がこのパッセージを書いた主な目的はバイリンガルであることの利点を説明することだとわかる。

パッセージの訳

(1) 子どものバイリンガリズムは、それが子どもを混乱させたりフラストレーションを与えるのではないかという考えのために、論争の的となってきた。バイリンガルの子どもの会話能力の発達は平均より遅いことがあるが、最終的にはモノリンガルの子どもより有利になる。過去数十年の標準テスト結果と研究は、(Q32) バイリンガルの子どもは混乱するどころか、モノリンガルの子どもより高い問題解決能力と異文化理解能力を持っていることを示している。また、統計は、モノリンガルの子どもが持っている1つの言語の語彙に比較すると、バイリンガルの子どもが話すそれぞれの言語における語彙の量は少ないことを示している。しかし、それぞれの言語の文法に関する彼らの理解力は、モノリンガルの子どもが彼らの1つの言語の文法に関して持っている理解力より高いのである。バイリンガルの子どもはまた、特に、2つの言語が同じアルファベットの書記法を共有している場合は、モノリンガルの子どもと同じスピードか、それより速いスピードで読むことができるようになる傾向にある。

(2) バイリンガリズムに対する別の懸念は、子どもが2つの言語のうちの1つに、そしてその言語に対応する民族性に対して否定的な感情を持つようになるのではないか、ということである。子どもが上に述べたような能力や理解力や肯定的な態度を身につけることができるようになるためには、学校と家庭におけるバイリンガル教育のやり方が重要である。(Q33) 教師、親、または地域の人々が1つの言語をもう1つの言語より重要であるように扱えば、子どもは1つの言語、その言語に関連する民族性、またはバイリンガルという概念一般に対して否定的な意味合いを持つようになる。しかし、(Q37) 両方の言語を学ぶ環境が養育的で、肯定的なものであれば、子どもは通常、1つの言語を肯定的なもの、もう1つの言語を否定的なもの、というような区別をすることはない。彼らは単に、2つの言語は異なるもので、それぞ

Section 3

れの言語を使うべき異なる状況があるのだということを学ぶのである。

> 質問・選択肢の訳

31. このパッセージの主旨は何か。
(A) モノリンガルの家族
(B) バイリンガルの子ども
(C) 標準テスト
(D) 学習障害

32. パッセージによると、バイリンガルであることの強みとなりうるのは何か。
(A) 平均より多くの単語を知っていること
(B) さまざまな文化差について理解すること
(C) モノリンガルより早く話せるようになること
(D) 言語能力について自信を持つこと

33. パッセージによると、バイリンガルであることの弱みとなりうるのは何か。
(A) 健全な友人関係を築けないこと
(B) 重要な教育方法を持つこと
(C) 2つのうちの1つの言語に対して恥ずかしいと思うこと
(D) 教室を支配しないこと

34. 2つのパラグラフの情報はどのように並べられているか。
(A) 第1パラグラフは利点を並べ、第2パラグラフは欠点を並べている。
(B) 第1パラグラフは導入部であり、第2パラグラフはより詳細な情報を提供している。
(C) 第2パラグラフではトピックが変わるため、2つのパラグラフは無関係である。
(D) どちらのパラグラフも同じトピックを議論しているが、そのトピックの異なる側面について述べている。

35. 10行目の"that"という単語が意味しているのは
(A) 言語。
(B) バイリンガリズム。
(C) 理解力。
(D) 語彙。

36. パッセージによると、子どもが第2言語を学ぶのにもっとも適した時期はいつか。
(A) 子どもが聞いたり話したりし始めたとき

(B) 子どもが読んだり書いたりし始めたとき
(C) 子どもが問題を解決し始めたとき
(D) パッセージには述べられていない。

37. 筆者が子どもが複数の言語を学ぶべき状況について議論しているのはパッセージのどこか。
(A) 4行目から7行目
(B) 11行目から13行目
(C) 17行目から20行目
(D) 20行目から22行目

38. 19行目の"connotation"という単語を言い換えるのにもっともふさわしいのは
(A) 関連性。
(B) 割り当て。
(C) 割り当て。
(D) 加速。

39. このパッセージを読むことがないと思われるのはどの授業か。
(A) 天体物理学
(B) 心理学
(C) 社会言語学
(D) 教育学

40. 筆者がこのパッセージを書いた主な目的は何か。
(A) 優れた教育を受けなかった子どもの将来を予測すること
(B) 2つの第1言語を持つことの利点について説明すること
(C) 今日のバイリンガリズムに関する問題点をすべて挙げること
(D) モノリンガリズムは廃止されるべきであると証明すること

重要語句

- **controversial** 形 論争を巻き起こす；賛否両論の
- **due to** 〜のせいで
- **cross-cultural** 形 異文化の
- **ethnicity** 名 民族性
- **connotation** 名 言外の意味；含み
- **proficiency** 名 上達；習熟
- **peer** 名 仲間
- **dominant** 形 優勢な
- **nurturing** 形 育てること

Section 3

▶▶ **Questions 41-50**

41. 正解（C）⭐

解説 パッセージの主旨とは、パッセージ全体で議論されている内容のことである。fMRIやMEGが音楽療法に科学的根拠を与えた様子がすべてのパラグラフで述べられているので、(C)が主旨である。(A)のCochrane Libraryについて触れているのは、第1パラグラフのみ。(B)の音楽療法が有効な治療法であると証明されたのは最近のことである。

42. 正解（B）⭐

解説 paralyzingは「麻痺している」という意味。パッセージでは、音楽療法は運動器に関わる疾患に効果があると述べられているので、(B)が正解である。

43. 正解（A）⭐⭐

解説 6行目に"With the use of functional magnetic resonance imaging (fMRIs) and magnetoencephalography (MEG) technology, only recently have medical researchers been able to see the exact science of music therapy."（機能的磁気共鳴画像法（fMRI）や脳磁図検査法（MEG）の使用によって、医学研究者たちが音楽療法の科学的根拠を理解できるようになったのは最近のことである）とあり、これらの最新技術によって、音楽療法に科学的根拠が与えられたことがわかる。

44. 正解（C）⭐

解説 Grahn博士の研究については第2パラグラフで詳しく述べられている。(C)の周波数帯域が関係しているのは、第3パラグラフのIversen博士の研究である。

45. 正解（D）⭐

解説 subjectsは通常、「主題」や「教科」という意味をもつが、研究に関連して使われると「被験者」という意味になる。「被験者」は「人」であるので、(D)が正解。

46. 正解（C）⭐⭐

解説 Iversen博士の研究については第3パラグラフで詳しく述べられている。Iversen博士の研究は、被験者がある音を拍子だと感じたときのMEGを観察しているので、被験者からの誠実な情報とMEG装置からの情報の両方が必要である。

47. 正解（A）⭐

Reading

解説 6行目の"With the use of functional magnetic resonance imaging (fMRIs) and magnetoencephalography (MEG) technology…"の箇所が答えである。

48. 正解（A）☆

解説 detectionは「発見；検出」という意味。第2パラグラフを読むと、被験者が拍子だと認識したときに脳の運動野に反応がある、ということからも(A)を選択することが可能。

49. 正解（B）☆

解説 筆者は(A)、(C)、(D)のトーンを示唆するような感情的な表現を使わず、音楽療法の効果に関する科学的根拠について客観的に、学問的に説明している。

50. 正解（C）☆

解説 第1パラグラフによると、音楽療法が役に立つのは一般的には脳疾患をもつ患者であり、具体例として、鬱状態の人、脳に損傷がある人、パーキンソン病の人を上げている。また、神経症状をもった患者を治療する研修医も、音楽療法について知っていることは役立つと考えられる。

パッセージの訳

(1) Cochrane Libraryによる系統的レビューの中で紹介されたいくつかの研究によると、音楽療法がどのようにさまざまな脳疾患で苦しんでいる患者を救うことができるかということに関しては科学的根拠がある。過去数十年間で、音楽療法が臨床的抑鬱状態の治療を促進したり、脳に損傷を負った患者や、パーキンソン病による麻痺状態の患者の運動量を増加させるということは、広く知られるようになった。(Q43) (Q47) 機能的磁気共鳴画像法(fMRI)や脳磁気図検査法(MEG)の使用によって、医学研究者たちが音楽療法の科学的根拠を理解できるようになったのは最近のことである。これら2種類の画像検査法は、音楽の拍子と脳の運動野との関係を解明した。

(2) イギリスのケンブリッジのMedical Research CouncilのJessica Grahn博士は、被験者の脳活動をfMRIでスキャンしながら、彼らに異なるリズムを聞かせた。あるリズムは、被験者がそれを拍子と意識できるほどの長い拍子を発生させたが、ほかのリズムは拍子と捉えるには短すぎるものだった。Grahn博士の実験結果によると、患者が、拍子を発生させるようなリズムを聞いたときは、彼らの脳の運動野がfMRI上明るくなるが、それ以外のリズムを聞いたときは明るくならない、ということであった。つまり、たとえば音楽を聴いているときに人が行っているような、

Section 3

拍子の認識は、脳の運動を制御しているのと同じ場所によって行われるということだ。

(3) サンディエゴのNeurosciences InstituteのJohn Iversen博士も同様の結果をMEGを用いて導き出した。Iversen博士は、非常に単調なリズムを被験者に聞かせ、2つのうちのどちらの音が拍子に聞こえるかを尋ねた。MEGは、被験者が拍子だと感じた音を聞いているときに、脳活動の増加を示した。この、脳活動の増加は、20ヘルツから30ヘルツと測定されたが、これは、被験者が運動器を使っているときにMEG上で見られる周波数帯域と同じなのである。MEG上で同じような周波数帯域が見られるということはやはり、拍子の検出と運動には関連性があるということである。

質問・選択肢の訳

41. このパッセージの主旨をもっともよく説明しているのは以下のどれか。
(A) Cochrane Libraryには、患者が読んだり調べたりするための、音楽療法の本が数多くある。
(B) 音楽療法は遠い昔に、鬱病やパーキンソン病といった病気をもつ患者を治療するための有効な方法であると証明された。
(C) 音楽療法の治療効果に科学的根拠を与えるためにfMRIとMEG装置が利用されている。
(D) イギリスとサンディエゴの神経学者は神経科学の研究における音楽療法の利用について異なる意見を持っている。

42. 6行目の"paralyzing"という単語が表すのはどの種類の障害か。
(A) 精神的な
(B) 身体的な
(C) 感情的な
(D) 上記のどれでもない

43. パッセージによると、最近になってやっと、音楽療法に科学的根拠が与えられたのはなぜか。
(A) 最新技術が、音楽と脳の運動野の関連性についての根拠を与えることができるようになったから
(B) 効果的であるとすでに広く信じられていた音楽療法に対して、根拠を与える必要があると感じた人は過去には誰もいなかったから
(C) 音楽療法そのものが、神経系疾患で苦しんでいる患者に対して使われる、新しい技法であるから

(D) 音楽療法は研究者が避けたいと考える、物議をかもす問題である鬱病と関連づけられていたから

44. Grahn博士の研究との関係で言及されていないのは以下のどれか。
(A) fMRI装置
(B) リズミカルな拍子
(C) 周波数帯域
(D) 運動野

45. 12行目の"subjects"という単語が指しているのは
(A) 研究。
(B) 科学。
(C) 喜び。
(D) 人々。

46. パッセージによると、Iversen博士の研究が依存していると思われるのは
(A) MEG装置からの情報。
(B) 被験者からの誠実な情報。
(C) MEG装置からの情報と被験者からの誠実な情報の両方。
(D) MEG装置からの情報でも、被験者からの誠実な情報でもない。

47. fMRIとMEGという頭文字の意味について筆者が述べているのは、パッセージのどこか。
(A) 6行目から8行目
(B) 11行目から12行目
(C) 19行目から20行目
(D) 25行目から26行目

48. 17行目の"detection"にもっとも意味が近いのはどれか。
(A) 認識
(B) 野心
(C) 迷信
(D) 予感

49. このパッセージのトーンをもっともよく表しているのはどれか。
(A) 辛らつな
(B) 学問的な

Section 3

(C) 当惑した
(D) 嘲るような

50. このパッセージを読むことによって利益を得ないと思われるのは誰か。
(A) 鬱病の人
(B) 神経学を勉強している研修医
(C) 介護施設で働いている清掃作業員
(D) 脳に障害がある子どもの親

重要語句

- **facilitate** 他 ～を手助ける；～を促進する
- **paralyze** 他 ～をまひさせる
- **whereas** 接 ～であるのに対して
- **detection** 名 探知；検出
- **neuroscience** 名 神経科学

●著者紹介

高橋 良子　Takahashi Ryoko

　大阪出身。中学・高校時代をアメリカで過ごす。慶応義塾大学卒業、テンプル大学大学院教育学研究科修士課程修了。専門は外国語教授法 (TESOL)。早稲田大学、テンプル大学ジャパンキャンパスなどで主に TOEFL コース、ライティングコースを担当している。

　著書に、『Living English for the TOEIC® TEST』（共著、センゲージラーニング／アスク出版）、『TOEFL ITP® テスト総合スピードマスター 入門編』（J リサーチ出版）などがある。

キャラ フィリップス　Cara Phillips

　バージニア州出身。ピッツバーグ大学卒業、専門は日本語とアジア研究。コロラド州立大学修士号取得、専門は英語教育 (TEFL／TESL)。コロラド州立大学、関西学院大学、東洋学園大学、テンプル大学ジャパンキャンパスなどで主にリスニング・スピーキングコース、ライティングコース、TOEFL コースを講師として教えた経験をもつ。現在は、自身が経営する英語教室 Homemade English でコンテントベース（英語を使ったアクティビティ）のレッスンを行っている。
教室 HP : http://carasensei.com

|カバーデザイン|滝デザイン事務所|
|本文デザイン／DTP|朝日メディアインターナショナル株式会社|

TOEFL ITP® テストスピードマスター　完全模試

平成 25 年（2013 年）2 月 10 日　初版第 1 刷発行

著　者	高橋良子／キャラ・フィリップス
発行人	福田富与
発行所	有限会社 J リサーチ出版
	〒166-0002　東京都杉並区高円寺北 2-29-14-705
	電　話 03 (6808) 8801 (代)　FAX 03 (5364) 5310
	編集部 03 (6808) 8806
	http://www.jresearch.co.jp
印刷所	大日本印刷株式会社

ISBN978-4-86392-127-6　禁無断転載。なお、乱丁・落丁はお取り替えいたします。

© 2013 Ryoko Takahashi, Cara Phillips. All rights reserved.

Jリサーチ出版のTOEFL® TEST対策本

単語　総合対策　模試

シリーズでバランスよく学習できる
TOEFL対策はJリサーチ出版

TOEFL® iBT・ITP対応
TOEFL® TEST 英単語スピードマスター
CD 2枚付

TOEFLスタイルの例文で完全マスター頻出3000語

単語を極める。受験者必携の1冊

コンピュータ分析により頻出語彙3000語を厳選して収録。ジャンル別の構成で覚えやすい。アカデミック語彙も充実。大学のポピュラーな学術分野の頻出語彙を網羅。留学後も役立つ。学生生活に必要な「リスニング語彙」や「イディオム」もカバー。

妻鳥 千鶴子／Mark D.Stafford／松井 こずえ／水本 篤 共著
A5判変型／定価1600円（本体）

団体受験テスト対応
TOEFL® ITPテスト 総合スピードマスター入門編
CD付

はじめて受ける人にも全セクションがよくわかる解法48

はじめて受ける人のための最初の1冊

TOEFL ITP（団体受験）を受ける学生に向け、全セクション・全パートの攻略法を模擬テスト1回分を提供。初めて受ける学生も視野に入れ、受験前の準備・心がまえから超実践的な解法までを懇切丁寧に伝授。

高橋 良子／クレイグ・ブラントリー 共著
A5判／定価1600円（本体）

団体受験テスト対応
TOEFL ITP®テスト スピードマスター完全模試
CD 3枚付

リアルな本番形式の模擬テスト3回分収録　スコア換算表つき

本番前の総仕上げに最適。模試3回分

究極の使いやすさを追求した本試験前に必ず使いたい1冊。本番形式の模擬試験3回分収録。全ての問題に日本語訳と丁寧な解説つき。重要語句のリストでカンタンに語彙チェックができる。スコア換算表つきだから実力把握や本番前の総仕上げに最適。

高橋良子／キャラ・フィリップス 共著
A5判／定価2000円（本体）

全国書店にて好評発売中！

TOEFL is a registered trademark of Educational Testing Service

http://www.jresearch.co.jp　Jリサーチ出版　〒166-0002　東京都杉並区高円寺北2-29-14-
TEL03-6808-8801　FAX03-5364-53

模擬試験

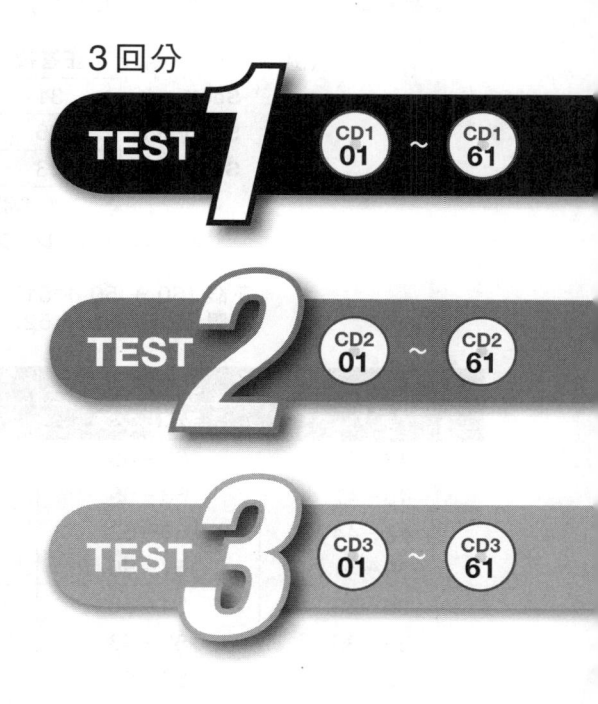

3回分

TEST 1 CD1 01 ~ CD1 61

TEST 2 CD2 01 ~ CD2 61

TEST 3 CD3 01 ~ CD3 61

※この別冊を強く引っぱると取り外せます。

The TOEFL® Test Directions are reprinted by permission of Educational Testing Service, the copyright owner. All other information contained within this publication is provided by J-Research Press. No endorsement of any kind by Educational Testing Service should be inferred.

スコア換算表

模擬テストの各セクションの正答数を数え、本試験の予想スコアを算出しましょう。ただし、実際のTOEFL ITPでは、全受験者の得点をもとに統計処理をくわえてスコアが算出されます。この予想スコアは、おおよその目安として活用してください。

① 各セクションの正答数を数え、予想レンジを算出
② 各セクションの予想レンジの下限と上限を算出
③ 以下の数式にあてはめ、トータルスコアの下限と上限を算出
　　(Section 1 ＋ Section 2 ＋ Section 3) × 10 ÷ 3 ＝ トータルスコア
　　※ 最高点は677点・最低点は310点です。

（例）

	正答数	予想レンジ
Section 1	31	50 － 51
Section 2	26	50 － 51
Section 3	33	51 － 52
合計		－
トータルスコアレンジ		503 － 513

下限　(50 ＋ 50 ＋ 51) × 10 ÷ 3 ＝ 503.333
上限　(51 ＋ 51 ＋ 52) × 10 ÷ 3 ＝ 513.333

正答数レンジ	Section 1 予想レンジ	Section 2 予想レンジ	Section 3 予想レンジ
48－50	66－68		64－67
45－47	63－65		60－63
42－44	60－62		57－59
39－41	57－59	65－68	55－56
36－38	54－56	60－64	53－54
33－35	52－53	57－59	51－52
30－32	50－51	54－56	49－50
27－29	49－50	52－53	46－48
24－26	47－48	50－51	44－45
21－23	45－46	47－49	41－43
18－20	43－44	44－46	38－40
15－17	40－42	41－43	36－37
12－14	36－39	38－40	34－35
9－11	32－35	32－37	32－33
0－8	31	31	31

TEST 1   CD1 01 ~ CD1 61

Section 1 Listening Comprehension

1

Time: approximately 35 minutes

In this section of the test, you will have an opportunity to demonstrate your ability to understand conversations and talks in English. There are three parts to this section, with special directions for each part. Answer all the questions on the basis of what is stated or implied by the speakers in this test. Do **not** take notes or write in your test book at any time. Do **not** turn the pages until you are told to do so.

Part A

Directions: In Part A, you will hear short conversations between two people. After each conversation, you will hear a question about the conversation. The conversations and questions will not be repeated. After you hear a question, read the four possible answers in your test book and choose the best answer. Then, on your answer sheet, find the number of the question and fill in the space that corresponds to the letter of the answer you have chosen.

Here is an example.

On the recording, you will hear:

Sample Answer

● Ⓑ Ⓒ Ⓓ

In your test book, you will read:
(A) He doesn't like the painting either.
(B) He doesn't know how to paint.
(C) He doesn't have any paintings.
(D) He doesn't know what to do.

You learn from the conversation that neither the man nor the woman likes the painting. The best answer to the question "What does the man mean?" is (A), "He doesn't like the painting either." Therefore, the correct choice is (A).

Wait

Copyright © 2012 Educational Testing Service. www.ets.org

1. (A) He figured Rob did not want to study.
   (B) He knew Rob went to South Africa.
   (C) He believed his summer was broad.
   (D) He thought Rob had not studied overseas.

2. (A) She's thrilled Karen is running.
   (B) She thinks Karen will not be happy.
   (C) She is unhappy Karen might be president.
   (D) She is glad Karen is running for president.

3. (A) The test was easier than before.
   (B) The test was harder than before.
   (C) The test was incredibly difficult.
   (D) The test was hard-earned.

4. (A) He probably won't graduate in four years.
   (B) Only one double-major student will finish school in four years.
   (C) Cell phones can help him finish in four years.
   (D) He does not like the idea of having two majors as the standard.

5. (A) Should the office call her on orientation day?
   (B) Should she call the office if her packet does not arrive?
   (C) Should the office contact students about the packet?
   (D) Should she not receive a packet beforehand?

6. (A) Classes may change room numbers at any time.
   (B) They might change the room number before the term starts.
   (C) The class subject could change before the term starts.
   (D) Classes may change room numbers based on comments.

7. (A) She is concerned she won't get the scholarship.
   (B) She worries about going alone.
   (C) She might have to loan some money.
   (D) She is afraid she cannot apply for school.

8. (A) Caroline will not drive to the party.
   (B) Caroline might drive to the party.
   (C) Caroline might have an accident.
   (D) Caroline says driving is hard.

9. (A) Individuals have brought the cheating to the university's attention.
   (B) Investigators complained about the student's way.
   (C) Complaints about the investigation were made by the student.
   (D) An investigation of complaints by the student is underway.

10. (A) They are going to the beach.
    (B) This weekend will be entertaining.
    (C) He wants to take his mom to the beach.
    (D) He will not be able to attend.

11. (A) There will not be that long of a wait.
    (B) They made a reservation, but it was lost.
    (C) It would have been faster if they had called ahead of time.
    (D) He has reservations about eating there.

12. (A) He should not be a child or himself.
    (B) He should not give a false name.
    (C) He should be relaxed and genuine.
    (D) He should not be blindsided by his date.

13. (A) She uses her time wisely to be able to work several hours a week.
    (B) She had to stop working because of her demanding schedule.
    (C) She thought the two of them could work from age 16.
    (D) She figured waiting 16 tables this term would take enough time.

14. (A) She is not close to finishing it either.
    (B) She did not hear what the man said.
    (C) She thinks he should read it again.
    (D) She disagrees with the man.

15. (A) Melinda is an extremely tall person.
    (B) Melinda has platinum blond, fluffy hair.
    (C) Melinda likes flying more than studying.
    (D) Melinda often does not pay attention.

16. (A) If she can get attendance points in another way.
    (B) If she cannot can classify her absences.
    (C) If she cannot put on make-up somehow.
    (D) If she can go to class even though she is sick.

17. (A) The men's team was expected to go away, but the women's team did instead.
    (B) The women's team is doing surprisingly better than the men's team.
    (C) He would say "Way to go!" to the men's team, if given the opportunity.
    (D) Only the women's team, not the men's, performed as expected this year.

18. (A) A residence hall.
    (B) A pool-side lounger.
    (C) An on-campus cafe.
    (D) A Mormon church.

19. (A) The woman should have received eighteen issues of the magazine from the depot.
    (B) The woman was supposed to get a bank slip telling her the balance.
    (C) The woman was told to recite the information on top of everything else.
    (D) The woman should have balanced on her feet during the recital.

20. (A) She needs to be more aggressive.
    (B) She has time to hide her papers.
    (C) She should start studying now.
    (D) She had better punch her novels.

21. (A) He thinks if he tries hard he will get an A.
    (B) He thinks it is impossible for him to get an A.
    (C) He thinks it's possible to think about an A.
    (D) He thinks studying one more hour is impossible.

22. (A) A classmate.
    (B) An instructor.
    (C) A librarian.
    (D) A coach.

23. (A) Defensive and offensive players are not distinguished in Rugby.
    (B) Defensive and offensive players are not distinguished in American football.
    (C) There is mainly no significant difference between defense and offense in either sport.
    (D) Defensive and offensive players are not distinguished in either sport.

24. (A) He will take his time and go fishing, as usual.
    (B) He probably wants to go fishing with the woman.
    (C) He always thinks he can get fish take-out for free.
    (D) He would like to learn how to fish this summer.

25. (A) He could live alone and cook in the dorms.
    (B) He will be able to have more freedom in an apartment.
    (C) He definitely never liked living on campus.
    (D) He has not had to wait very long to move house.

26. (A) She doesn't like sports as much as doing essays.
    (B) She has to write some papers, so cannot attend the games.
    (C) She does not understand what March Madness is.
    (D) She likes basketball, so she will join the man next week.

27. (A) He does not think it's cold.
    (B) He doesn't like to swim.
    (C) He agrees with the woman.
    (D) He disagrees with the woman.

28. (A) He feels there is a simpler option than tuition.
    (B) He used to have a simple wish and two missions.
    (C) He believes it is difficult to pay for school.
    (D) He wishes getting on a schooner ship were easy.

29. (A) He recommends another dish.
    (B) The chicken is not his favorite.
    (C) The fajitas are not too tasty.
    (D) The spiciness is just right.

30. (A) She does not have a study partner for German.
    (B) She always likes to study German alone.
    (C) She prefers to be alone with her German partner.
    (D) She practices speaking in German with someone.

1 1 1 1 1 1 1

Part B

Directions: In this part of the test, you will hear longer conversations. After each conversation, you will hear several questions. The conversations and questions will not be repeated.

After you hear a question, read the four possible answers in your test book and choose the best answer. Then, on your answer sheet, find the number of the question and fill in the space that corresponds to the letter of the answer you have chosen.

Remember, you are **not** allowed to take notes or write in your test book.

(Wait)

Copyright © 2012 Educational Testing Service. www.ets.org

31. (A) Two friends.
    (B) Two classmates.
    (C) A mother and her son.
    (D) A professor and her student.

32. (A) She is envious because his grade for that course is better than hers.
    (B) She worries he might fail because 80% is the passing grade.
    (C) She thinks his grade does not reflect his high performance in class.
    (D) She believes his low anxiety is the cause of his poor quiz and test scores.

33. (A) He has anxiety when taking quizzes and tests.
    (B) He studies very hard and can focus every time.
    (C) He does not know where the counseling center is.
    (D) He does better on tests when he is nervous.

34. (A) Drop the course.
    (B) See a counselor.
    (C) Check out a book.
    (D) Pay a student fee.

35. (A) An ex-boyfriend.
    (B) A party.
    (C) A fight.
    (D) A roommate.

36. (A) Because Keesha would be upset if she went.
    (B) Because the woman already has other plans.
    (C) Because there will probably be drinking there.
    (D) Because Megan had a falling out with the man.

37. (A) One speaker's ex-boyfriend.
    (B) One speaker's girlfriend.
    (C) One speaker's date.
    (D) One speaker's roommate.

38. (A) The speakers will go out to eat tacos.
    (B) The speakers will have hangovers.
    (C) The speakers will be awake until noon.
    (D) The speakers will play some music.

1 1 1 1 1 1 1

Part C

Directions: In this part of the test, you will hear several talks. After each talk, you will hear some questions. The talks and the questions will not be repeated.

After you hear a question, read the four possible answers in your test book and choose the best answer. Then, on your answer sheet, find the number of the question and fill in the space that corresponds to the letter of the answer you have chosen.

Here is an example.

On the recording, you will hear:

Here is an example (question).

You will hear: **Sample Answer**

                                                                         Ⓐ　Ⓑ　●　Ⓓ

In your test book, you will read: (A) To demonstrate the latest use of computer
                                       (B) To discuss the possibility of an economic
                                            depression.
                                       (C) To explain the workings of the brain.
                                       (D) To dramatize a famous mystery story.

The best answer to the question, "What is the main purpose of the program?" is (C), "To explain the workings of the brain." Therefore, the correct choice is (C).

Here is another example (question).

You will hear: **Sample Answer**

                                                                         Ⓐ　Ⓑ　Ⓒ　●

In your test book, you will read: (A) It is required of all science majors.
                                            (B) It will never be shown again.
                                            (C) It can help viewers improve their memory
                                            skills.
                                            (D) It will help with course work.

The best answer to the question, "Why does the speaker recommend watching the program?" is (D), "It will help with course work." Therefore, the correct choice is (D).

Remember, you are **not** allowed to take notes or write in your test book.

(Wait)

Copyright © 2012 Educational Testing Service. www.ets.org

39. (A) The link between diabetes and obesity.
    (B) Causes of the scourge in diabetes.
    (C) Overweight Americans' many symptoms.
    (D) Dying of obesity in America.

40. (A) Diabetes symptoms are not always obvious.
    (B) More and more Americans are becoming overweight.
    (C) There are two types of diabetes: 1 and 2.
    (D) There is a connection between diabetes and obesity.

41. (A) Going on a diet to lose weight.
    (B) Occasionally becoming thirsty.
    (C) Often feeling angry or annoyed.
    (D) Feeling exhausted sometimes.

42. (A) Behavioral Psychology.
    (B) Advanced Mathematics.
    (C) Electrical Engineering.
    (D) Health Sciences.

43. (A) Color theory.
    (B) Ways to create a beautiful painting.
    (C) Tips for buying oil paints.
    (D) How to use oil paint colors.

44. (A) These colors, when combined, can create all colors.
    (B) Buying many different colors is expensive.
    (C) These colors are wonderful for painting rainbows.
    (D) It is better to have a limited number of colors in a painting.

45. (A) It solves the problem of being fat.
    (B) It is a brush that is one part oil.
    (C) It is a liquid that artists mix with oil paints.
    (D) It shows techniques for making different colors.

46. (A) White and black.
    (B) Purple, orange and green.
    (C) Red, blue and yellow.
    (D) Ultramarine blue and burnt umber.

47. (A) A professor.
    (B) A congressman.
    (C) A tour guide.
    (D) A house owner.

48. (A) A guarantee of fairness and accountability.
    (B) A mathematical equation of weight.
    (C) A system of executives and slated benches.
    (D) A government with power and influence.

49. (A) The number of representatives.
    (B) The association with states.
    (C) The population of the United States.
    (D) The branches of government.

50. (A) Explain Congress in more detail.
    (B) Explain the Senate in more detail.
    (C) Show the House of Representatives' offices.
    (D) Create laws with the tour group.

**This is the end of Section 1.
Stop work on Section 1.**

**Do NOT read or work on any other section of the test.
The supervisor will tell you when to begin work on Section 2.**

Section 2
Structure and
Written Expression

Time: 25 minutes

This section is designed to measure your ability to recognize language that is appropriate for standard written English. There are two types of questions in this section, with special directions for each type.

Structure

Directions: Questions 1-15 are incomplete sentences. Beneath each sentence you will see four words or phrases, marked (A), (B), (C), and (D). Choose the **one** word or phrase that **best** completes the sentence. Then, on your answer sheet, find the number of the question and fill in the space that corresponds to the letter of the answer you have chosen.

Example I

Geysers have often been compared to volcanoes ------- they both emit hot liquids from below the Earth's surface.

(A) due to
(B) because
(C) in spite of
(D) regardless of

Sample Answer
(A) ● (C) (D)

The sentence should read, "Geysers have often been compared to volcanoes because they both emit hot liquids from below the Earth's surface." Therefore, you should choose answer (B).

Example II

During the early period of ocean navigation, ------- any need for sophisticated instruments and techniques.

(A) so that hardly
(B) where there hardly was
(C) hardly was
(D) there was hardly

Sample Answer
(A) (B) (C) ●

The sentence should read, "During the early period of ocean navigation, there was hardly any need for sophisticated instruments and techniques." Therefore, you should choose answer (D).

Copyright © 2012 Educational Testing Service. www.ets.org

Go on to the next page

1. The screenwriter for the high grossing 1921 silent film *The Four Horsemen of the Apocalypse* was a woman ------- June Mathis.
   (A) named
   (B) who named
   (C) name of
   (D) who was name

2. Rosemary is a fragrant herb that also ------- effective as a natural digestive aid, anti-inflammatory and antidepressant.
   (A) prove
   (B) been proved
   (C) has proven
   (D) had been proves

3. Pterosaurs, often referred to incorrectly as "pterodactyls", lived during the Triassic and Cretaceous periods, ------- the first vertebrates to master flight.
   (A) and they
   (B) they were
   (C) and were they
   (D) and they were

4. After -------, a human fetus will have developed reflexes and will move in response to external stimuli.
   (A) twelve weeks
   (B) is twelve weeks
   (C) in twelve weeks
   (D) become twelve weeks

5. In the 2012 Summer Olympic Games in London, South African Oscar Pistorius ------- in the 400-meter sprint with two artificial limbs in place of legs.
   (A) competing
   (B) competed
   (C) is competing
   (D) has competed

6. According to the U. S. Census of 2000, about a quarter of both female and male same-sex couples reported ------- children living at home.
   (A) had
   (B) have
   (C) having
   (D) have had

7. After a tsunami ------- by an earthquake underneath the ocean floor, the tsunami waves continue to increase in size and velocity as they approach land.
   (A) is triggered
   (B) has triggered
   (C) triggers
   (D) triggering

8. Antonio Vivaldi is best known for his violin concertos called "The Four Seasons", ------- this Italian Baroque composer also wrote numerous choral ensembles and more than forty operas.
   (A) who
   (B) but
   (C) but who
   (D) but whom

Go on to the next page

9. In addition to ------- the title character in *The Adventures of Tom Sawyer*, Thomas Sawyer can also be found in several other Mark Twain novels including *Adventures of Huckleberry Finn*, *Tom Sawyer Abroad*, *Tom Sawyer, Detective*, and a few unfinished works.
   (A) is
   (B) are
   (C) being
   (D) been

10. ------- only served one month in office, President William Harrison succumbed to pneumonia in April of 1841, and thus became the first president to die in office.
    (A) Having
    (B) Had
    (C) He having
    (D) He had

11. Were the ice caps in the Arctic Circle ------- melting at their current rate, polar bears would have a higher chance of survival.
    (A) stop
    (B) stops
    (C) to stop
    (D) would stop

12. Most people believe ------- invented electricity, but electricity exists in nature and Edison simply discovered ways to utilize electricity for various purposes.
    (A) that Thomas Edison
    (B) it was Thomas Edison
    (C) Thomas Edison who
    (D) what Thomas Edison

13. ------- are born only after three to six months of gestation in their mother's uterus, all baby pandas are premature and weigh approximately 100 grams.
    (A) Since
    (B) They
    (C) Since they
    (D) Since have been

14. While the hyperbola comes close to its asymptotes, ------- never touches or crosses these lines because the asymptotes are the boundaries of the hyperbola.
    (A) and
    (B) but
    (C) they
    (D) it

15. Market equilibrium is a theory of the natural balance between supply and demand ------- to achieve given the many contributing factors that upset this balance in the real world.
    (A) is impossible
    (B) which is impossible
    (C) and it is impossible
    (D) that it is impossible

Written Expression

Directions: In questions 16-40, each sentence has four underlined words or phrases. The four underlined parts of the sentence are marked (A), (B), (C), and (D). Identify the one underlined word or phrase that must be changed in order for the sentence to be correct. Then, on your answer sheet, find the number of the question and fill in the space that corresponds to the letter of the answer you have chosen.

Example I   **Sample Answer**

Guppies are sometimes <u>call</u> rainbow <u>fish</u> <u>because of</u>   ● Ⓑ Ⓒ Ⓓ
                           A   B   C
the males' <u>bright</u> colors.
              D

The sentence should read, "Guppies are sometimes called rainbow fish because of the males' bright colors." Therefore, you should choose (A).

Example II   **Sample Answer**

<u>Serving</u> several <u>term</u> in Congress, Shirley Chisholm   Ⓐ ● Ⓒ Ⓓ
    A   B
became an <u>important</u> United States <u>politician</u>.
              C   D

The sentence should read, "Serving several terms in Congress, Shirley Chisholm became an important United States politician." Therefore, you should choose answer (B).

Copyright © 2012 Educational Testing Service. www.ets.org

16. The city council had neither held a meeting or took a poll before the final decision
        A   B   C
    was made yesterday.
      D

17. The reporter commended Charles De Gaulle for being the most courageousest of
                                              A   B
    men, walking on gallantly amidst the gunfire.
                   C   D

18. Onetime Olympic hopeful, Steve Prefontaine, held national records in much long
       A   B   C   D
    distance races.

19. NASA has make six successful landings on the moon with Apollo missions 11, 12,
               A   B   C
    14, 15, 16 and 17.
               D

20. Not everyone is able to smell, as a small percentage of the population have
                 A   B
    anosmia, a condition in which a person lacks a functioning olfactory sense.
                          C   D

21. By the time butterflies have emerged from their cocoons, they are fully develop
    A   B   C   D
    adult insects.

22. Studies show that the best the nutrition of the birthing feline, the higher the
                          A   B
    likelihood of the survival of its young.
               C   D

23. Unless granted special permission by the Department of Treasury, Americans had
    A   B   C
    been restricted travel to Cuba since the 1960s.
                    D

24. All states require by law that a child under the age of three rides in a child's car
                A   B
    seat, and most laws state that a child should rides in a booster seat until he or she
             C   D
    reaches a certain size.

25. The first and most important step in entrepreneurship is designed a solid business
       A   B   C   D
    plan.

26. Criminal law is a subject matter that fascinates many but are difficult to master.
                 A   B   C   D

27. *The Addams Family* was a popular TV sitcom in the 1960s, decades before they
                        A   B   C
    became the motion picture everyone knows today.
                                      D

28. As the war waned, the Continental soldiers fought with a same vigor as they had at
                A   B   C
    the start of the revolution.
                D

29. The Emancipation Proclamation most likely would not have been issued on January
        A   B
    1, 1863, if had the Battle of Antietam, the bloodiest day in American history, not
             C   D
    occurred.

30. The German philosopher, Frederick Nietzche, condoned Christianity in theory
                                                                       A
    but not in practice, with the claim that Christians believed in Jesus, but do not act as
      B   C   D
    Jesus did.

31. Even the commander-in-chief himself cannot imagine the devastation the nuclear
                                    A   B
    weapons would cause until it was too late.
                   C   D

32. Egyptologists insist that many tombs of ancient Egyptian royalty has yet to be
                       A   B   C   D
    discovered.

33. When hospitalized with mental illness, Van Gogh paints his "The Starry Night",
          A   B   C
    which later became one of his most recognized masterpieces.
                                                  D

34. Because the pesticides had been tested and deemed safe for use by local farmers,
    ___A___   ___B___
consumers should have no reason to be alarmed.
          ___C___   ___D___

35. There are many inconsistent symptom of Lyme Disease, often making it extremely
    ___A___   ___B___   ___C___   ___D___
difficult to diagnose.

36. The usual procedure is to formulate a hypothesis first and collecting data second.
    ___A___   ___B___   ___C___   ___D___

37. Several criterion must be met to be a Kabuki actor, such as being male, undergoing
            ___A___   ___B___
rigorous training, having an aptitude for dance, and often being born into a Kabuki
                                     ___C___   ___D___
family.

38. Prince William can only be crown king when his grandmother, Queen Elizabeth,
                   ___A___   ___B___
passes away and his father, Prince Charles, either passes away or abdicates his throne.
             ___C___   ___D___

39. Even though much of Americans are self-reportedly monolingual, the exact number
                ___A___   ___B___   ___C___
is unclear because the census only asks citizens which languages are spoken at home.
                                                                 ___D___

40. Abraham Lincoln may have been abolished slavery, but him did not believe African
                    ___A___   ___B___
Americans should be integrated into white society.
          ___C___   ___D___

This is the end of Section 2.
If you finish before time is called, check your work on Section 2 only.

The supervisor will tell you when to begin work on Section 3.

No test material on this page.

No test material on this page.

Section 3
Reading Comprehension
Time: 55 minutes

Directions: In this section you will read several passages. Each one is followed by a number of questions about it. For questions 1-50, you are to choose the **one** best answer, (A), (B), (C), or (D), to each question. Then, on your answer sheet, find the number of the question and fill in the space that corresponds to the letter of the answer you have chosen.

Answer all questions about the information in a passage on the basis of what is **stated** or **implied** in that passage.

Read the following passage:

> The railroad was not the first institution to impose regularity on society, or to draw attention to the importance of precise timekeeping. For as long as merchants have set out their wares at daybreak and communal festivities have been celebrated,
> Line people have been in rough agreement with their neighbors as to the time of day.
> (5) The value of this tradition is today more apparent than ever. Were it not for public acceptance of a single yardstick of item, social life would be unbearably chaotic: the massive daily transfers of goods, services, and information would proceed in fits and starts; the very fabric of modern society would begin to unravel.

Example I   **Sample Answer**

What is the main idea of the passage?   ● Ⓑ Ⓒ Ⓓ

(A) In modern society we must make more time for our neighbors.
(B) The traditions of society are timeless.
(C) An accepted way of measuring time is essential for the smooth
     functioning of society.
(D) Society judges people by the times at which they conduct certain activities.

The main idea of the passage is that societies need to agree about how time is measured in order to function smoothly. Therefore, you should choose answer (C).

Example II   **Sample Answer**

In line 5, the phrase "this tradition" refers to   Ⓐ Ⓑ Ⓒ ●

(A) the practice of starting the business day at dawn
(B) friendly relations between neighbors
(C) the railroad's reliance on time schedules
(D) people's agreement on the measurement of time

The phrase "this tradition" refers to the preceding clause, "people have been in rough agreement with their neighbors as to the time of day." Therefore, you should choose answer (D).

Copyright © 2012 Educational Testing Service. www.ets.org

Questions 1-10

Affirmative action has been an equal opportunity policy in the United States since the Civil Rights era. John F. Kennedy first signed an executive order in 1961 promoting equal rights to all Americans and an end to discrimination. Four years later, President
Line Lyndon B. Johnson further reinforced "affirmative action" by signing another executive
(5) order making it illegal for companies to hire employees based on race, color, ethnicity, or religion. In 1967, the policy was amended to include "sex", and presently "sexual orientation" is also included in the list of factors by which employers are not allowed to discriminate. Not only employers, but also many educational institutions in the United States today take affirmative action into consideration in admission of students.
(10) To this day, affirmative action is not without controversy. Opponents of affirmative action believe that the effects of the policy will lead to reverse discrimination, giving people of minority groups advantages over people of majority groups. Some who challenge the policy are also concerned that the overall level of skills and quality of work of employees and students will diminish if fulfilling quotas on race, religion,
(15) gender and the like takes precedence over the quality of the applicant.
Conversely, proponents of affirmative action say that without it, discrimination will continue. In order to stop discrimination, supporters believe members of minority groups should be given a fair and equal chance to succeed in education and business. They also say affirmative action is the only way to right the wrong of the history of
(20) racism, sexism and other types discrimination in the United States.

1. What is the best title for the passage?
   (A) "John F. Kennedy, Author of 'Affirmative Action'"
   (B) "How Affirmative Action Changed the Civil Rights Movement"
   (C) "The History and Controversy behind Affirmative Action"
   (D) "Why Affirmative Action Needs to be Abolished"

2. It is stated that affirmative action is employed in situations such as
   (A) resigning from a job.
   (B) applying for university.
   (C) graduating from high school.
   (D) joining a volunteer group.

3. According to the passage, those against affirmative action think
   (A) it is the best opportunity for minority group members.
   (B) it is important to consider the race, religion and gender of employees.
   (C) fulfilling quotas should take precedence over quality.
   (D) it is another type of discrimination in itself.

4. Which of the following is NOT mentioned as support for affirmative action?
   (A) Discrimination should be discontinued.
   (B) The United States should be proud of its history.
   (C) Everyone should have equal opportunities in the workplace.
   (D) No one should be denied the right to education based on race, gender, etc.

5. The expression "takes precedence over" in line 15 is closest in meaning to
   (A) takes into consideration.
   (B) starts all over again.
   (C) eliminates completely.
   (D) comes before.

6. What does the author imply about the Civil Rights era in the United States?
   (A) It started during or before the 1960s.
   (B) Another way to say it is "affirmative action era".
   (C) This was when affirmative action was illegal.
   (D) There was no controversy during this time.

7. Where in the passage does the author list the original factors of affirmative action?
   (A) Lines 2-3
   (B) Lines 3-6
   (C) Lines 6-8
   (D) Lines 12-15

8. The pronoun "they" in line 19 refers to which of the following?
   (A) Opponents of affirmative action
   (B) Proponents of affirmative action
   (C) Members of minority groups
   (D) Education and business

9. Which would best describe the author's primary purpose in this passage?
   (A) To give an overview of affirmative action
   (B) To get companies to reconsider their hiring policies
   (C) To convince readers that affirmative action is bad
   (D) To convince readers that affirmative action is good

10. The passage would probably be assigned reading in a course on
    (A) astrophysics.
    (B) Civil War history.
    (C) political science.
    (D) social psychology.

Questions 11 - 20

    J.K. Rowling, the renowned author of the *Harry Potter* children's book series, has led a life best described as a rags-to-riches success story. Her net worth is currently valued at one billion US dollars, and her books have achieved the status of best-selling
Line series of all time. However, just two decades ago, this woman who used to be known as
(5) Joanne Rowling, was just a single mother struggling to make ends meet.
    She thought of the concept of her first book, *Harry Potter and the Philosopher's Stone*, on a train and had already thought up the basic plot, named many of the characters, and even decided on some details about Harry's wizard school by the time she got home. The following few years were riddled with bad luck for the novelist,
(10) beginning with her mother's death in 1990, followed by divorce and depression. By 1994 Joanne was living and working as a single mother on welfare. Given these obstacles, it took her five years to write *The Philosopher's Stone* from start to finish, and Rowling finally found a U.K. publisher two years later in 1997.
    Largely due to the success of her first book, J.K. Rowling had considerably more
(15) money to write the subsequent *Harry Potter* books at a much faster rate, and thus had completed the series of seven novels by July of 2007. The final book, *Harry Potter and the Deathly Hallows*, sold 11 million copies on the first day it hit the shelf. Also around the time she finished the second book, Rowling had already signed a release with Warner Brother's Pictures to make the *Harry Potter* book series into a *Harry Potter*
(20) movie series. Since their release, both the books and the movies have been hugely popular with children and adults alike.

11. What is the author's main point about J.K. Rowling?
    (A) She is an amazing author with incredible talent.
    (B) As a writer, she achieved success quickly and easily.
    (C) Her books took her from rock bottom to riches and fame.
    (D) The *Harry Potter* movies were more popular than her books.

12. According to the passage, which of the following is true about Rowling?
    (A) Her net worth is around US$1,000,000.
    (B) Her first book, *The Philosopher's Stone*, sold the most copies.
    (C) She has always been rich.
    (D) She has a child.

13. Which of the following is NOT stated about the first *Harry Potter* book?
    (A) The book is titled *Harry Potter and The Philosopher's Stone*.
    (B) J.K. Rowling wrote the book in one train ride.
    (C) The book is about a wizard school.
    (D) It took Rowling a long time to finish and get it published.

14. When does the author imply J.K. Rowling started writing *The Philosopher's Stone*?
    (A) 1997
    (B) 1995
    (C) 1990
    (D) 1987

15. What is the purpose of paragraph 2?
    (A) To discuss the difficulties Rowling faced before finding success
    (B) To praise Rowling for making billions of dollars
    (C) To explain about Rowling's family and how they helped her
    (D) To show how popular Rowling's books and movies have become

16. The expression "make ends meet" in line 5 probably means
    (A) create.
    (B) survive.
    (C) finish.
    (D) write.

17. Where in the passage does the author mention the last *Harry Potter* book?
    (A) Lines 6-9
    (B) Lines 11-13
    (C) Lines 16-17
    (D) Lines 17-20

18. Where in the passage does the author write about the *Harry Potter* films' contract?
    (A) Lines 1-2
    (B) Lines 11-13
    (C) Lines 16-17
    (D) Lines 20-21

19. The word "subsequent" in line 15 is closest in meaning to
    (A) weaker.
    (B) successful.
    (C) same.
    (D) following.

20. The paragraph following this passage would most likely discuss
    (A) Rowling's childhood.
    (B) Rowling's teenage years.
    (C) Rowling's first book.
    (D) Rowling's life today.

Questions 21-30

One extreme example of the decrease in the Earth's water sources is the desertification of Lake Chad in North Central Africa. In the past forty years, Lake Chad has shrunk to twenty percent of its original size. In fact, desertification has become a
Line problem worldwide due to global warming and increased human demand for water.
(5) Currently, water is being pumped fifteen times faster than can be replenished naturally, such as through rain, and some areas are facing droughts more than ever before.
When ground water is not replenished quickly enough, lakes and riverbeds dry up and giant sinkholes can develop. For instance, the elevation of Mexico City is sinking at a rate of around three inches annually. This city, previously called "Tenochtitlan"
(10) under the Aztec empire, used to be navigated via canals. In the 16th century, when the Spaniards aimed to reconstruct the city to look like Madrid, they began draining many of the canals, thus depleting a large proportion of its water sources.
As water sources are depleted, there is not only a lack of water but also an increase in illness and fatalities across the globe. When in search for new water sources, cities
(15) often have to settle on rivers or lakes that have become contaminated. Most developing countries do not have the money or resources to construct water sanitation systems. Therefore, drinking water and water used in the irrigation of crops remain unfit for human consumption. Affecting one out of every six people on the planet, contaminated water is considered the greatest cause for disease and death–more than AIDS, cancer or
(20) war.

21. The main topic of this passage is the
    (A) denial about global warming.
    (B) decline in desertification.
    (C) decrease in water sources.
    (D) destruction of water canals.

22. The author indicates that Lake Chad has
    (A) gotten slightly smaller.
    (B) remained a sufficient water source.
    (C) been the cause of global warming.
    (D) drastically diminished in size.

23. What probably happened to Lake Chad to cause it to dry up?
    (A) A drought
    (B) An increase in water use
    (C) Global warming
    (D) All of the above

24. Which of the following is NOT discussed about Mexico City in this passage?
    (A) It was a better place to live before the Spaniards arrived.
    (B) Its people have suffered from a lack of water availability.
    (C) Its elevation has been affected by having fewer canals.
    (D) It was formerly the Aztec city of Tenochtitlan.

25. What is the meaning of the word "sinking" in line 8?
    (A) Going up
    (B) Going down
    (C) Going over
    (D) Going around

26. Where in the passage does the author give evidence of the clean water shortage?
    (A) Paragraph 1
    (B) Paragraph 2
    (C) Paragraph 3
    (D) None of the paragraphs

27. It can be inferred from the passage that
    (A) people in Mexico City have less access to water than other parts of Mexico.
    (B) being exposed to contaminated water can eventually cause AIDS or cancer.
    (C) there are many water pumping machines at Lake Chad.
    (D) most deaths related to drinking dirty water are in underdeveloped countries.

28. The expression "unfit for human consumption" in lines 17-18 indicates people
    (A) cannot safely partake of it.
    (B) should use it to wash food.
    (C) are unable to find it in their irrigation ditches.
    (D) might be able to eat it but not drink it.

29. Which of the following would the paragraph preceding this passage most likely contain?
    (A) An introduction about climate change with regard to water
    (B) Statistics about how drinking water is good for our health
    (C) The history of developing countries in Africa and Mexico
    (D) An explanation of the impact of AIDS, cancer and war

30. What is the tone of the passage?
    (A) Ironic
    (B) Witty
    (C) Serious
    (D) Optimistic

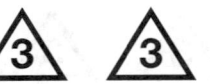

Questions 31-40

While the Nazi concentration camps that imprisoned over 6 million Jewish people in Europe during World War II are well known, the "relocation camps" set up in the United States during the War are not as widely discussed. After the Japanese bombed
Line Pearl Harbor on December 7, 1941, President Roosevelt developed a War Relocation
(5) Authority. The authority sent about 110,000 Japanese Americans and Japanese nationals residing on the West Coast to live inland in guarded compounds surrounded by barbed wire. The reasons given for the relocation were first, to protect American citizens from "the Japanese" living in the United States, and second, to protect these people of Japanese ethnicity from Americans who might consider them enemies. Thus, moving to
(10) these camps, they became victims of racism or the so-coined "prisoners of fear".

In 1942, these individuals of Japanese descent were classified as "enemy aliens", despite any proof of espionage. Forty percent of them were children and seventy percent were American citizens. They were told they had ten days to evacuate their homes and sell most of their belongings. In addition, to calm the fears of many
(15) Americans at that time, the FBI arrested over 1,200 men who were Japanese American leaders in their communities. However, the government never charged these men of any crimes. To avoid arrest or suspicion by the authorities, many Japanese American families quickly destroyed any link they had to Japan, such as letters and keepsakes. Some young Japanese American men even joined the army and fought in the war to
(20) prove their loyalty to America.

By the end of 1944, the Supreme Court of the United States ruled that the U.S. army had no justification for keeping the Japanese and Japanese Americans in the camps. The government released them, but many no longer had a home to go to and decided to start over in new cities. Four decades later, during the Reagan Administration, the
(25) government finally apologized and gave $20,000 to every Japanese American who was forced to live in the relocation camps. Nonetheless, many of the Japanese Americans at that time said that the apology and money did not erase what happened during World War II. They believed there was no excuse for the U.S. government to ever take away American citizens' constitutional rights of freedom and feelings of self-worth.

31. What is one main idea in the passage?
    (A) The Japanese were afraid of Americans during World War II.
    (B) Americans were afraid of Japanese Americans during World War II.
    (C) The Nazis were wrong to put Jewish people in concentration camps.
    (D) The Nazis and Americans were justified in creating the camps.

32. About how many Japanese American citizens were interned in the relocation camps, according to the information in the passage?
    (A) 6,000,000
    (B) 110,000
    (C) 75,000
    (D) 1,200

33. According to the passage, all of the following happened during World War II except
    (A) Roosevelt was the president of the United States.
    (B) there were concentration camps in America.
    (C) some American citizens were called "enemy aliens".
    (D) bombs were dropped in Pearl Harbor.

34. What of the following is closest in meaning to "descent" in line 11?
    (A) Camps
    (B) Country
    (C) Retaliation
    (D) Ethnicity

35. Where in the passage does the author indicate why the Japanese Americans were relocated?
    (A) Lines 3-5
    (B) Lines 7-9
    (C) Lines 14-16
    (D) Lines 24-26

36. The pronoun "they" in line 28 refers specifically to
    (A) the Reagan Administration.
    (B) Japanese Americans.
    (C) the U.S. government.
    (D) American citizens.

37. How is the information in the passage organized?
    (A) Argument then counterargument
    (B) Chronological order
    (C) Reverse chronological order
    (D) Order of importance

38. Where in the passage does the author discuss Japanese Americans joining the war effort?
    (A) Lines 5-7
    (B) Lines 13-14
    (C) Lines 19-20
    (D) Lines 26-28

39. "No excuse for" in line 28 is an expression of
    (A) forgiveness.
    (B) exhaustion.
    (C) understanding.
    (D) condemnation.

40. What would most likely NOT be a reason for assigning this reading?
    (A) To criticize the Japanese for bombing Pearl Harbor.
    (B) To educate students on World War II happenings within U.S. borders
    (C) To teach pupils about lesser-known injustices
    (D) To inform young people of a complicated time in U.S. history

Questions 41-50

Technology has made an incredible impact on the world of advertising in many positive, but also some undesirable ways. Specifically, saving time and money has been one positive outcome. Combining jobs from previously segregated industries has
Line been another. Nonetheless, some in the field of advertising feel the quality of work has
(5) depreciated with the incorporation of technological tools and the influx of non-artistic designers.

The speed at which ad campaigns can come to fruition has greatly increased over the years with the advent of computers, graphic imagery, the internet and broadcasting. Advertisements can be created in a matter of hours or days with the use of digital
(10) technology, often without depreciation in quality. In addition, designers were previously limited to media that was affordable. With graphic design options, the choices in affordable media have significantly multiplied. Finally, with instantaneous internet communication, the need to travel has decreased, so advertising executives can save money. They used to have to pay large sums to travel to various locations for their
(15) work.

Another positive outcome is the merging of professions such as broadcasting, advertising, and graphic design to create one visual communication industry, which incorporates a wider variety of skills than the previous advertising industries. In addition, computer savvy people can work in advertising these days - even if they do
(20) not have much artistic ability. To an extent, technology has replaced old-fashioned creativity.

However, many in the advertising field believe that truly exceptional work in advertising these days involves the use of both artistic and technological skill. While someone may be able to work in advertising without creative talent, some believe that
(25) without collaboration from the artistic types the quality of advertising will plummet. Therefore, it can be concluded that teamwork by people of various backgrounds is essential in modern day advertising agencies.

41. The author's main point is
    (A) the quality in advertising has declined due to the influx of graphic designers and advanced communications.
    (B) money and time has been saved in the field of advertising due to inventions in technology.
    (C) there have been many positive and negative aspects to incorporating computers in the field of advertising today.
    (D) there have been several benefits and one drawback in advertising due to technological advancement.

42. What is the purpose of the first paragraph?
    (A) To explain the negative aspects of technological changes in advertising
    (B) To mention the positive aspects of technological changes in advertising
    (C) To introduce the benefits and obstacles to advertising with technological inventions
    (D) To show how advertising has evolved into a multi-faceted communication industry

43. The reading passage mentions that
    (A) the fields of broadcasting and advertising are now essentially one in the same because the lines have been blurred by technology.
    (B) the concept of what is affordable advertising media has not changed dramatically with technological improvements.
    (C) the internet has allowed people working in advertising to travel at cheaper rates than before.
    (D) most ads are created in just a few hours these days because of digital technology and internet communication.

44. According to the passage, which is NOT discussed concerning the merging of advertising with other industries?
    (A) There are benefits to it.
    (B) There are drawbacks to it.
    (C) Many in the industry are confused about it.
    (D) Some in the industry worry about the consequences.

45. What is the meaning of "segregated" in line 3?
    (A) Similar
    (B) Separated
    (C) Sanctioned
    (D) Superior

46. Where in the passage does the author describe the benefits of merging industries?
    (A) Lines 4-6
    (B) Lines 14-15
    (C) Lines 16-18
    (D) Lines 23-25

47. According to the passage, it is most likely the case that in the advertising industry,
    (A) many older executives cannot work with computers.
    (B) some creative types have been at odds with the non-creative types.
    (C) people cannot get jobs easily due to the recent economic depression.
    (D) a lot of money has been lost due to expensive technological improvements.

48. The word "savvy" in line 19 probably means
    (A) trainable.
    (B) job-related.
    (C) uneducated.
    (D) knowledgeable.

49. What does the author give as a possible negative aspect of technological changes in the field of advertising?
    (A) Increased speed in finishing the work
    (B) Increased time in designing advertising campaigns
    (C) Increased quality of work in graphic design
    (D) Increased number of non-artistic designers

50. Which of the following best describes the tone of the passage?
    (A) Humorous
    (B) Matter-of-fact
    (C) Resigned
    (D) Pompous

Go on to the next page

This is the end of Section 3.

If you finish before time is called,
check your work on Section 3 only.

TEST 2   CD2 01 ~ CD2 61

Section 1
Listening Comprehension

1

In this section of the test, you will have an opportunity to demonstrate your ability to understand conversations and talks in English. There are three parts to this section with special directions for each part. Answer all the questions on the basis of what is stated or implied by the speakers in this test. Do **not** take notes or write in your test book at any time. Do **not** turn the pages until you are told to do so.

Part A

Directions: In Part A, you will hear short conversations between two people. After each conversation, you will hear a question about the conversation. The conversations and questions will not be repeated. After you hear a question, read the four possible answers in your test book and choose the best answer. Then, on your answer sheet, find the number of the question and fill in the space that corresponds to the letter of the answer you have chosen.

Here is an example.

On the recording, you will hear: **Sample Answer**
                                                ● Ⓑ Ⓒ Ⓓ

In your test book, you will read: (A) He doesn't like the painting either.
                                   (B) He doesn't know how to paint.
                                   (C) He doesn't have any paintings.
                                   (D) He doesn't know what to do.

You learn from the conversation that neither the man nor the woman likes the painting. The best answer to the question "What does the man mean?" is (A), "He doesn't like the painting either." Therefore, the correct choice is (A).

(Wait)

Copyright © 2012 Educational Testing Service. www.ets.org

1 1 1 1 1 1 1

1. (A) It is bad weather outside and quite cold.
   (B) She does not need him because he's cold.
   (C) Gloves are unnecessary at that temperature.
   (D) He needs to be careful not to lose the other.

2. (A) They should listen more carefully next time.
   (B) They should ask someone about the assignment.
   (C) They should not talk as fast as Professor Simmons.
   (D) They should have Karen do the homework.

3. (A) She has completed half of the paper.
   (B) She wishes she had a few more days.
   (C) She has not written 50% of the essay.
   (D) She is going to turn it in unfinished.

4. (A) He can rent some concert tickets this month.
   (B) He cannot afford to go with her to the show.
   (C) He can neither pay rent nor go to the concert.
   (D) He is excited to see the bear band play live.

5. (A) A school cafeteria worker.
   (B) A much younger sibling.
   (C) A residence hall assistant.
   (D) An academic support tutor.

6. (A) The man can start by receiving $275 on average.
   (B) The man needs to show he is unable to pay for school.
   (C) The man has not started paying his income taxes yet.
   (D) The man needs some study aids to get his grades up.

7. (A) He loves spicy food even if it makes his stomach hurt.
   (B) He has no idea why the woman had the bad peppers.
   (C) He thinks her pain is because of something she ate.
   (D) He knows that she always imagines her illnesses.

8. (A) The woman has bad gas and her medication is not cheap.
   (B) The man thinks bikes are just as expensive as motor vehicles.
   (C) The fuel prices are so high that having a car is not economical.
   (D) The speakers are both eco-friendly and opposed to driving.

9. (A) He lives in Hawaii.
   (B) He thinks she is beautiful.
   (C) He plays golf there daily.
   (D) He cannot go there often.

10. (A) The man can do both in the same day.
    (B) The man should drop out of the job fair.
    (C) The man had better cancel the tennis game.
    (D) The man will have to wait for the matches.

Go on to the next page

11. (A) The man needs to take care of his bad sunburn.
    (B) The man should have applied skin protection.
    (C) The man enjoyed the sunny day at the beach.
    (D) The man keeps putting her on about his pain.

12. (A) He thinks it is impossible to call people from the toilet.
    (B) He wants the woman to lend him her contact lenses.
    (C) He decided he needed the newest model cell phone.
    (D) He will re-enter his friends' information into his phone.

13. (A) If the man will assist them during the drill.
    (B) If she can lead her dorm mates out of the building.
    (C) If the man will kindly tell them when to exit.
    (D) If the man knows about the fire drill today.

14. (A) He wants to prepare barbecue, too.
    (B) He does not know the barbecue's location.
    (C) He has been wandering all around there.
    (D) He tells the woman to go and find him pears.

15. (A) In the chemistry building.
    (B) At the entrance of Wilson Hall.
    (C) Inside a red brick building.
    (D) On the campus grounds.

16. (A) The meals they are currently serving.
    (B) The garden plants they are selling.
    (C) The special French cheese tray.
    (D) The egg coming before the chicken.

17. (A) The man is not very fashionable.
    (B) The man got a haircut quite a while ago.
    (C) The man should buy some light bulbs.
    (D) The man is not always observant.

18. (A) She does not think it was easy.
    (B) She shares the man's opinion.
    (C) She cannot agree with him anymore.
    (D) She does not want more debates.

19. (A) He worries that his parents will say he does not have an eye for art.
    (B) He does not think his parents will like him changing his major to art.
    (C) He is concerned that he will not see his parents any time soon.
    (D) He has not yet decided to study something else at university.

20. (A) That the woman stop writing and give the teacher her test.
    (B) That the woman put down her pencil and turn her test over.
    (C) That the woman put her pencil away and turn in her test.
    (D) That the woman finish her test quickly because the timer went off.

Go on to the next page

21. (A) He can play the piano exactly like Jamal can.
    (B) He believes Jamal's skill is very difficult to match.
    (C) He thinks if he could master the instrument, he would like Jamal.
    (D) He knows Jamal, but did not know he had musical talent.

22. (A) They should turn the pasta over.
    (B) They should start cooking now.
    (C) They should boil a new batch.
    (D) They should eat something else.

23. (A) Adam is nice, but not fun.
    (B) Adam is fun, but not nice.
    (C) Adam is both nice and fun.
    (D) Adam is neither fun nor nice.

24. (A) He needs more time to practice for the Olympics.
    (B) He is going to see a play instead of the Olympics.
    (C) He might not be able to catch the Olympics later.
    (D) He will definitely see the Olympic program tonight.

25. (A) He prefers donating money to participating in the run.
    (B) He is not a professional runner, so he does not have enough money.
    (C) He wants to run, but cannot afford the twenty-dollar sign-up fee.
    (D) He will pay the woman a lot of money not to run either.

26. (A) She does not usually wear clothes that are problematic.
    (B) She knows there is a malfunction with the plumbing.
    (C) She did not think there was anything wrong with the toilet.
    (D) She was surprised the man is always thirsty after a run.

27. (A) He thinks these exact seats are his to sit in.
    (B) He feels the new hall is not comfortable at all.
    (C) He somewhat disagrees with the woman.
    (D) He could also sleep during class if in those chairs.

28. (A) He thought the woman did not know how to skip.
    (B) He thought the woman was not taking a ski trip.
    (C) He thought she would go to the skin clinic this weekend.
    (D) He thought the athletic apparel was too expensive.

29. (A) He is asking her to lend him a blue pen.
    (B) He can lend a pen, but only a blue one.
    (C) He thinks black is a better color on her.
    (D) He does not want her to borrow a pen.

30. (A) She certainly cannot pay that amount.
    (B) She thinks he is not charging enough.
    (C) She feels the price is very reasonable.
    (D) She could not find her money at first.

1 1 1 1 1 1 1

Part B

Directions: In this part of the test, you will hear longer conversations. After each conversation, you will hear several questions. The conversations and questions will not be repeated.

After you hear a question, read the four possible answers in your test book and choose the best answer. Then, on your answer sheet, find the number of the question and fill in the space that corresponds to the letter of the answer you have chosen.

Remember, you are **not** allowed to take notes or write in your test book.

31. (A) A university staff member.
    (B) A prospective student.
    (C) An attendee of the college.
    (D) A campus tour guide.

32. (A) 1
    (B) 2
    (C) 3
    (D) 4

33. (A) Students can eat as much as they want at the food court for free.
    (B) It conveniently functions as a way for students to charge meals.
    (C) The card is magnetic, so it can adhere to metal surfaces.
    (D) Many shops on and off campus accept the student cards.

34. (A) The Student Center basement.
    (B) The other cafeterias on campus.
    (C) The shops on the first floor.
    (D) The travel agency off campus.

35. (A) She cannot locate a book she needs for an assignment.
    (B) She does not understand the concept of interlibrary loan.
    (C) She is having trouble getting the man to help her.
    (D) She finds the computer card catalog difficult to use.

36. (A) Checking the card catalog.
    (B) Accessing the database.
    (C) Looking up the ISBN number.
    (D) Calling the professor.

37. (A) The book is probably in the library, but not currently on the shelf.
    (B) The interlibrary loans often cause problems and should not be an option.
    (C) The woman does not know how to use the card catalog system.
    (D) The computer database is always correct, so the staff made a mistake.

38. (A) In a psychology class.
    (B) In a campus bookstore.
    (C) In a computer lab.
    (D) In a university library.

1 1 1 1 1 1 1

Part C

Directions: In this part of the test, you will hear several talks. After each talk, you will hear some questions. The talks and the questions will not be repeated.

After you hear a question, read the four possible answers in your test book and choose the best answer. Then, on your answer sheet, find the number of the question and fill in the space that corresponds to the letter of the answer you have chosen.

Here is an example.

On the recording, you will hear:

Here is an example (question).

You will hear: **Sample Answer**

Ⓐ Ⓑ ● Ⓓ

In your test book, you will read: (A) To demonstrate the latest use of computer
(B) To discuss the possibility of an economic depression.
(C) To explain the workings of the brain.
(D) To dramatize a famous mystery story.

The best answer to the question, "What is the main purpose of the program?" is (C), "To explain the workings of the brain." Therefore, the correct choice is (C).

Here is an example (question).

You will hear: **Sample Answer**

Ⓐ Ⓑ Ⓒ ●

In your test book, you will read: (A) It is required of all science majors.
(B) It will never be shown again.
(C) It can help viewers improve their memory skills.
(D) It will help with course work.

The best answer to the question, "Why does the speaker recommend watching the program?" is (D), "It will help with course work." Therefore, the correct choice is (D).

Remember, you are **not** allowed to take notes or write in your test book.

(Wait)

Copyright © 2012 Educational Testing Service. www.ets.org

40. (A) In a lecture.
    (B) In a laboratory.
    (C) In a museum.
    (D) In an auction.

41. (A) A large book.
    (B) A painting by Leonardo.
    (C) A sculpture by Pompeo.
    (D) A mathematical code.

42. (A) Famous paintings called "Mona Lisa" and "The Last Supper".
    (B) 15th century contemporaries' work on technology.
    (C) A true life story about the "Renaissance Man".
    (D) Many writings on various subjects like art and science.

43. (A) Coming from the 15th century Renaissance era.
    (B) Having a wide range of talent and expertise.
    (C) Being a great painter or sculptor.
    (D) Knowing the future of science and technology.

43. (A) Murdering villains.
    (B) Feelings and emotions.
    (C) Mental illness labels.
    (D) People who are depressed.

44. (A) Psychopathy.
    (B) Psychosis.
    (C) Neither psychosis nor psychopathy.
    (D) Both psychopathy and psychosis.

45. (A) Depression.
    (B) Hallucination.
    (C) Paranoia.
    (D) Hate.

46. (A) Think about the true, not type-casted, meaning of the diseases.
    (B) Study as much as possible about mental health disorders.
    (C) Not watch horror movies because they give the wrong message.
    (D) Live in a society among people who have mental illnesses.

47. (A) The history of the American colonies.
    (B) The invention and spread of rum.
    (C) Slavery in the 17th century.
    (D) The reason for rum's popularity.

48. (A) Slaves.
    (B) Colonists.
    (C) Royalty.
    (D) Pirates.

49. (A) It is used to make rum.
    (B) Slaves made it with molasses.
    (C) It originated in Europe.
    (D) It was invented in the 17th century.

50. (A) The drink finally reached Europe.
    (B) Only the Royal Navy was given rations.
    (C) Bourbon became a competitor.
    (D) There were many distilleries on the East Coast.

**This is the end of Section 1.
Stop work on Section 1.**

**Do NOT read or work on any other section of the test.
The supervisor will tell you when to begin work on Section 2.**

Section 2
Structure and
Written Expression

Time: 25 minutes

This section is designed to measure your ability to recognize language that is appropriate for standard written English. There are two types of questions in this section, with special directions for each type.

Structure

Directions: Questions 1-15 are incomplete sentences. Beneath each sentence you will see four words or phrases, marked (A), (B), (C), and (D). Choose the **one** word or phrase that **best** completes the sentence. Then, on your answer sheet, find the number of the question and fill in the space that corresponds to the letter of the answer you have chosen.

Example I

Geysers have often been compared to volcanoes ------- they both emit hot liquids from below the Earth's surface.

(A) due to
(B) because
(C) in spite of
(D) regardless of

Sample Answer

(A) ● (C) (D)

The sentence should read, "Geysers have often been compared to volcanoes because they both emit hot liquids from below the Earth's surface." Therefore, you should choose answer (B).

Example II

During the early period of ocean navigation, ------- any need for sophisticated instruments and techniques.

(A) so that hardly
(B) where there hardly was
(C) hardly was
(D) there was hardly

Sample Answer

(A) (B) (C) ●

The sentence should read, "During the early period of ocean navigation, there was hardly any need for sophisticated instruments and techniques." Therefore, you should choose answer (D).

1. As the first African American man to play major league baseball in the 20th century, Jackie Robinson helped challenge the tradition ------- in professional sports.

   (A) racial discrimination
   (B) that racial discrimination
   (C) racial discrimination are
   (D) of racial discrimination

2. Although wind power plants provide a cost-effective and non-polluting renewable energy source, ------- extremely careful planning with regard to the amount and speed of wind in any given area.

   (A) their placement requires
   (B) they require placement
   (C) placement requiring
   (D) of placement require

3. The man who founded judo, -------, was an educator by profession and worked as a director in the Ministry of Education at the turn of the 20th century.

   (A) he was Kano Jigoro
   (B) Kano Jigoro
   (C) is Kano Jigoro
   (D) who is Kano Jigoro

4. Placentophagy, the ingestion of the placenta after giving birth, is a common practice in nature, but even humans sometimes consume their placenta because ------- its levels of estrogen and progesterone can prevent postpartum depression.

   (A) they believe
   (B) believes that
   (C) believing
   (D) it is believes

5. Aung San Suu Kyi was awarded The Nobel Peace Prize ------- for her work with the Burmese democracy movement, but due to her imprisonment and house arrest in Burma, she was not able to deliver her acceptance speech until June of 2012.

   (A) in October of 1991
   (B) October, 1991
   (C) on 1991 October
   (D) on the October, 1991

6. The Dravidian language family consists of about 85 languages ------- mainly in India, such as Tamil and Malayalam, and in a few other South Asian countries.

   (A) they are speaking
   (B) who speaks
   (C) that are spoken
   (D) have been speaking

7. The 2011 Great East Japan Earthquake moved the main island of Japan 2.4 meters to the east and also caused some areas in Eastern Japan to permanently ------- as low as 1 meter.

   (A) sinking
   (B) sink
   (C) sank
   (D) have sunk

8. The game ------- originated in India around 500 AD, then gradually spread west until it reached Southern Europe where it evolved into the modern-day version of chess.

   (A) chess is
   (B) is chess
   (C) of chess
   (D) the chess

9. When the Korean War reached a ceasefire in 1953, North and South Korea were divided, ------- the war still has not officially ended, the two countries' military forces remain on guard.

   (A) but
   (B) because
   (C) but because
   (D) because but

10. ------- a fundamental element of Chinese society, "guanxi" is more complicated than the Western concept of "networking" because "guanxi" requires a deeper consideration of social, personal, and moral obligation to others.

    (A) Since
    (B) If
    (C) While
    (D) As

11. El Niño, the ------- the ocean water in the tropical Pacific, has become increasingly stronger over the past few decades and has been proven a negative impact on sea life, weather patterns, and as a result, agriculture.

    (A) warming of
    (B) warm
    (C) it warms
    (D) be warming

12. The best-selling band to date is the Beatles, ------- over one billion records, CDs and tapes worldwide and around 177 million in the U.S. alone.

    (A) which sells
    (B) who sold
    (C) have selled
    (D) they sell

13. ------- the order of cetacea are two suborders, baleen whales and toothed whales, the latter of which include dolphins and porpoises.

    (A) They are under
    (B) Under is
    (C) While under
    (D) Under

14. The Commonwealth nations' holiday of Boxing Day was originally established to give servants the day off on December 26 ------- for their masters on Christmas Day.

    (A) works
    (B) had worked
    (C) since they worked
    (D) they were working

15. "Occupy Wall Street" began in September of 2011 as a movement ------- the corruption and greed of the wealthiest 1% of the population and the greatly imbalanced distribution of wealth in the country at that time.

    (A) protesting
    (B) in protest
    (C) who protested
    (D) protests

Written Expression

Directions: In questions 16-40, each sentence has four underlined words or phrases. The four underlined parts of the sentence are marked (A), (B), (C), and (D). Identify the one underlined word or phrase that must be changed in order for the sentence to be correct. Then, on your answer sheet, find the number of the question and fill in the space that corresponds to the letter of the answer you have chosen.

Example I

Guppies are sometimes <u>call</u> rainbow <u>fish</u> <u>because of</u>
       A   B C
the males' <u>bright</u> colors.
    D

Sample Answer

● Ⓑ Ⓒ Ⓓ

The sentence should read, "Guppies are sometimes called rainbow fish because of the males' bright colors." Therefore, you should choose (A).

Example II

<u>Serving</u> several <u>term</u> in Congress, Shirley Chisholm
 A   B
became an <u>important</u> United States <u>politician</u>.
    C   D

Sample Answer

Ⓐ ● Ⓒ Ⓓ

The sentence should read, "Serving several terms in Congress, Shirley Chisholm became an important United States politician." Therefore, you should choose answer (B).

Copyright © 2012 Educational Testing Service. www.ets.org

16. The punctuation marks of colon and semicolon is often confused in English even
         A   B
    though they have very different functions.
           C   D

17. The plug-in hybrid cars have the capability of traveling farther distances than
     A   B
    electric cars, and they have an advantage of consuming fewer fuel than regular
                C   D
    hybrids.

18. About half of the languages using the Cyrillic alphabet are spoken in Russia and
                                A   B   C
    the rest in various another countries in Europe and Asia.
                          D

19. The Yugoslav War beginned in the early 1990s, and the country of Yugoslavia
                       A
    dissolved into five independent countries: Croatia, Macedonia, Bosnia and
       B   C
    Herzegovina, Serbia and Montenegro, and Slovenia.
                                          D

20. A two basic circuits in physics, series and parallel, are differentiated by how their
    A   B   C
    components are connected and thus, how their electrical currents flow.
                                         D

21. In most species of birds, the males are more colorfulest than females in order
                     A   B
    to attract mates, mark their territory, and distract predators from the nests.
       C   D

22. Opponents of the Electoral College are against this system allowing for the
                                                                    A   B
    possibility if a person could win the presidential election without winning the
             C
    popular vote.
          D

23. The oldest tennis tournament in the world has been played on the All England Club
        A   B
    grass lawn courts in Wimbledon, London, for 1877.
              C   D

Go on to the next page

24. Silkscreen print creation is <u>a</u> arduous process, but the <u>mass</u> production capability of
                                             A   B
    the final product makes <u>it</u> an economical and <u>timesaving</u> method of t-shirt design.
                                          C   D

25. Marlboro cigarettes <u>had</u> been dubbed "Cowboy Killers" because <u>three</u> men <u>who</u>
    appeared the Marlboro Man <u>advertisements</u> died of lung cancer.

26. AutoCAD and Vectorworks software <u>has helped</u> theatrical set <u>production</u> designers
    create high quality scale drawings at a <u>fast</u> rate than <u>before</u>.

27. <u>For</u> why second language learners <u>can not</u> achieve native-like pronunciation
    after puberty, linguist Stephen Krashen used the rationale that by adolescence,
    and <u>possibly</u> as early as 5 years old, a person's brain <u>has lateralized</u> and has less
    plasticity.

28. <u>No</u> matter what their <u>size</u>, red dwarf stars are much <u>dim</u>, cooler and lower mass
    than <u>the</u> Sun.

29. Baking soda is an <u>extremely</u> versatile substance <u>ranging</u> in uses <u>from</u> toothpaste, to
    household cleaner, <u>baking</u> ingredient to anti-inflammatory ointment.

30. General Mao, or Mao Tse-Tung, <u>was know as</u> the father of the Chinese Revolution
    because he <u>led the poor</u> to retaliate and transform the country <u>into a socialist</u> state.

31. <u>There</u> has been a trend of <u>outsourcing</u> technical assistance jobs to India for years,
    but the rising U.S. unemployment rate is <u>now</u> shining a spotlight on this <u>conflicts</u> of
    interest.

32. Although the average age of Northern European women at the time of their
                                                                A
    first marriage is approximately 31, but the worldwide average is approximately 26.
        B   C   D

33. The five-part narrative structure or storyline conceptualized by Gustav Fretag was
        A   B
    original drawn as a triangle.
       C   D

34. The linguistic subfield of pragmatics, including speech act theory, are the study of
                                               A   B
    how context affects meaning in language.
     C   D

35. "Natural orifice" surgery involves accessing the area of the body that requires repair
                                        A   B
    or removal via a body part that is still open, such as the mouth, vagina or rectum.
                  C   D

36. The Greek astrological planets include the sun, moon and dwarf planet of Ceres,
                                       A   B
    whereas the sun, moon and Ceres are not consider to be astronomical planets.
      C   D

37. The Peruvian mountain estate of Machu Picchu was built in the 1500s century by
         A   B   C
    the Incas but did not gain international recognition until the 1900s.
                    D

38. Italian and French Renaissance art often dealt with the theme of religion, including
            A   B   C
    both Christian or Greek Mythological content.
                    D

39. When the Wright Brothers tried to made a contract to build airplanes with the
     A   B
    U.S. government in 1906-07, they were initially refused, and it was not until they
                                                      C   D
    went to the French government with the proposal that the U.S. government finally
    showed interest.

40. Diagnostic medical sonography, commonly known as "ultrasound", is a method of
                                           A   B
    producing image through sound wave frequencies.
              C   D

**This is the end of Section 2.
If you finish before time is called,
check your work on Section 2 only.**

The supervisor will tell you when to begin work on Section 3.

No test material on this page.

Section 3
Reading Comprehension
Time: 55 minutes

Directions: In this section you will read several passages. Each one is followed by a number of questions about it. For questions 1-50, you are to choose the **one** best answer, (A), (B), (C), or (D), to each question. Then, on your answer sheet, find the number of the question and fill in the space that corresponds to the letter of the answer you have chosen.

Answer all questions about the information in a passage on the basis of what is **stated** or **implied** in that passage.

Read the following passage:

>   The railroad was not the first institution to impose regularity on society, or to draw attention to the importance of precise timekeeping. For as long as merchants have set out their wares at daybreak and communal festivities have been celebrated,
> Line people have been in rough agreement with their neighbors as to the time of day.
> (5) The value of this tradition is today more apparent than ever. Were it not for public acceptance of a single yardstick of item, social life would be unbearably chaotic: the massive daily transfers of goods, services, and information would proceed in fits and starts; the very fabric of modern society would begin to unravel.

Example I   **Sample Answer**

What is the main idea of the passage?   ● Ⓑ Ⓒ Ⓓ

(A) In modern society we must make more time for our neighbors.
(B) The traditions of society are timeless.
(C) An accepted way of measuring time is essential for the smooth functioning of society.
(D) Society judges people by the times at which they conduct certain activities.

The main idea of the passage is that societies need to agree about how time is measured in order to function smoothly. Therefore, you should choose answer (C).

Example II   **Sample Answer**

In line 5, the phrase "this tradition" refers to   Ⓐ Ⓑ Ⓒ ●

(A) the practice of starting the business day at dawn
(B) friendly relations between neighbors
(C) the railroad's reliance on time schedules
(D) people's agreement on the measurement of time

The phrase "this tradition" refers to the preceding clause, "people have been in rough agreement with their neighbors as to the time of day." Therefore, you should choose answer (D).

Copyright © 2012 Educational Testing Service. www.ets.org

Go on to the next page

Questions 1-10

Bees are 150 million years old, while the human beings have existed for about 10,000 years. In ancient Egypt, the bee was considered sacred because of the knowledge that it was one of the great nurturers of life and fertility. The reason is
Line that bees not only provide honey, but also pollinate flowers, which allow fruit and
(5) vegetables to grow. Because of its great value, most honey was given as a gift and not sold in marketplaces until around the 19th century.

The honey cone is the skeleton of the beehive, where the baby bees are born, and where nectar for the honey is stored. Honey has enzymes, nutrients, minerals, and silica. Silica has a beneficial influence on our evolution and can be found in our sensory
(10) organs. The cone also produces wax, providing yet another product available for human use.

Pesticides and the rise in monocrop harvesting in modern agriculture has led to a massive bee colony collapse disorder. In recent years, five million bee colonies, containing around 20,000 to 60,000 honeybees each, have been lost in America alone.
(15) Most crops, about 40% of all food, would not exist if bees were not around, so there is a growing concern among beekeepers, farmers and environmentalists worldwide.

1. Which of the following best expresses the main idea of the passage?
   (A) Bees create honey and wax, valuable and healthy food sources for humans.
   (B) The decline in bee colonies is alarming since they create many valuable resources for humans.
   (C) Farmers are worried about their crops because bees are destroying 40% of them, and humans' food sources will be depleted.
   (D) Bees are much older than humans and create honey, so we should respect them.

2. The following are all given as reasons why bees were so revered in ancient Egypt except
   (A) they provided honey for consumption.
   (B) they pollinated flowers.
   (C) they made it possible for crops to grow.
   (D) they made wax in the honey cones.

3. Which is NOT said to be found in a honey cone?
   (A) Sensory organs
   (B) Silica
   (C) Nectar
   (D) Baby bees

4. According to the passage, how much older are bees than humans?
   (A) 150,000,000 years
   (B) 149,990,000 years
   (C) 20,000-60,000 years
   (D) 10,000 years

5. Which of the following is closest in meaning to "sacred" in line 2?
   (A) Dangerous
   (B) Ancient
   (C) Fertile
   (D) Valuable

6. The passage states that marketplaces did not sell honey until the 1800s because
   (A) it was not good enough to gift.
   (B) it was not good enough to eat.
   (C) it was too valuable to part with.
   (D) it was too valuable to sell.

7. Where in the passage does the author describe the causes and effects of the decline in bee populations?
   (A) Paragraph 1
   (B) Paragraph 2
   (C) Paragraph 3
   (D) All paragraphs

8. The expression "monocrop harvesting" in line 12 is a type of
   (A) dangerous pesticide.
   (B) monarch butterfly.
   (C) farming technique.
   (D) honeybee colony.

9. Where in the passage does the author discuss the history of honey?
   (A) Lines 5-6
   (B) Lines 7-8
   (C) Lines 8-9
   (D) Lines 15-16

10. Who would most likely be reading this passage?
    (A) Students of agriculture
    (B) Marine conservationists
    (C) Egyptology majors
    (D) Bookkeepers

Questions 11-20

There are three usages of articles: definite *the* (specific case), indefinite *a/an* (general case), and no article. "Definite" means knowing to which person, place, thing, or idea the speaker is referring. The noun is specific in the definite case; a particular person,
Line place, thing or idea is being indicated. Therefore, the definite article *the* is always
(5) used with a specific singular noun and even with specific plural nouns. On the other hand, "indefinite" means which person, place, thing or idea the speaker is referring to is unknown and/or inconsequential. The noun is general in the indefinite case; no particular person, place, thing or idea is being indicated. Therefore, the indefinite article *a* or *an* is always used with a general singular noun. Typically no article is used
(10) with a general plural noun, with proper nouns (names), or when talking about regular meals, modes of transportation, and some general places.

From the second reference or when the reference is to something specific that the listener is already aware of–and will not confuse with another person, place, thing or idea–the speaker uses the definite article *the*. For example, with "The glass of water is
(15) on the table.", the speaker expects the listener to know exactly to which glass of water he or she is referring. The speaker also uses *the* before a noun in situations when there is only one of those nouns in the world, which is very specific, such as in "the moon" or "the sun". Of course, there are many moons in the universe, but "the moon" generally means "the Earth's moon" and "the sun" generally means "the sun in the solar system
(20) containing the Earth", and therefore there is only one of each.

The first time some singular person, place or thing is introduced, indefinite articles *a* or *an* should be used. This is a case where there is more than one, and the speaker and/or listener does not know or it does not matter which one the speaker is talking about. For example, "May I have a glass of water?" means any glass of water is fine, not any
(25) specific glass of water.

11. What is the main topic of the passage?
    (A) How to use nouns *a*, *an* and *the*
    (B) What is "definite" versus "indefinite"
    (C) Which articles to use and when
    (D) Grammatically correct verb tenses

12. According to the passage, when is one case in which the article *the* should be used?
    (A) When the person, place, thing or idea following it is general
    (B) If the listener does not know to which noun the speaker is referring
    (C) When it is the second time for the speaker to mention the noun
    (D) If the reference by the speaker is both indefinite and specific

13. According to the passage, under which circumstance should one never use *a* or *an*?
    (A) Specific
    (B) General
    (C) Indefinite
    (D) Singular

14. Where in the passage does the author explain the meaning of "indefinite"?
    (A) Lines 4-5
    (B) Lines 5-7
    (C) Lines 12-14
    (D) Lines 16-18

15. "Inconsequential" in line 7 could best be defined as
    (A) "no one knows."
    (B) "it is difficult to understand."
    (C) "there are consequences."
    (D) "it does not matter."

16. According to the passage, how many different definite articles are there?
    (A) 0
    (B) 1
    (C) 2
    (D) 3

17. Where in the passage does the author give an example of only one of something in existence?
    (A) Lines 4-5
    (B) Lines 5-7
    (C) Lines 12-14
    (D) Lines 16-18

18. Which paragraph does NOT explain when to use the article *the*?
    (A) 1
    (B) 2
    (C) 3
    (D) none

19. What has the author yet to provide?
    (A) Explanation of when to use *the* with singular nouns
    (B) The difference between the definite and indefinite article
    (C) Examples of using no articles at all
    (D) Any mention of the article *an*

20. In what kind of textbook would this passage most likely be written?
    (A) Linguistics
    (B) Literature
    (C) Science
    (D) History

Questions 21-30

The circle is called the "perfect shape" because all of the "parts" of a circle have a clear relationship with other parts. Another reason it is called the perfect shape is because of its perfect symmetry, which can be explained by examining the parts of the circle.
Line
(5)   A radius of a circle is a line drawn from the exact center of the circle to the edge of the circle. No matter what direction or to what point on the edge of the circle the radius is drawn, it will be the same length. The definition of symmetry is when looking at either side of the line, the shapes are the same size, shape and proportion to the other side, a complete balance, such as a mirror image. Radial symmetry comes from the
(10) word "radius", or the perfect balance created when examining the radius of a circle in any direction.
   Similarly, since the diameter of a circle is twice the length of the radius, the diameter is a line whose exact center is the exact center of the circle and whose ends are on the edge of the circle. No matter what direction or to what points on the edge of the circle
(15) the diameter is drawn, the diameter will dissect the circle in half, always creating a complete balance or symmetry on either side of the diameter.
   The length of the circumference of the circle, or outer ring of the circle, and also the area of the inside of the circle can be found by knowing the length of the radius or diameter. Using the number pi, π (3.14...), the formula to find the circumference of the
(20) circle is multiplying the diameter by pi: $d\pi$. To find the area, one would multiply the radius squared with pi: πr^2.
   While the radius and diameter must touch the exact center of the circle, it is possible to measure lines that do not interact with the center. Anytime two lines intersect, the opposite angles are congruent and adjacent angles equal 180 degrees. The same applies
(25) for two lines intersecting anywhere inside a circle. These lines are called secants. Two secants create arcs inside the circle. Therefore, knowing the angles where the secants intersect tells us the angle of the arcs and also the length of the arcs themselves. The length of an arc can be found by dividing the angle degree by 360 and multiplying by the diameter and pi: $(angle°/ 360)d\pi$.

21. Which of the following would be the best title for the reading passage?
    (A) "The Perfect Circle"
    (B) "Arcs and Secants"
    (C) "Radial Symmetry"
    (D) "What is pi (π)?"

22. The author states that the radius is calculated by
    (A) multiplying the diameter by two.
    (B) dividing the diameter in half.
    (C) multiplying the diameter and pi (π).
    (D) dividing the angle degree by 360.

23. According to the passage, how exactly does the radius show symmetry?

   (A) Because it is the distance between the center of the circle and edge of the circle, and half the length of the diameter
   (B) Because it will be the same length no matter what point it stops at on the edge of the circle, showing the perfect balance of a circle
   (C) Because mirror images means that there is a complete balance of size, shape and proportion on each side
   (D) Because symmetry means the same as perfect balance on either side of a line

24. Which of the following, by definition, dissects the circle in half?

   (A) Circumference
   (B) Radius
   (C) Diameter
   (D) Secant

25. Which is the closest meaning to the expression "radial symmetry" in line 9?

   (A) Synergy of the radius
   (B) Balance of a circle
   (C) Picture of a mirror
   (D) Examination of a direction

26. It is implied in the passage that which of the following is always the same, no matter what size the circle?

   (A) pi (π)
   (B) Diameter
   (C) Circumference
   (D) Angle°

27. Where in the passage does the author provide the formula for finding the circumference of a circle?

   (A) Lines 7-9
   (B) Lines 14-16
   (C) Lines 19-20
   (D) Lines 27-29

28. All of the following would require knowing the length of the diameter except

   (A) calculating the radius.
   (B) finding the circumference.
   (C) figuring out the length of an arc.
   (D) measuring the angle of intersecting secants.

29. "Adjacent" in line 24 could be replaced with

   (A) opposite.
   (B) exactly 180 degrees.
   (C) larger.
   (D) side-by-side.

30. The paragraph following the passage probably discusses

   (A) a formula for calculating the area of a circle.
   (B) the definition of radial symmetry versus non-radial symmetry.
   (C) another example of the relationship between parts of a circle.
   (D) the connection between the radius and diameter of a circle.

Questions 31-40

Four to five billion years ago, a nebula of gas and dust particles condensed into planets. The little pieces left over from planetary formation were metallic rocks called asteroids and mixtures of rock and ice called comets. Jupiter, weighing more than all
Line of the other planets put together, was the largest planet to form. In addition, there were
(5) other medium-sized formations, which became planets and moons, and the remaining small debris became asteroids and comets.

Earth deals with asteroids more often than comets. These asteroids are mainly from the asteroid belt, which is debris that exists between Mars and Jupiter. Apophis, also known as 2004 MN4, is an s-type asteroid–"stony meteorite"–roughly 350 meters wide,
(10) that was discovered to be heading toward Earth in 2004. Scientists predicted there was a 1/30 chance that this asteroid would crash into Earth on Friday, April 13, 2029. Later, they changed the prediction to a zero percent chance and after that, yet again, to a different predicted impact date of 2036. An s-type asteroid like Apophis can create the most devastation if it remains intact when entering the Earth's atmosphere.
(15) Given the knowledge that asteroids have impacted Earth in the past, there is always a possibility of it happening again. There is a theory that an asteroid the size of Apophis wiped out the dinosaurs and the resulting crater formed the Gulf of Mexico. The asteroid that made the massive Meteor Crater in Arizona, USA, was much smaller than Apophis, and yet it would have destroyed all life several towns away within seconds.
(20) Furthermore, large asteroids do not just create craters on the Earth's surface, but can spew poisonous gases and even completely destroy the Earth's atmosphere. Even the small meteor fragment(s) that supposedly entered the Earth's atmosphere in June of 1908 created devastation in an uninhabited area of Siberia. This event, called the Tunguska Event, left no crater, but the explosion was far more powerful than an atomic
(25) bomb and obliterated everything within a 2,000 mile radius.

31. The subject of this passage would best be described as

    (A) astrology.
    (B) asteroids.
    (C) comets.
    (D) craters.

32. According to the passage, what is the difference between an asteroid and a comet?

    (A) Both asteroids and comets contain metal, but only comets contain ice.
    (B) Both asteroids and comets contain rock, but only asteroids contain metal.
    (C) Both asteroids and comets contain ice, but only comets contain rock.
    (D) Both asteroids and comets contain rock, but only asteroids contain ice.

33. Which planet in Earth's solar system is most likely the heaviest?
    (A) Mars
    (B) Earth
    (C) Jupiter
    (D) Apophis

34. How is the information in the first paragraph related to the information in the second paragraph?
    (A) The definition of an asteroid is given in the first paragraph, and an example of an asteroid is given in the second paragraph.
    (B) The history of the solar system is given in the first paragraph, and an example of a solar system is given in the second paragraph.
    (C) The two paragraphs are unrelated, as the topic changes in the second paragraph.
    (D) Both paragraphs give general information about planets, asteroids and comets.

35. Which of the following is NOT stated about Apophis in the passage?
    (A) The predicted date of collision with Earth
    (B) The reason the prediction changed
    (C) Its size and composition
    (D) Another name it was given

36. Where in the passage does the author explain the extent of the damage an asteroid could cause if it entered Earth's atmosphere?
    (A) Lines 2-3
    (B) Lines 8-10
    (C) Lines 15-16
    (D) Lines 20-21

37. How many different examples were given in the passage of past asteroids that entered the Earth's atmosphere?
    (A) 1
    (B) 2
    (C) 3
    (D) 4

38. The words "devastation in an uninhabited area" in line 23 suggest that
    (A) few, if any, people were injured.
    (B) everything and everyone was destroyed.
    (C) the meteor was small, so it was not a big problem.
    (D) the gas contaminated the air that people breath.

39. The topic of the paragraph following this passage is most likely NOT about
    (A) comets entering Earth's atmosphere.
    (B) other astronomical objects.
    (C) NASA's mission to protect Earth against asteroids.
    (D) tourist destinations in Arizona or Siberia.

40. What is the author's main purpose in this passage?
    (A) To scare people into taking action against asteroids
    (B) To inform readers about asteroids and possible dangers
    (C) To explain the precautions to take to protect against asteroids
    (D) To encourage scientists to visit and research craters on Earth

Questions 41-50

Since the stock market crash of 2008, the term "subprime loan" or "subprime mortgage" has been used to explain part of the reason why the crisis occurred. People who have bad credit rating, such as from borrowing money in the past and being unable
Line to pay it back in a timely manner, can still get loans to buy a house. These loans are
(5) called "subprime mortgages" because the borrowers have below prime level credit. Subprime mortgages entail paying higher premiums than prime mortgages, given the lower credit rating or reliability in paying back a loan. By early 2007, the subprime loans in the United States totaled around $1.3 trillion.
  The increased demand for real estate and increased rate of subprime loans can be
(10) explained by Americans' strong desire to own real estate. Private property ownership is key in a capitalist society as real estate investment is one clear sign of success. Due to successes from the Dot-com stock market bubble and increased demand for home ownership, from the 1990s to early 2000s houses quadrupled in value, creating a real estate bubble. As people were encouraged to borrow more and more money to pay
(15) off their homes, they took out as much equity as they could. They were even taking out loans from their houses to make up for lower wages. All of this money borrowing created a credit bubble.
  A bubble is an unjustified price increase, and cannot last for long, according to the natural rise and fall in an economy. This natural rise and fall, or increase and decrease
(20) in supply and demand, is explained by the efficient market hypothesis: when a price is unjustified, people start to recognize the lack of justification and buy less. It was therefore inevitable that real estate values would not continue to increase. Therefore, by the end of 2008, the bubble burst. People from both lower and middle classes lost their homes, their loans were defaulted on, and many banks lost billions of dollars.

41. Which of the following best describes the main point of the passage?
    (A) How bubbles and the efficient market hypothesis are defined
    (B) Why people are possessed to purchase homes during a financial crisis
    (C) What conditions and events lead to the economic crash of 2008
    (D) When the subprime loans for Dot-com successes were at their highest

42. In the first paragraph, the author is primarily concerned with
    (A) describing subprime loans.
    (B) dividing the lower and middle class.
    (C) defining economic bubbles.
    (D) discussing the desire to buy houses.

43. It is clear from reading lines 4-5 that the prefix "sub" does NOT mean
    (A) under.
    (B) over.
    (C) below.
    (D) lower.

44. According to the passage, when did the real estate bubble begin to occur?
    (A) Before the Dot-com bubble
    (B) After the credit bubble
    (C) Between the Dot-com and credit bubbles
    (D) After both the Dot-com and credit bubbles

45. Which is the closest meaning to "real estate" in line 9?
    (A) Houses
    (B) Investment
    (C) Ownership
    (D) Loans

46. According the passage, if a house in 1990 was $200,000, what would the price in 2000 have likely been?
    (A) $300,000
    (B) $400,000
    (C) $800,000
    (D) $1,000,000

47. Where in the passage does the author mention the concepts of supply and demand?
    (A) Lines 4-5
    (B) Lines 11-14
    (C) Lines 19-21
    (D) Lines 22-23

48. The word "justification" in line 21 could best be replaced with
    (A) supply.
    (B) mortgage.
    (C) means.
    (D) reason.

49. How is the information in the passage organized?
    (A) Based on chronological order: earliest to latest event
    (B) From result to explanation to result again
    (C) According to the procession of events in reality
    (D) Starting with the most important, finishing with the least

50. In which type of course would this reading most likely be assigned?
    (A) Calculus
    (B) Advertising
    (C) Finance
    (D) Genetics

This is the end of Section 3.

**If you finish before time is called,
check your work on Section 3 only.**

TEST 3 CD3 01 ~ CD3 61

Section 1
Listening Comprehension

In this section of the test, you will have an opportunity to demonstrate your ability to understand conversations and talks in English. There are three parts to this section with special directions for each part. Answer all the questions on the basis of what is stated or implied by the speakers in this test. Do **not** take notes or write in your test book at any time. Do **not** turn the pages until you are told to do so.

Part A

Directions: In Part A, you will hear short conversations between two people. After each conversation, you will hear a question about the conversation. The conversations and questions will not be repeated. After you hear a question, read the four possible answers in your test book and choose the best answer. Then, on your answer sheet, find the number of the question and fill in the space that corresponds to the letter of the answer you have chosen.

Here is an example.

On the recording, you will hear:

Sample Answer
● Ⓑ Ⓒ Ⓓ

In your test book, you will read: (A) He doesn't like the painting either.
(B) He doesn't know how to paint.
(C) He doesn't have any paintings.
(D) He doesn't know what to do.

You learn from the conversation that neither the man nor the woman likes the painting. The best answer to the question "What does the man mean?" is (A), "He doesn't like the painting either." Therefore, the correct choice is (A).

(Wait)

Copyright © 2012 Educational Testing Service. www.ets.org

069

1 1 1 1 1 1 1

1. (A) He should not work on his computer that much.
   (B) He should take computer science instead of design.
   (C) He should take a computer-based art class.
   (D) He should tell her about the computer he loves.

2. (A) He is angry because of Mr. Lee's mistake.
   (B) He is not a good enough editor to do the work.
   (C) He doesn't expect Mr. Lee to call him again.
   (D) He took too long last time to complete his service.

3. (A) She probably will not finish her work on time.
   (B) She will leave work later than usual on Friday.
   (C) She really loves her job, but it is hard work.
   (D) She will definitely meet him at 8 o'clock sharp.

4. (A) Chapters 1-10 will definitely be on the exam.
   (B) She cannot be sure which topics will be on the test.
   (C) The midterm will likely be a negative experience.
   (D) The middle is neutral, 1 is negative, and 10 is positive.

5. (A) The woman is intolerant of his behavior.
   (B) The woman really likes to eat sugar.
   (C) The woman will get sick if she has milk.
   (D) The woman has a lackadaisical attitude.

6. (A) The woman is going to the game, but John is not.
   (B) John is going to the game, but the woman is not.
   (C) The woman and John are both going to the game.
   (D) The woman and John both cannot go to the game.

7. (A) The woman really should completely start the paper over.
   (B) The woman just needs to reflect on and reorganize her ideas.
   (C) The woman should not waste paper by throwing it away.
   (D) The woman's problem concerning her looks is perplexing.

8. (A) Even cats and dogs would not like the rain.
   (B) It is surprisingly rainy outside today.
   (C) He is debating whether or not it will rain.
   (D) Expatriates bringing umbrellas is a bad idea.

9. (A) She thought he was another genus altogether.
   (B) She doubts the man really got into Harvard.
   (C) She did not realize how smart he was.
   (D) She knew he would get into the school.

10. (A) An airline ticket agent and his manager.
    (B) A male classroom instructor and his student.
    (C) An express train attendant and a passenger.
    (D) A post office worker and a customer.

Go on to the next page

11. (A) The woman should ask Mike to tutor the man.
    (B) The man should ask Mike to tutor the woman.
    (C) Mike should ask the woman to be his tutor.
    (D) The man should ask Mike to be his tutor.

12. (A) He studied in the library once.
    (B) He studied blue moons at the library.
    (C) He studied in the library's blue room.
    (D) He studies in the library very rarely.

13. (A) That the man be late again in the future.
    (B) That he phone her when he is tardy.
    (C) That he not worry about their situation.
    (D) That he call her Sted and not Lorie.

14. (A) She somewhat disagrees with the man.
    (B) She somewhat agrees with the man.
    (C) She strongly disagrees with the man.
    (D) She strongly agrees with the man.

15. (A) That the man's judgment about the problem is best.
    (B) That she wants him to try harder and not ask her for help.
    (C) That he does not realize they have strong chemistry together.
    (D) That it is unlikely there is any student who knows the answer.

16. (A) His doll is a shepherd, but not tall.
    (B) His child is wearing small German braids.
    (C) His pet is unlike most pets of his kind.
    (D) His dog likes to play with small beads.

17. (A) See the matinee with him anyway.
    (B) Go to the movie theater later on.
    (C) Work on the important forms.
    (D) Meet up with her male friends.

18. (A) On a train.
    (B) On a boat.
    (C) On a bus.
    (D) On a plane.

19. (A) The color symbolizes the charity for which they are running today.
    (B) Pink stands out more than other colors so that is why runners choose it.
    (C) When someone tests positive for cancer, the results are in pink.
    (D) Cancer might be curable by enjoying pink and getting a lot of exercise.

20. (A) He had a clue about the rats beforehand.
    (B) He had glued the rats' hands together.
    (C) He had no idea there would be animal testing.
    (D) He believes it to be an environmentally sound study.

21. (A) He hesitantly accepts the diet food.
    (B) He politely refuses the dessert.
    (C) He is excited about her cooking for him.
    (D) He says that his strict mother has died.

22. (A) The man was not going to watch the debate.
    (B) The man prefers rock and roll to politics.
    (C) The man did not care for Obama.
    (D) The man was a big fan of Obama.

23. (A) He is going to do a magic trick.
    (B) He wants her to walk more slowly.
    (C) He thinks the bus driver steals shoes.
    (D) He cannot leave without his shoes.

24. (A) The thunder did not make a sound right away, so they are safe for now.
    (B) He is going to get his boom box and enjoy his music outside.
    (C) She is a paranoid woman who is afraid of being caught in a storm.
    (D) When lightning makes an immediate sound it means it is far away.

25. (A) The teacher under discussion is extremely boring.
    (B) The professor is more interesting than others.
    (C) No one ever falls asleep in Professor McCarthy's class.
    (D) The lecture he gave today was about an intestine.

26. (A) He likes to consider killing birds with stones.
    (B) He thinks of murdering babies while doing homework.
    (C) He multi-tasks by studying and working synchronously.
    (D) His favorite wantons contain two kinds of poultry.

27. (A) She thinks he was lucky because his performance in the last game was not good.
    (B) She is impressed by his tongue hockey skill and wants to congratulate him.
    (C) She is a little jealous because he is not as talented an athlete as she is.
    (D) She believes his recent plays may have been the deciding factor.

28. (A) At the store.
    (B) At the pool.
    (C) At the salon.
    (D) At the bath.

29. (A) He wants to eat at a restaurant.
    (B) He does not want to eat lunch.
    (C) He does not like to cook.
    (D) He prefers to go out topless.

30. (A) The coach is too old and should retire already.
    (B) The man is lying about meeting Coach Fazolli.
    (C) The woman is surprised because she knows the coach.
    (D) The sister is a sucker for believing the coach has skill.

1 1 1 1 1 1 1

Part B

Directions: In this part of the test, you will hear longer conversations. After each conversation, you will hear several questions. The conversations and questions will not be repeated.

After you hear a question, read the four possible answers in your test book and choose the best answer. Then, on your answer sheet, find the number of the question and fill in the space that corresponds to the letter of the answer you have chosen.

Remember, you are **not** allowed to take notes or write in your test book.

(Wait)

Copyright © 2012 Educational Testing Service. www.ets.org

31. (A) Elementary school job opportunities.
    (B) Unpaid work with young children.
    (C) The student service office schedule.
    (D) Balloon sharing at a daycare or camp.

32. (A) Because he wants to get a better education at the university.
    (B) Because the woman needs a new counselor during the summer.
    (C) Because it would be a good experience for someone with his major.
    (D) Because working in the ship is popular these days with students.

33. (A) Schedule an initial interview.
    (B) Sign the required paperwork.
    (C) Fill out an application form.
    (D) Search for programs of interest.

34. (A) He thinks it is insufficient.
    (B) He is kind of upset by it.
    (C) He finds it quite satisfactory.
    (D) He says he is amazed.

35. (A) Romantically involved.
    (B) Complete strangers.
    (C) Teacher and student.
    (D) Two classmates.

36. (A) Both speakers think they did well.
    (B) The man thinks he did well, but the woman thinks she did poorly.
    (C) The woman thinks she did well, but the man thinks he did poorly.
    (D) Both speakers think they did poorly.

37. (A) Studying with others.
    (B) Failing the class.
    (C) Doing extra credit.
    (D) Being a strict teacher.

38. (A) This woman.
    (B) The instructor.
    (C) Other classmates.
    (D) The girl he likes.

39. (A) A peer review schedule.
    (B) Different cultures.
    (C) How to write a paragraph.
    (D) An essay assignment.

1 1 1 1 1 1 1

Part C

Directions: In this part of the test, you will hear several talks. After each talk, you will hear some questions. The talks and the questions will not be repeated.

After you hear a question, read the four possible answers in your test book and choose the best answer. Then, on your answer sheet, find the number of the question and fill in the space that corresponds to the letter of the answer you have chosen.

Here is an example.

On the recording, you will hear:

Here is an example (question).

You will hear:

Sample Answer

Ⓐ Ⓑ ● Ⓓ

In your test book, you will read: (A) To demonstrate the latest use of computer
(B) To discuss the possibility of an economic depression.
(C) To explain the workings of the brain.
(D) To dramatize a famous mystery story.

The best answer to the question, "What is the main purpose of the program?" is (C), "To explain the workings of the brain." Therefore, the correct choice is (C).

Here is an example (question).

You will hear:

Sample Answer

Ⓐ Ⓑ Ⓒ ●

In your test book, you will read: (A) It is required of all science majors.
(B) It will never be shown again.
(C) It can help viewers improve their memory skills.
(D) It will help with course work.

The best answer to the question, "Why does the speaker recommend watching the program?" is (D), "It will help with course work." Therefore, the correct choice is (D).

Remember, you are **not** allowed to take notes or write in your test book.

(Wait)

Copyright © 2012 Educational Testing Service. www.ets.org

40. (A) Understanding the essay topic.
    (B) Sticking to the deadline.
    (C) Organizing the paragraphs.
    (D) Writing enough words.

41. (A) Turn in their second drafts on time.
    (B) Make sure they understand the instructor's comments.
    (C) Write at least a 5-paragraph essay.
    (D) Contact the teacher if they have questions.

42. (A) Draft one of the essay.
    (B) Draft two of the essay.
    (C) Draft three of the essay.
    (D) The outline of the essay.

43. (A) Deforestation and the rise in cotton farming.
    (B) Clean-up of paper and plastic garbage.
    (C) Advantages and disadvantages of product materials.
    (D) Saving money when shopping.

44. (A) Paper.
    (B) Plastic.
    (C) Neither.
    (D) Both.

45. (A) Having many functions or purposes.
    (B) Being good for the environment.
    (C) Economical or reasonably priced.
    (D) Good for a person's health.

46. (A) Since it should not be reused many times, there is no need for it to be strong.
    (B) We should avoid plastic because of its durability.
    (C) Plastic is not durable anymore when we heat it in the microwave or the sun.
    (D) If materials are durable that means they are health risks.

47. (A) Ecology majors.
    (B) College freshmen.
    (C) Advising faculty.
    (D) Graduate students.

48. (A) Information about all campus programs.
    (B) Economics tutoring when they fall behind.
    (C) Tips on getting a C grade with minimal effort.
    (D) Assistance in searching for their future jobs.

49. (A) Paid internship experience.
    (B) 120 total course credits.
    (C) Average passing grades.
    (D) Academic advising sessions.

50. (A) Wish his audience farewell.
    (B) Go back inside his office.
    (C) Give an introduction speech.
    (D) Pass out the course catalogs.

**This is the end of Section 1.
Stop work on Section 1.**

**Do NOT read or work on any other section of the test.
The supervisor will tell you when to begin work on Section 2.**

Section 2
Structure and Written Expression

Time: 25 minutes

This section is designed to measure your ability to recognize language that is appropriate for standard written English. There are two types of questions in this section, with special directions for each type.

Structure

Directions: Questions 1-15 are incomplete sentences. Beneath each sentence you will see four words or phrases, marked (A), (B), (C), and (D). Choose the **one** word or phrase that **best** completes the sentence. Then, on your answer sheet, find the number of the question and fill in the space that corresponds to the letter of the answer you have chosen.

Example I

Geysers have often been compared to volcanoes ------- they both emit hot liquids from below the Earth's surface.

(A) due to
(B) because
(C) in spite of
(D) regardless of

Sample Answer

(A) ● (C) (D)

The sentence should read, "Geysers have often been compared to volcanoes because they both emit hot liquids from below the Earth's surface." Therefore, you should choose answer (B).

Example II

During the early period of ocean navigation, ------- any need for sophisticated instruments and techniques.

(A) so that hardly
(B) where there hardly was
(C) hardly was
(D) there was hardly

Sample Answer

(A) (B) (C) ●

The sentence should read, "During the early period of ocean navigation, there was hardly any need for sophisticated instruments and techniques." Therefore, you should choose answer (D).

Copyright © 2012 Educational Testing Service. www.ets.org

1. Most European countries were involved in the Napoleonic Wars at the beginning of the 19th Century, and with France ------- the victor, Napoleon was able to secure ruling positions across the continent for his friends and family.

   (A) as
   (B) became
   (C) was
   (D) that

2. ------- the Galapagos penguin, wild penguins live primarily in the colder regions of the Southern Hemisphere.

   (A) Except from
   (B) With the exception of
   (C) Having an exception to
   (D) Whether or not an exception

3. While life and the activity of living creatures occurs on or within the rocky crust of the Earth, ------- only composes 1% of the Earth's volume, and the fiery mantle and core below it compose the other 99%.

   (A) the crust
   (B) so the crust
   (C) because the crust
   (D) even though the crust

4. The *Babylonian Code of Hammurabi* was written on clay tablets around 1772 BC. and documents a few hundred laws of that time, some traces ------- are still evident in the current American legal system.

   (A) that
   (B) which
   (C) of that
   (D) of which

5. ------- carving pumpkins into jack-o-lanterns at Halloween dates back to centuries ago in Ireland and Scotland when people would carve turnips and potatoes into scary faces to ward away evil.

   (A) When
   (B) Why
   (C) The date of
   (D) The reason for

6. Margherita of Savoy reigned as Queen of Italy from 1878 to 1900 and has a pizza ------- after her in the colors of the Italian flag: tomatoes for red, basil for green and mozzarella cheese for white.

   (A) naming
   (B) named
   (C) that names
   (D) which is name

7. ------- the South Korean College Scholastic Ability Test, or "suneung", is so crucial to a South Korean's future that the pressure to do well has made the suicide rate of these young adults the highest in the world.

   (A) Pass
   (B) Passing
   (C) The passing
   (D) In passing

8. A real number is finite and, therefore, different from infinity (i), but the sequence of real numbers is infinite because the process of counting real numbers can be -------.

   (A) never ends
   (B) not end
   (C) endless
   (D) without endings

9. The rise in social networking sites ------- been beneficial to those looking to make friends or market their business skills, but it has also aided human traffickers in building the second-most lucrative industry in the world.

   (A) has not
   (B) have not
   (C) has not only
   (D) have not only

10. Existentialism involves both the self-concerned exploration into one's own actions and the selfless notion of ------- responsible for one's own actions.

    (A) be
    (B) have been
    (C) is
    (D) being

11. The purpose of an essay map in the introduction paragraph is to show readers the basic content the paper will cover and the overall direction the paper -------.

    (A) took
    (B) has taken
    (C) will take
    (D) is taking

12. The concept of steam engines ------- around for thousands of years, but Thomas Newcomen was responsible for creating a version in 1712 that eventually made the Industrial Revolution possible.

    (A) is
    (B) are
    (C) has been
    (D) have been

13. The investigations into the disappearance of Amelia Earhart, ------- the crash and sink and Kiribati land theories, are as famous as her status as the first female pilot to fly solo across the Atlantic Ocean.

    (A) are
    (B) means
    (C) which is
    (D) such as

14. Lichens are the symbiotic relationships formed between fungi and algae, so the fungi protect the algal cells ------- receive photosynthetic energy from the algae.

    (A) and in return
    (B) are returning
    (C) return to
    (D) so they return

15. Typhoons, hurricanes and cyclones are all thunderstorms of rotating wind and a calm center or "eye", but the distinction between these three storms is based on ------- they originate.

    (A) what
    (B) where
    (C) whether
    (D) which

Written Expression

Directions: In questions 16-40, each sentence has four underlined words or phrases. The four underlined parts of the sentence are marked (A), (B), (C), and (D). Identify the one underlined word or phrase that must be changed in order for the sentence to be correct. Then, on your answer sheet, find the number of the question and fill in the space that corresponds to the letter of the answer you have chosen.

Example I   **Sample Answer**

Guppies are sometimes <u>call</u> rainbow <u>fish</u> <u>because of</u>   ● Ⓑ Ⓒ Ⓓ
              A   B   C
the males' <u>bright</u> colors.
        D

The sentence should read, "Guppies are sometimes called rainbow fish because of the males' bright colors." Therefore, you should choose (A).

Example II   **Sample Answer**

<u>Serving</u> several <u>term</u> in Congress, Shirley Chisholm   Ⓐ ● Ⓒ Ⓓ
 A   B
became an <u>important</u> United States <u>politician</u>.
          C   D

The sentence should read, "Serving several terms in Congress, Shirley Chisholm became an important United States politician." Therefore, you should choose answer (B).

16. Regardless of the fact that fructose and sucrose are <u>calorically</u> equal, because
                                                                                                A
    fructose tastes <u>sweeter</u> than sucrose, less fructose <u>is required</u>, and therefore, fewer
                    B   C
    calories <u>consumed</u>.
                 D

17. An adult with a <u>resting heart rate</u> of over 100 beats a minute is said <u>to have</u>
                             A   B
    tachycardia <u>and below</u> 60 beats a minute <u>is bradycardia</u>.
                    C   D

18. The United Nations Goodwill Ambassadors, <u>or</u> "Messengers of Peace", are generally
                                                          A
    <u>well-known</u> actors, musicians, artists, writers or athletes <u>who's</u> mission is to engage
        D   C
    in international friendships, humanitarian relief and <u>other</u> diplomatic relations.
                                                                 D

19. <u>Never</u> has the average <u>cost of</u> college tuition in America been this high, and <u>the lack</u>
       A   B   C
    of government funding <u>is part</u> to blame.
                          D

20. In October of 2012, Condoleezza Rice and Darla Moore became the first
    <u>two female</u> members of the <u>80-year-old</u> Augusta National Golf Club in Georgia,
        A   B
    <u>when the renowned</u> Masters Tournament is <u>held annually</u>.
            C   D

21. The concern about the Earth's oil supply <u>running dry</u> is valid considering
                                                    A
    <u>the world population</u> is ever-increasing, the advanced societies' dependence on oil
              B
    and the evidence that some areas <u>have already surpassed</u> their peak oil levels.
           C   D

22. There <u>has been</u> a rise in piracy near the coast of Somalia, which <u>has costed</u>
             A   B
    international shipping companies <u>an estimated</u> 6 to 7 billion dollars <u>a year</u>.
                                        C   D

23. In 1950, around 50% of Little Italy residents <u>identified as</u> Italian-Americans, and
                                                        A
    around 20% of them were born in Italy, but <u>by 2010</u>, only 5% of <u>the residents</u>
                                                    B   C
    identified as Italian-Americans, and none of them <u>was born</u> in Italy.
                                                  D

24. The bubonic plague is a bacterial infection, which is easy spread by rats and fleas,
                                  A   B
    and it was probably the cause of the Black Death epidemic in Europe in the 14th
        C
    century that killed around half of all Europeans living at that time.
                                         D

25. St. Patrick lived around 500 AD, and the Irish still honors him on St. Patrick's Day in
                      A   B
    March, but before priesthood he was originally British and taken to Ireland as a slave.
            C   D

26. In the human body are approximately 500 amino acids, which are all like in that
        A   B   C
    they contain carbon, hydrogen, nitrogen, and oxygen.
        D

27. Established by the Communications Act of 1934, the Federal Communications
        A
    Commission, or FCC, is an independent U.S. government agency that regulates either
                B   C
    domestic and international radio, TV, cable, wire, and satellite communications.
                                                                                  D

28. With the help of sonar technology, a yet to be identified vessel disk-shaped
        A   B   C
    measuring 197 feet in diameter was discovered in the Baltic Sea, 275 feet below the
                                                                                                   D
    water's surface.

29. A spider's silk, used to make webs and trap prey, is released from its spinneret
    A   B   C
    lands on their abdomen.
             D

30. James Barrie's greater work, *Peter Pan*, was a novel inspired by some neighborhood
                     A   B
    boys that Barrie befriended and later adopted.
        C   D

31. When the carving is not deep, a sculpture is referred to as both bas-relief or low relief,
                              A   B
    which is in contrast to a high relief sculpture that stands out farther from the surface.
             C   D

32. The Great Wall of China was once many different walls bordering individual states
                                                                      A
    until Emperor Qin Shihuang came to power and decided to do the walls as one.
      B   C   D

Go on to the next page

33. While they make the neck appear longly, the distinctively high brass neck rings of
    　　　　　　　　　　　　　　　　　　A
    the Kayan women actually push the collar bone down, not lengthen the neck.
    　　　　　　　　　　　　　B　　　　　　　　　　　　C　　D

34. Given that chimpanzees are physically incapable of producing voiced sounds
    　　A
    needing for oral communication, scientists are teaching them American Sign
    　　B
    Language, and the first of such chimpanzees, Washoe, learned up to 350 ASL
    　　　　　　　　　　　　　　　　　　　　　　　C　　　　　　D
    words.

35. Some most famous landmarks in the world, such as the Pyramids of Giza,
    　　A　　　　　　　　　　　　　　　　　　B
    Westminster Abbey and the Taj Mahal, are tombs.
    　　　　　　　　　C　　　　　　　　　　D

36. In addition to the high levels of vitamins A, C, K, E and folic acid that one can gets
    　　A　　　　　B　　　　　　　　　　　　　　　　　　　　　　　　　　　　C
    from raw tomatoes, cooked tomatoes contain even higher levels of carotenoids and
    　　　　　　　　　　　　　　　　　　　　　　D
    flavonoids.

37. Since the 1992 Maastricht Treaty, 17 out of the 27 European Union countries
    　　A
    have used the euro as its official currency, though the name "euro" was not adopted
    　　B　　　　　C　　　　　　　　　　　　　　　　　　　　　　　　　　D
    until 1995.

38. Not everyone know the ABCDE in determining if a mole could be cancerous:
    　　A　　　　B　　　　　　　C　　　　　　　　　　　　　D
    asymmetry, border, color, diameter, and evolving.

39. They not all Islamic countries have the custom of female circumcision, and not all
    　　A　　　　　　　　　　　　B　　　　　　　　　　　　　　　　　　　　　C
    non- Islamic countries refrain from the practice.
    　　　　　　　　　　　　　　D

40. Sickle cell anemia is a painfully genetic disorder caused by an abnormal type of
    　　　　　　　　　　　　A　　　　　　　　　　　　　　　　　　B
    hemoglobin that alters the shape of red blood cells and deprives the tissues of
    　　　　　　　C　　　　　　　　　　　　　　　　D
    oxygen.

This is the end of Section 2.
If you finish before time is called,
check your work on Section 2 only.

The supervisor will tell you when to begin work on Section 3.

No test material on this page.

Section 3
Reading Comprehension
Time: 55 minutes

Directions: In this section you will read several passages. Each one is followed by a number of questions about it. For questions 1-50, you are to choose the **one** best answer, (A), (B), (C), or (D), to each question. Then, on your answer sheet, find the number of the question and fill in the space that corresponds to the letter of the answer you have chosen.

Answer all questions about the information in a passage on the basis of what is **stated** or **implied** in that passage.

Read the following passage:

> The railroad was not the first institution to impose regularity on society, or to draw attention to the importance of precise timekeeping. For as long as merchants have set out their wares at daybreak and communal festivities have been celebrated,
> Line people have been in rough agreement with their neighbors as to the time of day.
> (5) The value of this tradition is today more apparent than ever. Were it not for public acceptance of a single yardstick of item, social life would be unbearably chaotic: the massive daily transfers of goods, services, and information would proceed in fits and starts; the very fabric of modern society would begin to unravel.

Example I   **Sample Answer**

What is the main idea of the passage?   ● Ⓑ Ⓒ Ⓓ

(A) In modern society we must make more time for our neighbors.
(B) The traditions of society are timeless.
(C) An accepted way of measuring time is essential for the smooth functioning of society.
(D) Society judges people by the times at which they conduct certain activities.

The main idea of the passage is that societies need to agree about how time is measured in order to function smoothly. Therefore, you should choose answer (C).

Example II   **Sample Answer**

In line 5, the phrase "this tradition" refers to   Ⓐ Ⓑ Ⓒ ●

(A) the practice of starting the business day at dawn
(B) friendly relations between neighbors
(C) the railroad's reliance on time schedules
(D) people's agreement on the measurement of time

The phrase "this tradition" refers to the preceding clause, "people have been in rough agreement with their neighbors as to the time of day." Therefore, you should choose answer (D).

Copyright © 2012 Educational Testing Service. www.ets.org

Go on to the next page

Questions 1-10

    Little Women is a book written by a woman about women in the 19th century, an age when women were generally neither authors nor the main subjects of literary works. Written by Louisa May Alcott, the two-volume novel was published in 1868 and 1869,
Line respectively. At this time women were increasingly unhappy with their lack of rights
(5) and specifically adamant on changing the 15th Amendment to the U.S. Constitution to include women's right to vote. Therefore, coincidentally in the same year the second volume of *Little Women* was published, the National Woman Suffrage Association was established.
    The novel is fictional, but loosely based on the author's childhood growing up in
(10) Connecticut with her three sisters, and follows the lives of four sisters as they grow from girls into women. Alcott portrays each sister as very different from another, but collectively portrays the many different sides of women in that era, not simply the dependent wives, mothers and daughters men wanted them to be. The main character Jo is patterned after the author, and the novel follows her through her trials and tribulations
(15) as an aspiring writer in a man's world. Like Jo in the story, Louisa May Alcott herself must resort to publishing her book under a male pseudonym to satisfy the publisher and guarantee more sales. Through these sister characters, Alcott explores the lives of women both inside and outside of the home, the latter of which was seldom discussed in the 19th century, and if it was discussed, it was certainly not in a positive light.
(20)   *Little Women* has gained international fame and "literary classic" status. It has influenced readers of both genders and all ages, and is considered by many to be a strong example of feminist literature.

1. What is the author primarily discussing in this reading?
   (A) Women's rights and the movement against the Constitution
   (B) Louisa May Alcott's many novels about sisters
   (C) Who the characters are in *Little Women* and who wrote it
   (D) The book *Little Women* with regard to feminism

2. According to the passage, who was Louisa May Alcott?
   (A) A publisher
   (B) An author
   (C) An activist
   (D) A voter

3. Which of the following is NOT stated about Amendment 15 to the Constitution?
   (A) It specifically granted both women and men the right to vote.
   (B) It is a reason the National Woman Suffrage Association was created.
   (C) It was a controversial issue at the time *Little Women* was published.
   (D) It was an amendment with which many women were dissatisfied in 1869.

4. The expression "man's world" in line 15 means that at that time
   (A) the world was controlled by a powerful man.
   (B) women were not as good at writing novels as men.
   (C) men had more rights and power than did women.
   (D) there were more males than females living on Earth.

5. What can be inferred from the passage?
   (A) Women gained the right to vote shortly after *Little Women* was written.
   (B) Some of the characters in *Little Women* had roles other than wives and mothers.
   (C) The characters in *Little Women* were not tall, which explains the title of the book.
   (D) Because of her pseudonym, to this day people believe Alcott was a man.

6. Where in the passage does the author give details about the main character?
   (A) Lines 4-6
   (B) Lines 13-15
   (C) Lines 17-19
   (D) Lines 20-22

7. The word "genders" in line 21 can best be replaced with which of the following?
   (A) Ages
   (B) Sexes
   (C) Levels
   (D) Ethnicities

8. Which paragraph discusses the various roles of women in 19th century American society?
   (A) 1
   (B) 2
   (C) 3
   (D) All three

9. Which of the following subjects is NOT relevant to the discussion in the passage?
   (A) Feminist theory
   (B) American literature
   (C) Botanical conservation
   (D) Women's suffrage

10. The tone at the end of this passage could best be described as
    (A) sarcastic.
    (B) delicate.
    (C) terrifying.
    (D) praising.

Go on to the next page

Questions 11-20

Historically, there had been an abundance of cod in Newfoundland, Canada, but by 1990, the cod had practically been fished out of existence, and there was a fishing ban set in 1992. Overnight, close to 40,000 people lost their jobs because cod fishing, their livelihood, became illegal. By 2003, the moratorium on cod fishing had proven unsuccessful because the cod stocks had still not returned. Failure to see the problem until it was too late cost Eastern Canada a moneymaking industry and made many of its citizens dependent on the country's welfare system.

After the collapse of the North Atlantic cod fishing industry, scientists began to study fish populations all over the world. Bluefin tuna is the greatest concern since it is the most prized and most depleted of all fish. While scientists have recommended a limit be placed on bluefin fishing at 15,000 tons a year, the European Union has set the legal limit at 30,000 tons. Despite this limit, the reality is that the Mediterranean Bluefin Tuna Industry is catching a third of all the blue-fin tuna in the world - 61,000 tons – annually, which is a clear disregard for the regulations in place. Actually, the center for the world tuna trade is not in the Mediterranean, but in Tokyo, and the Mitsubishi Corporation specifically is in control of about 60% of all of the entire Northern Blue fin production in the Atlantic and Mediterranean.

According to data collected by the UN, by 2003 one-third of all fish species' total population had collapsed. At this rate, the stocks of fish that people are now eating will be depleted by the end of the century. To protect its fish populations, and consequently its fishing industry, Alaska strictly enforces its 200-mile fishing limit. In these waters, fishermen are given a limited amount of time to fulfill their quota, and catch limits are set well below the level that the fish populations need to replenish themselves. Another sign of positive change can be seen in the Marine Stewardship Council (MSC), which was founded in London in 1997. This non-profit organization's eco-labels are on thousands of seafood products in 74 countries. The labels guarantee that the seafood comes from sustainable sources, not populations that are endangered. Finally, Marine reserves, such as the Exuma Cays Sea and Land Park in the Bahamas, are areas where commercial fishing is completely banned. Given that people are still legally allowed to fish in 99% of the ocean, creating more marine reserves would also help restore the disappearing fish populations.

11. With what is the author primarily concerned?
    (A) North Atlantic cod populations
    (B) The Mediterranean Bluefin Tuna Industry
    (C) The growing global scarcity of fish
    (D) The success of world fishing industries

12. According to the passage, why did so many people lose their jobs in Eastern Canada in the early 1990s?
    (A) Their competitors in Europe and Asia took over the cod fishing industry.
    (B) The cod fishing industry had to stop because there were not many fish left.
    (C) Cod fishing has been so unsuccessful in Canada that they closed the business.
    (D) The fishermen were fired from their jobs for doing illegal activity.

13. Which of the following is NOT true about the ban on North Atlantic cod fishing?
    (A) It helped bring back the cod population after 10 years.
    (B) By 2003 it still had not helped cod numbers to rise.
    (C) Many people were on welfare because of it.
    (D) It happened quickly and without much warning.

14. The word "stock" in line 5 is closest in meaning to
    (A) soup.
    (B) population.
    (C) consumption.
    (D) moratorium.

15. Which of the following spurred the research into the bluefin tuna population?
    (A) The European Union setting a legal limit of 30,000 tons
    (B) The collapse of the North Atlantic cod fishing industry
    (C) Scientists' study of fish populations all over the world
    (D) The Exuma Cays Sea and Land Park's ban on fishing

16. Which of the following is implied in the passage?
    (A) The bluefin tuna population is not as much of a concern as the North Atlantic cod population.
    (B) The Mitsubishi Corporation does not have any involvement in other types of fish production, only bluefin tuna.
    (C) Scientists think the European Union regulation on bluefin tuna fishing is not strict enough.
    (D) Everyone agrees that bluefin tuna overfishing is a serious problem and should be stopped.

17. Where in the passage does the author give some solutions to the fish population decline?
    (A) Paragraph 1
    (B) Paragraph 2
    (C) Paragraph 3
    (D) All paragraphs

18. The expression "sustainable sources" in line 27 refers to
    (A) whether or not many vitamins, minerals and proteins are found in the seafood.
    (B) whether or not the seafood was retrieved by environmentally sound methods.
    (C) whether or not that seafood industry is preferred or socially acceptable.
    (D) whether or not that particular seafood is affordable in the current economy.

19. Who is NOT specifically mentioned in this passage as having influence over the world fish populations?
    (A) The Marine Stewardship Council
    (B) The Mitsubishi Corporation
    (C) The United States Congress
    (D) The European Union

20. Which would best describe the tone of this passage?
    (A) Suspicious
    (B) Informal
    (C) Amused
    (D) Admonishing

Go on to the next page

Questions 21-30

The Wieliczka Salt Mine was constructed in the 13th century, but its current appearance is far grander than what it was in Middle Ages. Located in a town in Poland with the same name, this 1,000 feet deep, 200 mile long salt mine is now no longer an
Line ordinary drilling spot. Salt was produced there until the early 21st century, making it
 (5) one of the world's longest-running companies. Now it is a UNESCO World Heritage Site and functions as a popular international tourist attraction.

The reason for the appeal is not the salt or mine itself, but the two miles of carvings throughout the mine that had been created by the salt miners over the centuries. All of the carvings were made out of the grayish colored salt that was extracted at Wieliczka.
(10) In addition to the many bas-reliefs and life-size statues, sparkling crystal chandeliers, also surprisingly made out of salt, can be seen in the mine. The most impressive feature is a functioning chapel called "The Chapel of the Blessed King", that has been carved entirely out of the rock salt. People still use this chapel for weddings and celebrations. Since the carvings have become popular with millions of visitors each year, in recent
(15) years professional artists have contributed sculptures, as well. Visitors to Wielizka Mine will also see an underground lake and many exhibits inside the mine on the history and evolution of salt mining throughout the many centuries Wielizka was in operation.

In the 1980s, the Wieliczka Salt Mine was on an endangered list of World Heritage sites because of the deterioration of the salt carvings due to humidity. Water moisture
(20) in the mine comes from such sources as the ventilation system, subterranean lake, and from so many visitors breathing on the sculptures each day. In order to protect the salt carvings, with research funding from the Maria Sklodowska-Curie Joint Fund II and UNESCO, a large dehumidification system was designed for the mine, and has been functional since 1998. Since that time, the conditions have been relatively safe for the
(25) preservation of the salt carvings, and Wieliczka has been taken off the endangered list.

21. The passage is primarily about Wieliczka Salt Mine's
    (A) history of salt mining.
    (B) famous salt carvings.
    (C) chapel made of salt.
    (D) deterioration of the salt.

22. What is the name of the town where Wieliczka Salt Mine is located?
    (A) Middle Ages
    (B) Poland
    (C) Wieliczka
    (D) Unesco

23. Which of the following would be considered the "Middle Ages" in line 2?
    (A) The time before salt mines were created
    (B) Around the 13th century
    (C) When people are not young, but not old either
    (D) Modern day

24. According to the passage, what can be said about the salt miners at Wieliczka?
    (A) They all got married in The Chapel of the Blessed King.
    (B) Most of them were good at salt mining, but a few were not.
    (C) They were rich enough to buy sculptures made only of salt.
    (D) Some of them were very creatively and artistically inclined.

25. Which of the following is NOT true about the Wieliczka Salt Mine?
    (A) It is currently an endangered World Heritage Site.
    (B) The salt structures have experienced some damage.
    (C) It is possible for people to get married there.
    (D) There is a body of water inside the mine.

26. It can be inferred from the passage that visitors
    (A) can take a tour of the various attractions inside of the mine.
    (B) will see a lake and chapel before they enter the mine.
    (C) come from Poland only, not other countries or continents.
    (D) are not welcome because of potential damage to the salt carvings.

27. The word "functioning" in line 12 means
    (A) historical.
    (B) operative.
    (C) beautiful.
    (D) massive.

28. Where in the passage does the author tell readers the size of the Wieliczka Salt Mine?
    (A) Lines 2-4
    (B) Lines 7-8
    (C) Lines 14-15
    (D) Lines 21-24

29. The paragraph following this passage would most likely NOT be about
    (A) the nutritional benefits of and recipes using sea salt.
    (B) information on how to access the Wieliczka Salt Mine.
    (C) a detailed description of another World Heritage site.
    (D) mention of other famous attractions in that area of Poland.

30. According to the information given, which would be the best title for this passage?
    (A) The History of Polish Salt Mining
    (B) Dangerous World Heritage Sites
    (C) Wieliczka's Hidden Treasure
    (D) How to Make Salt Sculptures

Questions 31-40

Bilingualism in children has been controversial due to the belief that it could cause the child confusion and frustration. Granted that bilingual children's oral proficiency can develop slower than average, these children eventually gain an advantage over
Line monolingual children. Over the past few decades, standardized test scores and research
(5) studies have shown that as opposed to having confusion, bilinguals often exhibit greater problem solving skills and cross-cultural understanding than their monolingual peers. Statistics also show that when compared with the large vocabulary monolingual children have in their language, bilingual children often have a smaller vocabulary in each language they speak. However, their understanding of grammatical structures in
(10) each language is often stronger than that of monolingual children in their one language. Bilingual children also tend to learn to read at the same rate or even a faster rate than monolingual children, especially if both languages share the same alphabetic or writing systems.

Another concern about bilingualism is that a child may develop negative feelings
(15) about one of the languages or corresponding ethnicities. The methods of bilingual education in schools and at home are crucial in a child being able to develop the above-mentioned skills, understanding and positive attitudes. If a teacher, parent or others in the community treat one language as dominant over the other, then the child could develop a negative connotation of one language, one ethnicity or the concept
(20) of bilingualism in general. However, if conditions for learning both languages are nurturing and positive, then children generally do not distinguish one language as positive and one language as negative. They would simply know that the two languages are different, and there are different contexts in which they should use the languages.

31. What is the main topic of this passage?
    (A) Monolingual families
    (B) Bilingual children
    (C) Standardized tests
    (D) Learning disabilities

32. According to the passage, what could be a possible advantage of being bilingual?
    (A) Knowing more vocabulary than average
    (B) Understanding various cultural differences
    (C) Learning to speak faster than monolinguals
    (D) Having confidence in linguistic ability

33. According to the passage, what could be a possible disadvantage of being bilingual?
    (A) Not developing healthy friendships
    (B) Having crucial educational methods
    (C) Being ashamed of one of the languages
    (D) Not dominating in the classroom

34. How is the information in the two paragraphs organized?
    (A) The first paragraph lists advantages; the second paragraph lists disadvantages.
    (B) The first paragraph is an introduction; the second paragraph gives more details.
    (C) The two paragraphs are unrelated, as the topic changes in the second paragraph.
    (D) Both paragraphs discuss the same topic, but different aspects of that topic.

35. The word "that" in line 10 refers to
    (A) language.
    (B) bilingualism.
    (C) understanding.
    (D) vocabulary.

36. According to the passage, when is the best time for a child to learn a second language?
    (A) When they start to listen and speak
    (B) When they start to read and write
    (C) When they start to problem solve
    (D) The passage does not say.

37. Where in the passage does the author discuss the conditions under which children should learn multiple languages?
    (A) Lines 4-7
    (B) Lines 11-13
    (C) Lines 17-20
    (D) Lines 20-22

38. The word "connotation" in line 19 could best be replaced with
    (A) association.
    (B) allocation.
    (C) appropriation.
    (D) acceleration.

39. In which course would one NOT expect to read this passage?
    (A) Astrophysics
    (B) Psychology
    (C) Sociolinguistics
    (D) Education

40. What is the author's main purpose in this passage?
    (A) To predict the future of a child without a good education
    (B) To illustrate the benefits of having two first languages
    (C) To list all of the problems with bilingualism today
    (D) To prove that monolingualism should be abolished

Questions 41-50

       According to some studies published in a systematic review by The Cochrane
Library, scientific evidence has been found for how music therapy can help patients
suffering from various medical conditions involving the brain. Over the past few
Line decades, it has become a widely held notion that music therapy can facilitate progress
 (5) in cases of clinical depression and can increase movement in patients with brain injuries
and paralyzing conditions such as Parkinson's. With the use of functional magnetic
resonance imaging (fMRIs) and magnetoencephalography (MEG) technology, only
recently have medical researchers been able to see the exact science of music therapy.
These two types of imaging equipment have revealed a connection between musical
(10) beats and the brain's motor areas.
       Dr. Jessica Grahn, from the Medical Research Council in Cambridge, England,
played different rhythms for subjects while scanning their brain activities using fMRI.
Some rhythms generated beats long enough for subjects to recognize them as beats,
but other sounds were too short to be considered beats. Dr. Grahn's findings show that
(15) when the patients heard the beat-generating rhythms, the motor areas of their brains lit
up on the fMRI, whereas these areas of the brain did not light up after subjects heard
the other rhythms. Thus, detection of beats, such as people do when listening to music,
has been shown to occur in the same part of the brain that controls movement.
       Dr. John Iversen, from the Neurosciences Institute in San Diego, had similar findings
(20) when employing MEG. Dr. Iversen played a very simple rhythm for his subjects and
asked them to decide which of the two tones they considered to be the beat. The MEG
showed an increase in brain activity when the subjects listened to the tone that they
had identified as the beat. This increase in brain activity was measured at 20 to 30
hertz, which is the same range in frequency that occurs on the MEG when subjects use
(25) their motor systems. Therefore, the similar frequency found with MEG also connects
detection of beats with movement.

41. Which of the following best describes the main idea of the passage?
    (A) The Cochrane Library contains many books about music therapy for patients to read and review.
    (B) Music therapy was proven long ago to be a valid method of curing patients of such illnesses as depression and Parkinson's.
    (C) fMRI and MEG machines have been used to give scientific evidence of music therapy's effectiveness.
    (D) Neurologists in England and San Diego disagree on the use of music therapy in neuroscience studies.

42. The word "paralyzing" in line 6 indicates which type of disability?
    (A) Mental
    (B) Physical
    (C) Emotional
    (D) None of the above

43. According to the passage, why has music therapy only recently had scientific backing?
    (A) Because recent technology can now provide evidence of the connection between music and motor areas of the brain
    (B) Because no one in the past felt the need to prove the already widely held notion that music therapy was effective
    (C) Because music therapy itself is a new technique used with patients suffering from neurological conditions
    (D) Because music therapy was connected to depression, a controversial topic that researchers wanted to avoid

44. Which of the following is NOT mentioned in connection with Dr. Grahn's study?
    (A) fMRI machines
    (B) Rhythmical beats
    (C) Frequency range
    (D) Motor areas

45. The word "subjects" in line 12 refers to
    (A) studies.
    (B) sciences.
    (C) pleasure.
    (D) people.

46. According the passage, it can be assumed that Dr. Iversen's study relies on
    (A) only the MEG equipment's input.
    (B) only the subjects' honest input.
    (C) both the MEG equipment's input and subjects' honest input.
    (D) neither the MEG equipment's input nor subjects' honest input.

47. Where in the passage does the author write what the acronyms fMRI and MEG signify?
    (A) Lines 6-8
    (B) Lines 11-12
    (C) Lines 19-20
    (D) Lines 25-26

48. Which is the closest meaning to "detection" in line 17?
    (A) Recognition
    (B) Ambition
    (C) Superstition
    (D) Premonition

49. Which of the following would best describe the tone of the passage?
    (A) Bitter
    (B) Academic
    (C) Perplexed
    (D) Mocking

50. Who would probably NOT benefit from reading this passage?
    (A) Persons suffering from depression
    (B) Medical interns studying neurology
    (C) Janitors working in a nursing home
    (D) Parents of children with brain damage

This is the end of Section 3.

**If you finish before time is called,
check your work on Section 3 only.**

TEST 1

SECTION 1

(Answer sheet with bubbles A, B, C, D for questions 1–50)

SECTION 2

(Answer sheet with bubbles A, B, C, D for questions 1–40)

SECTION 3

(Answer sheet with bubbles A, B, C, D for questions 1–50)

TEST 1

	正答数	予想レンジ
Section 1		
Section 2		
Section 3		
合計		
トータルスコアレンジ		

キリトリ キリトリ

TEST 2

SECTION 1

1 Ⓐ Ⓑ Ⓒ Ⓓ	21 Ⓐ Ⓑ Ⓒ Ⓓ	41 Ⓐ Ⓑ Ⓒ Ⓓ
2 Ⓐ Ⓑ Ⓒ Ⓓ	22 Ⓐ Ⓑ Ⓒ Ⓓ	42 Ⓐ Ⓑ Ⓒ Ⓓ
3 Ⓐ Ⓑ Ⓒ Ⓓ	23 Ⓐ Ⓑ Ⓒ Ⓓ	43 Ⓐ Ⓑ Ⓒ Ⓓ
4 Ⓐ Ⓑ Ⓒ Ⓓ	24 Ⓐ Ⓑ Ⓒ Ⓓ	44 Ⓐ Ⓑ Ⓒ Ⓓ
5 Ⓐ Ⓑ Ⓒ Ⓓ	25 Ⓐ Ⓑ Ⓒ Ⓓ	45 Ⓐ Ⓑ Ⓒ Ⓓ
6 Ⓐ Ⓑ Ⓒ Ⓓ	26 Ⓐ Ⓑ Ⓒ Ⓓ	46 Ⓐ Ⓑ Ⓒ Ⓓ
7 Ⓐ Ⓑ Ⓒ Ⓓ	27 Ⓐ Ⓑ Ⓒ Ⓓ	47 Ⓐ Ⓑ Ⓒ Ⓓ
8 Ⓐ Ⓑ Ⓒ Ⓓ	28 Ⓐ Ⓑ Ⓒ Ⓓ	48 Ⓐ Ⓑ Ⓒ Ⓓ
9 Ⓐ Ⓑ Ⓒ Ⓓ	29 Ⓐ Ⓑ Ⓒ Ⓓ	49 Ⓐ Ⓑ Ⓒ Ⓓ
10 Ⓐ Ⓑ Ⓒ Ⓓ	30 Ⓐ Ⓑ Ⓒ Ⓓ	50 Ⓐ Ⓑ Ⓒ Ⓓ
11 Ⓐ Ⓑ Ⓒ Ⓓ	31 Ⓐ Ⓑ Ⓒ Ⓓ	
12 Ⓐ Ⓑ Ⓒ Ⓓ	32 Ⓐ Ⓑ Ⓒ Ⓓ	
13 Ⓐ Ⓑ Ⓒ Ⓓ	33 Ⓐ Ⓑ Ⓒ Ⓓ	
14 Ⓐ Ⓑ Ⓒ Ⓓ	34 Ⓐ Ⓑ Ⓒ Ⓓ	
15 Ⓐ Ⓑ Ⓒ Ⓓ	35 Ⓐ Ⓑ Ⓒ Ⓓ	
16 Ⓐ Ⓑ Ⓒ Ⓓ	36 Ⓐ Ⓑ Ⓒ Ⓓ	
17 Ⓐ Ⓑ Ⓒ Ⓓ	37 Ⓐ Ⓑ Ⓒ Ⓓ	
18 Ⓐ Ⓑ Ⓒ Ⓓ	38 Ⓐ Ⓑ Ⓒ Ⓓ	
19 Ⓐ Ⓑ Ⓒ Ⓓ	39 Ⓐ Ⓑ Ⓒ Ⓓ	
20 Ⓐ Ⓑ Ⓒ Ⓓ	40 Ⓐ Ⓑ Ⓒ Ⓓ	

SECTION 2

1 Ⓐ Ⓑ Ⓒ Ⓓ	21 Ⓐ Ⓑ Ⓒ Ⓓ
2 Ⓐ Ⓑ Ⓒ Ⓓ	22 Ⓐ Ⓑ Ⓒ Ⓓ
3 Ⓐ Ⓑ Ⓒ Ⓓ	23 Ⓐ Ⓑ Ⓒ Ⓓ
4 Ⓐ Ⓑ Ⓒ Ⓓ	24 Ⓐ Ⓑ Ⓒ Ⓓ
5 Ⓐ Ⓑ Ⓒ Ⓓ	25 Ⓐ Ⓑ Ⓒ Ⓓ
6 Ⓐ Ⓑ Ⓒ Ⓓ	26 Ⓐ Ⓑ Ⓒ Ⓓ
7 Ⓐ Ⓑ Ⓒ Ⓓ	27 Ⓐ Ⓑ Ⓒ Ⓓ
8 Ⓐ Ⓑ Ⓒ Ⓓ	28 Ⓐ Ⓑ Ⓒ Ⓓ
9 Ⓐ Ⓑ Ⓒ Ⓓ	29 Ⓐ Ⓑ Ⓒ Ⓓ
10 Ⓐ Ⓑ Ⓒ Ⓓ	30 Ⓐ Ⓑ Ⓒ Ⓓ
11 Ⓐ Ⓑ Ⓒ Ⓓ	31 Ⓐ Ⓑ Ⓒ Ⓓ
12 Ⓐ Ⓑ Ⓒ Ⓓ	32 Ⓐ Ⓑ Ⓒ Ⓓ
13 Ⓐ Ⓑ Ⓒ Ⓓ	33 Ⓐ Ⓑ Ⓒ Ⓓ
14 Ⓐ Ⓑ Ⓒ Ⓓ	34 Ⓐ Ⓑ Ⓒ Ⓓ
15 Ⓐ Ⓑ Ⓒ Ⓓ	35 Ⓐ Ⓑ Ⓒ Ⓓ
16 Ⓐ Ⓑ Ⓒ Ⓓ	36 Ⓐ Ⓑ Ⓒ Ⓓ
17 Ⓐ Ⓑ Ⓒ Ⓓ	37 Ⓐ Ⓑ Ⓒ Ⓓ
18 Ⓐ Ⓑ Ⓒ Ⓓ	38 Ⓐ Ⓑ Ⓒ Ⓓ
19 Ⓐ Ⓑ Ⓒ Ⓓ	39 Ⓐ Ⓑ Ⓒ Ⓓ
20 Ⓐ Ⓑ Ⓒ Ⓓ	40 Ⓐ Ⓑ Ⓒ Ⓓ

SECTION 3

1 Ⓐ Ⓑ Ⓒ Ⓓ	21 Ⓐ Ⓑ Ⓒ Ⓓ	41 Ⓐ Ⓑ Ⓒ Ⓓ
2 Ⓐ Ⓑ Ⓒ Ⓓ	22 Ⓐ Ⓑ Ⓒ Ⓓ	42 Ⓐ Ⓑ Ⓒ Ⓓ
3 Ⓐ Ⓑ Ⓒ Ⓓ	23 Ⓐ Ⓑ Ⓒ Ⓓ	43 Ⓐ Ⓑ Ⓒ Ⓓ
4 Ⓐ Ⓑ Ⓒ Ⓓ	24 Ⓐ Ⓑ Ⓒ Ⓓ	44 Ⓐ Ⓑ Ⓒ Ⓓ
5 Ⓐ Ⓑ Ⓒ Ⓓ	25 Ⓐ Ⓑ Ⓒ Ⓓ	45 Ⓐ Ⓑ Ⓒ Ⓓ
6 Ⓐ Ⓑ Ⓒ Ⓓ	26 Ⓐ Ⓑ Ⓒ Ⓓ	46 Ⓐ Ⓑ Ⓒ Ⓓ
7 Ⓐ Ⓑ Ⓒ Ⓓ	27 Ⓐ Ⓑ Ⓒ Ⓓ	47 Ⓐ Ⓑ Ⓒ Ⓓ
8 Ⓐ Ⓑ Ⓒ Ⓓ	28 Ⓐ Ⓑ Ⓒ Ⓓ	48 Ⓐ Ⓑ Ⓒ Ⓓ
9 Ⓐ Ⓑ Ⓒ Ⓓ	29 Ⓐ Ⓑ Ⓒ Ⓓ	49 Ⓐ Ⓑ Ⓒ Ⓓ
10 Ⓐ Ⓑ Ⓒ Ⓓ	30 Ⓐ Ⓑ Ⓒ Ⓓ	50 Ⓐ Ⓑ Ⓒ Ⓓ
11 Ⓐ Ⓑ Ⓒ Ⓓ	31 Ⓐ Ⓑ Ⓒ Ⓓ	
12 Ⓐ Ⓑ Ⓒ Ⓓ	32 Ⓐ Ⓑ Ⓒ Ⓓ	
13 Ⓐ Ⓑ Ⓒ Ⓓ	33 Ⓐ Ⓑ Ⓒ Ⓓ	
14 Ⓐ Ⓑ Ⓒ Ⓓ	34 Ⓐ Ⓑ Ⓒ Ⓓ	
15 Ⓐ Ⓑ Ⓒ Ⓓ	35 Ⓐ Ⓑ Ⓒ Ⓓ	
16 Ⓐ Ⓑ Ⓒ Ⓓ	36 Ⓐ Ⓑ Ⓒ Ⓓ	
17 Ⓐ Ⓑ Ⓒ Ⓓ	37 Ⓐ Ⓑ Ⓒ Ⓓ	
18 Ⓐ Ⓑ Ⓒ Ⓓ	38 Ⓐ Ⓑ Ⓒ Ⓓ	
19 Ⓐ Ⓑ Ⓒ Ⓓ	39 Ⓐ Ⓑ Ⓒ Ⓓ	
20 Ⓐ Ⓑ Ⓒ Ⓓ	40 Ⓐ Ⓑ Ⓒ Ⓓ	

TEST 2

	正答数	予想レンジ
Section 1		
Section 2		
Section 3		
合計		
トータルスコアレンジ		

TEST 3

TEST 3

	正答数	予想レンジ
Section 1		
Section 2		
Section 3		
合計		
トータルスコアレンジ		